I0211826

Mastay

La Alquimia del Reencuentro

Marc Torra

Mastay

La Alquimia del Reencuentro

Marc Torra

Título original: *Mastay, La Alquímia del Retrobament*

![Creative Commons BY-NC-ND] 2011, Marc Torra
Creative Commons: Atribución - No-Comercial - No Derivados

Traducción: *traducido del original en Catalan por el autor*

Publicado por:

chakana creations

Página web del libro: chakanacreations.org

ISBN: 978-0-9871197-0-4

Diseño: Mapa antiguo de la portada y elementos decorativos por Brenda Starr. Cruz Chakana de la portada, caduceos y rueda medicinal por Mintsi Griso.

Índice

Este libro va dedicado a ellos y a ellas,
a la gente de Tierra,
por constituir el pasado de todos nosotros,
y también nuestra mejor esperanza de futuro.

Como libro, busca estimular la mente de quien lo lee.
Estimularla para expandirla.
Pues sólo expandiéndola la podremos trascender.
Sólo si la trascendemos nos daremos cuenta
de que nosotros no somos ni cuerpo ni mente,
sino pura conciencia.

Por eso, éste es un libro para imaginar.
Imaginar para estimular.
Estimular para expandir.
Expandir para trascender.
Trascender para comprender que yo soy tú,
y tú lo eres Todo.

Ese día se inició iluminado por un nuevo Sol.
Para los aztecas era el primero,
para los hopi y mayas era el quinto mundo,
para los incas era el *Taripay Pacha* o
reencuentro con nosotros mismos
y en la Biblia, son los prometidos mil años de paz
tras el Apocalipsis.

Ese día nosotros,
hijos de la Madre Tierra y del Padre Sol,
dejamos la pubertad atrás
para empezar de nuevo a comprender,
desde la serenidad de la madurez
y la aurora de un nuevo amanecer.

DICEN DE LOS q'ero que son los últimos descendientes directos de los incas y de los pocos que gracias a su relativo aislamiento aún conservan las viejas tradiciones de la cultura que les vio nacer. Conscientes de que se acercaba el período de gran convulsión iniciado por el noveno *pachakuti*[1], sus antepasados huyeron de la dominación de los 'conquistadores' para refugiarse en los altos valles de la cordillera de los Andes. Allí permanecieron durante cinco siglos, desconocidos para la mayoría y suficientemente aislados como para no ser molestados por la minoría; y con ellos pervivió una antigua profecía.

La profecía narra algunos de los acontecimientos que tendrían lugar durante la larga noche de los quinientos años. Además, menciona el futuro advenimiento de una Era de luz y armonía; de un día que empezaría iluminado por un nuevo sol. Ese día se iniciará con el *Mastay* o «*reintegración entre la gente de las cuatro direcciones*»[2].

Las cuatro direcciones es una forma simbólica de referirse a toda la humanidad, sin excepción de raza, etnia, cultura, nacionalidad, clase social u otra etiqueta con la cual nos podamos identificar, ya sea para agruparnos o separarnos.

Profecías y leyendas similares las encontramos en muchas tradiciones. Por ejemplo, una leyenda aún viva en el continente americano narra cómo, después de que el anterior mundo fuera destruido por el agua[3], el Creador reunió a los supervivientes y les dijo:

---

[1] Pachakuti significa "tiempo, mundo" (Pacha) "en transformación, al revés" (*kuti*). El noveno pachakuti se refiere a la llegada de Pizarro, en el año 1526. Los *amautas* (sabios incas) ya habían leído en las estrellas, mucho antes de la llegada de los conquistadores, que se acercaba un período difícil pero necesario. Difícil porque implicaba el encuentro entre dos mundos y dos visiones distintas de la vida, donde una se impondría sobre la otra, y donde los recién llegados saquearían las riquezas de toda una civilización. Necesario por que, transcurridos quinientos años, con la llegada del décimo pachakuti, el mundo volvería a ponerse del derecho y la humanidad, esta vez de forma integrada, recuperaría la sabiduría de todos aquellos pueblos por tanto tiempo oprimidos. La recuperaría para, guiados por ellos, ingresar en una nueva era de paz y armonía.

[2] Brad Berg, "*Prophecies of the Q'ero Incan Shamans*". Share International Magazine, January/February, 1997.

[3] Tal destrucción parece coincidir con el período de deshielo acelerado que se vivió hace ahora entre 8.000 y 15.000 años, después de la anterior glaciación. Durante ese tiempo, hubo cortas temporadas durante las cuales el deshielo fue aún más acusado. En inglés se las conoce bajo el nombre de "*meltwater pulses*".

«Os voy a transmitir las enseñanzas originales, para luego distribuiros en cuatro grupos y enviaros en las cuatro direcciones. A cada grupo le daré dominio sobre uno de los cuatro elementos: Tierra, Agua, Aire y Fuego.[4] Entonces, al final del ciclo, os reuniré de nuevo. Si, para cuando os reencontréis, no habéis olvidado las enseñanzas originales, podréis compartir los conocimientos adquiridos e iniciar un período de paz y armonía. Pero si las habéis olvidado, el Mundo sufrirá una nueva destrucción, para empezar nuevamente de cero».

Una versión de la mencionada leyenda la escuché en agosto de 1995 de un anciano huitoto, de la comunidad Hitomi, en la Amazonia. A otros les fue narrada por ancianos hopi.[5] En algunos mitos se menciona la distribución de la humanidad de acuerdo con los cuatro elementos, mientras que en otros se obvia tal mención, para hablar simplemente de la división del mundo en cuatro partes[6]. Un tercer tipo de relatos no divide el mundo en cuatro, pero son cuatro las parejas supervivientes que lo repueblan después del Diluvio Universal.[7] Otras profecías, como la del Inkarri, nos hablan alegóricamente de los cuatro miembros del rey inca, descuartizado por los conquistadores,

---

[4] Cuando las palabras Tierra, Agua, Fuego y Aire aparecen en mayúsculas y sin artículo, se refieren a los elementos primordiales.

[5] A Lee Brown, del pueblo Cheroqui, una leyenda muy similar le fue transmitida por ancianos hopi.

[6] El inca Garcilaso de la Vega, en su obra *Comentarios reales de los incas* recopila una leyenda que narra como "Pasado el Diluvio (...) se apareció un hombre en Tiawanacu [lago Titicaca] que fue tan poderoso que repartió el mundo en cuatro partes."

[7] Tal vez el ejemplo más conocido sea el que relata la Biblia, según el cual sobrevivieron Noé con su esposa, sus tres hijos, y las esposas de éstos, sumando un total de cuatro parejas de supervivientes. Por otro lado, entre los incas tenemos la leyenda de los cuatro hermanos Ayar, quienes, tras el Diluvio, partieron de Pacaritambo con sus respectivas esposas para fundar el Tawantinsuyu.

uniéndose de nuevo a su cabeza para así restablecer el Tawantinsuyu, el antiguo Estado Inca.[8]

Todas las mencionadas leyendas y profecías nos hablan de una época dorada que se iniciará a partir del reencuentro o *Mastay* entre esas cuatro partes, direcciones, elementos, razas o grandes civilizaciones. Simboliza la entrada en la Era de Acuario, o los Mil Años de Paz prometidos por la Sagrada Biblia después del Apocalipsis.[9]

En el tarot marca el tránsito del arcano número 15 (XV) —llamado «el Diablo» y vinculado al materialismo rampante que en la actualidad nos afecta— al arcano 17 (XVII), llamado «la Estrella». Este último nos muestra a una mujer desnuda que vierte el agua del amor universal en el río de la vida. Ella es Acuario, la portadora de agua. Entre ambos arcanos tenemos el número 16 (XVI), «La Torre», aquélla que nos despierta del espejismo tecnológico y materialista por medio de un rayo procedente del astro Sol.

También similar es la profecía que trata el *encuentro entre el águila del norte y el cóndor del sur*. Ésta menciona cómo al inicio del actual ciclo la humanidad se escindió en dos. Por un lado, el águila, que simboliza el camino desnaturalizado de la racionalidad y el materialismo, un camino representado por Occidente. Por el otro, el cóndor, que simboliza la ruta intuitiva, espiritual y estrechamente ligada

---

[8] El mito del *Inkarri* narra cómo el último inca (Atawallpa) fue descuartizado por los conquistadores en Cajamarca, sus cuatro miembros enterrados en cuatro lugares distintos y la cabeza llevada a España. Afirma que los miembros están creciendo bajo la tierra y profetiza que, cuando hayan crecido lo suficiente como para unirse de nuevo a la cabeza, el inca volverá para restablecer el *Tawantinsuyu* (Estado Inca), permitiendo la entrada en la mencionada época dorada. La palabra *Tawantinsuyu* significa "las cuatro regiones del sol".

[9] "Y vi tronos, y se sentaron sobre ellos los que recibieron facultad de juzgar; y vi las almas de los decapitados por causa del testimonio de Jesús y por la palabra de Dios, los que no habían adorado a la bestia ni a su imagen, y que no recibieron la marca en sus frentes ni en sus manos; y vivieron y reinaron con Cristo mil años. (Ap. 20:4) Pero los otros muertos no volvieron a vivir hasta que se cumplieron mil años. Esta es la primera resurrección. (Ap. 20:5) Bienaventurado y santo el que tiene parte en la primera resurrección; la segunda muerte no tiene potestad sobre éstos, sino que serán sacerdotes de Dios y de Cristo, y reinarán con él mil años. (Ap. 20:6) Cuando los mil años se cumplan, Satanás será suelto de su prisión. (Ap. 20:7)" La Biblia. Versión Reina Valera 1960

al medio natural; ruta transitada por las primeras naciones[10]. En esta obra, a los primeros los llamo gente de Fuego y a los segundos, gente de Tierra.

El propósito de este libro es facilitar dicho reencuentro, para posibilitar la entrada en la tan esperada *Era de armonía*. Para ello utilizo la denominada *"narrativa espiritual"*. Es una narrativa adornada con parábolas, fábulas, mitos y leyendas; elementos todos ellos introducidos a partir de los diálogos entre sus personajes. Mediante ésta, se cuenta un fragmento en la vida de cuatro personajes ficticios, donde cada uno representa una dirección, elemento y civilización.

El primer personaje representa a la gente de Aire. Su nombre es Vivek, y le hago venir del este. Vivek pertenece a la llamada Civilización Oriental y vivió en la India del Imperio Gupta[11], durante la que por muchos ha sido considerada una edad dorada del subcontinente indio.

El segundo personaje representa a la gente de Agua. Ella es Fátima, a quien hago venir del norte, por encontrarse la mayoría de su gente sobre el Trópico de Cáncer[12]. Fátima es musulmana y vivió en el Bagdad de hace ocho siglos, durante el período Abasí de esplendor del Islam[13].

El tercer personaje representa a la gente de Fuego. Su nombre es David. A él le hago venir del oeste, de Occidente. David nació en 1971, en la Costa Este de los Estados Unidos, justo al final de la edad de oro americana.

Finalmente tenemos al cuarto personaje, una mujer aborigen que representa a la gente de Tierra. Su nombre es Mama Tuk. A ella la hago proceder del sur, por concentrarse la mayoría de su gente en los alrededores del Trópico de Capricornio[14]. Mama Tuk es el único personaje cuya historia tiene lugar en el futuro, concretamente quinientos años en el mañana.

---

[10] La leyenda fue narrada, entre otros, por Don Alejandro, maestro Maya, y también aparece mencionada en el libro de John Perkins *Confessions of an Economic Hit Man*, 2004

[11] El imperio Gupta se extiende del 320 al 550 d.C.

[12] El Trópico de Cáncer está ubicado en el hemisferio norte, y Cáncer es un signo de Agua.

[13] El Califato Abasí reinó del 750 al 1258 d.C.

[14] El Trópico de Capricornio está ubicado en el hemisferio sur, y Capricornio es un signo de Tierra.

En el quinto capítulo, titulado *El punto de reencuentro*, los cuatro personajes mantienen una conversación. Se reúnen en un plano sutil de la conciencia, aquel lugar interior de donde provienen nuestros pensamientos. Así esperan impulsar la chispa que provoque el mismo reencuentro, el *Mastay*, pero esta vez sobre la superficie de nuestro planeta. Tiene que ser un encuentro no entre cuatro, sino entre todos y cada uno de nosotros. Los descendientes de los incas ya hace cinco siglos que lo esperan.

Este libro también trata de recordarnos las enseñanzas originales, tal como las interpreta la gente de cada dirección y elemento. Busca aquello que tenemos en común, aquello que nos complementa. Trata de devolver el equilibrio al planeta, empezando por nuestro propio equilibrio interior para, a continuación, buscar la armonía entre los pueblos y las culturas. Cuando recordemos, dispondremos de una mejor comprensión de quiénes somos y de cuál es nuestra función. Dicen las enseñanzas originales que somos aspectos distintos de una misma divinidad encarnada y que nuestra responsabilidad inmediata es devolver el equilibrio a la Madre Tierra.

Marc Torra
Desde la tierra de los Gunai/Kurnai

Aire

1. Las Fuentes de Māyā

Venido de la dirección por donde sale el Sol,
nacido al pie del Himalaya;
criado en las montañas más altas,
él descendía de aquellas regiones donde,
debido a la altura,
se echaba de menos el elemento Aire.
Descendía de aquel lugar desde el cual se pueden tocar
las nubes con los dedos,
escuchar las nuevas que trae el viento y
ver todo el bosque y no sólo sus árboles.

La ciudad de Māyā

ESTA HISTORIA DATA de la época del Imperio Gupta y se inicia en un lugar que los antiguos llamaban Māyāpuri, la ciudad de *Māyā*, pero que actualmente recibe el nombre de Haridwar. Es ésta una de las ciudades vivas más antiguas, punto donde el río sagrado Ganges emerge de las altas cumbres del Himalaya para adentrarse en la inmensa planicie del subcontinente Indio. Es un lugar por donde una vez pasaron los dioses, y donde dejaron su huella. Era y aún es un lugar de peregrinación, visitado a diario por cientos de devotos, quienes acuden para bañarse en las frías aguas del río sagrado. Era y aún es el destino de la madre de todas las peregrinaciones.

Cada doce años, cuando Júpiter entra en el signo de Acuario y el Sol en Aries, tiene lugar el Kumbhamela. Entonces los visitantes se cuentan por millones. Algunos, como los *naga sādhus*, van desnudos, con el cuerpo cubierto de cenizas. Otros, como los *urdhwavahurs,* son practicantes de severa austeridad. Los *parivajakas* hacen voto de silencio. Los *shirshasins* pasan día y noche de pie o elevados sobre su cabeza y duermen apoyados sobre un bastón. Los *kalpvasis* están en continuo ritual, bañándose en el río tres veces al día para adorarlo como a la Madre. Todos acuden, pues dice la tradición que quien se bañe en un día auspicioso verá disolverse el velo ilusorio de *Māyā* y ya no tendrá que volver a reencarnarse.

Ya en el tiempo del que data este relato, la procesión de peregrinos desfilaba a diario por delante de su casa, y ya desde pequeño Vivek, el primer protagonista de este libro, tuvo la oportunidad de observarles. Era aquél un paisaje cotidiano que no le sorprendía. De niño les había contemplado boquiabierto, mientras se adentraban en el río desde las escalinatas, denominadas *ghats* por los locales. Él había preguntado repetidamente a su padre la razón por la que hacían aquello.

—Así aspiran a alcanzar *mokṣa* o la liberación del alma, y retirar el velo de *Māyā* —respondía el padre.

«¿Disolver el velo de *Māyā*?» se preguntaba Vivek.

Desde su infancia él también se había bañado, mientras jugaba con sus hermanos o ayudaba al padre a realizar las ofrendas diarias al río, según exigía su condición de sacerdote brahmán. Pero en todos aquellos años, y abluciones, aquél que vivía en la ciudad de *Māyā* todavía se preguntaba cuál era el velo ilusorio que supuestamente podía ser disuelto por el agua del río sagrado.

Visto que su padre, brahmán ortodoxo que interpretaba las escrituras literalmente, nunca pudo darle una respuesta satisfactoria, el

3

joven prefirió empezar a interrogar a los peregrinos. Al hacerlo, normalmente obtenía respuestas similares, e igualmente poco comprensibles para una mente aún inmadura.

«*Māyā* es un espejismo. Es el velo de una realidad física y mental que ha cautivado nuestro Ser, para hacernos creer que, como el universo, también somos limitados. Es lo ilusorio que tomamos como real; lo transitorio que tomamos como absoluto. Es una condición del alma que nos hace ver multiplicidad allí donde sólo hay unidad; que nos hace percibir la realidad de forma fragmentada».

A pesar de recibir estas respuestas, el joven seguía sin comprender. Por más que preguntara, no podía concebir una realidad más allá de esa *Māyā* que le rodeaba. Era como intentar explicar la oscuridad al ciego, pidiéndole que contraste la negrura de su entorno con los colores que no perciben sus ojos. «¿Al estar rodeado de *Māyā*, cómo puedo trascender lo ilusorio y ver lo real? ¿Cómo ver más allá del velo que me rodea, si éste me tiene cautivado?», pensaba.

Así fue como, un día, el joven decidió acudir al pequeño templo dedicado a Sarasvatī, diosa del conocimiento, la música y las artes. «Si aquélla a quien invocan los aspirantes a la sabiduría no puede darme una respuesta satisfactoria, ya nadie podrá» pensó. A partir de entonces haría de sus visitas a Sarasvatī una rutina diaria. Iba de madrugada, antes de que los peregrinos hicieran sus oblaciones y ofrendas. Al llegar se arrodillaba, sosteniendo la ofrenda entre ambas manos, con la mirada baja y los ojos cerrados, para a continuación recitar su invocación:

¡Oh Meri Maiya Sarasvatī, diosa del conocimiento!
Aquélla que posee la piel pálida como el jazmín, la Luna y la nieve.
Aquélla que va vestida de blanco.
Quien sostiene en sus manos la *Vina* en actitud de bendición.
Quien yace sobre un loto blanco y es adorada por Brahmā, Vishnú y Shivá. Protégeme, disolviendo la oscuridad y la pereza que nublan mi intelecto.

Una vez pronunciadas las palabras, depositaba su ofrenda a los pies de la diosa. Después se quedaba meditando un buen rato y, cuando el bullicio de la calle empezaba a hacerse notar, volvía a orillas del río para ayudar al padre en sus ofrendas diarias.

Así fueron pasando los días, y con ellos las largas jornadas arrodillado al frente de la pequeña estatua. Las visitas se convirtieron en rutina, hasta que una madrugada sin Luna, cuando meditaba arrodillado después de la ofrenda, escuchó una voz que le preguntaba desde una de las esquinas del templo:

✤ fábula de la oruga ✤

—¿Conoces la fábula de la oruga y las mariposas?

«¿Quién me interrumpe con un cuento de niños, en un momento tan especial?» se preguntó Vivek.

Al girarse en dirección a la voz, vio a un hombre ya arrugado por la experiencia de muchos caminos recorridos, sentado de piernas cruzadas sobre la dura superficie de piedra y con la espalda apoyada contra la pared. Sus largas barbas estaban retorcidas formando una trenza, mientras unos suaves ojos nublados por la ceguera parecían observarle sin verle, o mejor dicho, verle sin mirarle.

—Disculpe, no le había visto —respondió el joven con educación.

—Pues llevo sentado aquí toda la noche. De hecho, eres tú quien me sacó de mi estado meditativo, cuando empezaste a entonar los cantos a la diosa Sarasvatī. Pero no respondiste a mi pregunta. ¿Conoces la fábula de la oruga y las mariposas?

—No.

—Había una vez una oruga que vivía en una morera —empezó a relatar el hombre—. Satisfecha con su vida, la oruga se consideraba una afortunada. Tenía comida en abundancia y el otoño estaba demasiado lejos de sus pensamientos como para preocuparse del día en que aquellas hojas se volverían amarillas, para caer y dejar la morera desnuda. «El otoño —pensaba— ¡por qué preocuparme por el otoño, si aquí todavía es primavera!». Tan satisfecha estaba la oruga con su vida que nunca llegó a plantearse la posibilidad de una existencia mejor, ni la transitoriedad de aquella abundancia que dependía de las estaciones del año.

Dicho esto, el hombre hizo una pausa para entonces añadir:

—¿Comprendes el relato?

—Sí —respondió Vivek—. La oruga representa todas aquellas personas quienes, satisfechas con su existencia terrenal, no se plantean que pueda haber una vida mejor, ni creen en el día que toda esa abundancia tocará a su fin. Éste es un destino tan cierto como cierto es que después del verano viene el otoño y del otoño, el invierno.

—¡Correcto! —exclamaría el viejo con satisfacción, al confirmar que el joven había comprendido el simbolismo del relato—. Pero esta fábula es un regalo, cuidadosamente envuelto con más de un envoltorio. Has podido discernir la primera capa, pero ¿puedes extraer la siguiente?

—No —respondió el joven.

—En su estado de despreocupación —continuaría relatando el viejo —, la oruga nunca se percató de que la morera, en que tan satisfecha vivía, estaba rodeada de un jardín cubierto por un manto de flores. Era un jardín visitado a diario por una procesión de mariposas, quienes acudían desde todos los rincones del bosque para sorber su néctar. Como la oruga estaba ya satisfecha con su vida mundana, nunca se planteó una existencia mejor. Pero, ¿qué crees que pasaría si un día llegara a ver las mariposas? —volvió a interrogar al hombre.

—Pues supongo que, al verlas, ella también querría ser mariposa.

—Sin embargo, estarás de acuerdo conmigo que primero la oruga deberá saber que las mariposas existen. Pero, ¿no se limita la realidad de la oruga a aquello que sucede sobre tierra firme? Aunque decidiera evadirse de la realidad que la rodea, para imaginarse revoloteando de flor en flor y sorbiendo su néctar, ¿no es la oruga prácticamente ciega? Mientras sea oruga nunca podrá ver las mariposas, ni percibir su realidad. De las plantas sólo conoce el sabor de sus hojas, pero no el néctar de las flores.

—¡Qué triste! —exclamó Vivek con voz afligida.

—No estés triste, pues un día, cuando las hojas del árbol que la alimenta se vuelvan amarillas y el viento se las lleve, la oruga empezará a pensar más allá de la morera. Ese día ella también contemplará la posibilidad de convertirse en mariposa.

Mientras hablaba, las barbas del viejo se balanceaban rítmicamente al compás de sus palabras. Al entonarlas, su mirada seguía observando al joven sin verle, o mejor dicho, viéndole sin necesidad de mirarle. Sus ojos eran el largo bastón con el que golpeaba los objetos para identificar no sólo su presencia, sino también su esencia. Una esencia transmitida por la voz de cada objeto, una voz que sólo era perceptible por aquél que utilizara las orejas para identificar, y el tacto para ver. La piedra, la madera, la arena, todos emitían sonidos diferentes que el hombre identificaba con absoluta agudeza. Pero ahora el bastón yacía a su lado, mientras sus labios seguían narrando el cuento y las largas barbas acariciaban la dura piedra.

—Un día la oruga descubrirá que puede fabricar una crisálida — continuaría narrando el viejo—. A partir de ese instante, ya nada de lo que le pueda ofrecer el vagabundeo casi ciego por las hojas de la morera la podrá distraer. Ese día, la oruga empezará a fabricar la crisálida para permitir que se inicie la metamorfosis que la convierta en mariposa.

Vivek cambió su rostro afligido por la expresión de excitación de aquél que está a punto de abrir un regalo muy bien envuelto.

—¿Qué crees que hará la oruga una vez convertida en mariposa? —preguntó de nuevo el hombre.

—¡Empezará a volar! —exclamó el joven casi dando un bote.

····+····

—¡Perfecto! Veo que comprendiste el significado del relato. Ahora respóndeme, ¿qué crees que buscan los peregrinos cuando se bañan en el río?

—Supongo que ven en las aguas de la Madre Ganga la crisálida que les convertirá en mariposa —respondió Vivek.

—¿Y lo son?

—Yo me he bañado cientos de veces y todavía soy oruga.

—Pues bien, la única crisálida posible es aquélla que envuelve nuestro corazón. Sólo cuando ésta se abra, podremos emprender el vuelo. Es entonces que el velo de *Māyā* se disipa, los ojos se abren y podemos percibir el jardín de flores a nuestro alrededor. ¿Entiendes lo que te digo?

—Lo entiendo, pero no lo comprendo —respondió el joven.

—No intentes comprender *Māyā* haciendo uso de la mente. Al velo ilusorio que nos separa hay que trascenderlo con el corazón. Mente y *Māyā* son una misma cosa. Son el objeto, y el objeto no puede percibirse. Pero tú eres el sujeto, eres la esencia eterna, la pura conciencia. Mira hacia tu interior para conectar con quien realmente eres. No te busques fuera, pues no te encontrarás.

—Maestro, aún así, es difícil. Entiendo la teoría, pues respuestas similares las he ido obteniendo de todos aquéllos a quienes en el pasado he planteado la misma pregunta. Pero deseo vivir la experiencia, experimentarla, sentirla, en vez de teorizarla. Sólo así creo que podré comprender.

—Te falta la fe que confiere la experiencia (*śraddhā*). Es una fe distinta a aquélla que nos pide creer en la palabra del otro, sin haberlo experimentado personalmente —respondió el maestro—. Si realmente quieres vivir la experiencia, será necesario que emprendas una peregrinación a las fuentes de los tres ríos sagrados: el Yamuna, el Ganges y el Sarasvatī. Este peregrinaje te otorgará la fe que se obtiene cuando, en nuestra condición de orugas, percibimos el jardín de flores que nos rodea.

—¡Un peregrinaje a los tres ríos sagrados! —exclamó Vivek boquiabierto.

Él siempre había visto a los peregrinos como personas que no destinaban meses sino años de sus vidas a alcanzar un destino donde él vivía por derecho propio o accidente del destino. Por ello, el joven reaccionó con cautela cuando aquel hombre ciego, a quien justo acababa de conocer, le propuso adentrarse por las arriesgadas montañas del Himalaya en busca de los tres ríos sagrados.

—Sí, una peregrinación. Una vez en sus fuentes, busca los límites del glaciar, allí donde el hielo deja brotar un arroyo cristalino. En el pequeño arroyo, arrodíllate y pronuncia tres veces las palabras sagradas que te transmito. Pronunciadas éstas, bebe de sus aguas y prepárate para experimentar.

«Experimentar». Ésas ya eran palabras mayores y no banales promesas intelectuales. Así fue como el joven decidió acercar la oreja para escuchar el *mantra*, o invocación mágica. Terminada la conversación, decidió emprender el camino en busca de las fuentes de los tres ríos sagrados.

En su casa dejó dicho que estaría ausente varios meses, pero sin especificar por cuánto tiempo ni dar detalles del lugar al que se dirigía. Aquél era un viaje que quería recorrer sin compromisos, pues él sabía que en las montañas los días se alargan con los aguaceros monzónicos y el tiempo se detiene bajo el peso de las nevadas. Antes de salir, agarró un recipiente para pedir limosna y una manta de lana gruesa para resguardarse del frío, y se encaminó hacia el norte. Al ser abril, la nieve empezaba a retirarse de las montañas. Por tanto, si se apresuraba, podría peregrinar a los tres destinos y estar de vuelta antes de octubre, momento en el que el hielo cubriría de nuevo los accesos.

☙ *Yamuna*

PUESTO QUE EL *Yamuna* había sido el primer río mencionado por el viejo, Vivek decidió respetar la secuencia tal cual le había sido comunicada. A media mañana se unió a un grupo de renunciantes en peregrinación a las montañas, y todos juntos emprendieron la ruta que recorría las riberas del río. Era un camino muchas veces esculpido en la roca de las gargantas y barrancos del techo del mundo. Durante la travesía fueron deteniéndose para profesar los ritos acostumbrados al Dios *Shivá*, mientras consumían con devoción la resina obtenida después de restregar entre las palmas de sus manos las flores de una planta que crecía salvaje por las lindes del camino.

—Soma —decían los renunciantes, pero al joven le pareció más una excusa para retrasar considerablemente la marcha; aunque cuando la consumía ocasionalmente le ayudaba a comprender.

Un mes después llegó a Yamunotri, donde se enteró que el punto exacto del nacimiento del río era el lago helado de Saptarishi Kund, el lago de los siete sabios. Eran siete sabios que le observaban escondidos en el Norte, detrás de las montañas y del Sol intenso del mes de mayo.

Las recientes nevadas invernales aún dominaban el paisaje, si bien ya se empezaba a hacer notar la llegada de las temperaturas estivales. El hielo se derretía bajo el calor de cada nueva jornada, dejando al descubierto rocas y sedimentos, así como la hierba despojada por el frío de su antiguo verdor.

Al llegar al lago, se dirigió al pequeño arroyo de agua cristalina que emergía por debajo de la corteza helada. Una vez allí, se arrodilló para pronunciar la invocación tres veces y beber de su agua. Al beber, vio que nada sucedía. Desilusionado, decidió echar una cabezada al pie de una gran roca, en un lugar donde la hierba estaba ya seca y despojada de sus vestiduras invernales. Cuando apenas se estaba quedando dormido, durante aquel momento de tránsito en que el cuerpo se relaja y la mente se adentra en un mundo de sueños, el joven percibió una abrupta sensación de energía ascendente, una ola que le arrancó de su cuerpo y le alzó como quien vuela. Un instante después observó su cuerpo dormido abajo, apoyado contra la gran roca, mientras el espacio que le rodeaba se desvanecía.

Desde ese lugar, percibió cómo el Sol intenso del mediodía incrementaba su brillo, el cielo su azul y las nubes sus tonos blanquecidos. Las montañas se fundieron, como se funde en verano la nieve que las recubría y, al hacerlo, se intensificó esa mezcla de olor seco de hierba quemada por el hielo y olor frío del sedimento glacial. La superficie helada del lago empezó a diluirse como un espejismo. El viento, que hasta hacía unos instantes acariciaba su piel, se quedó inmóvil, mientras un manto de silencio cubría la inmensidad del espacio que le rodeaba.

La morera estaba dando paso al manto de flores del jardín, la oruga a la mariposa, mientras él se alzaba por encima de las nubes, hasta alcanzar un espacio donde el azul del cielo se desvaneció, y el brillo del Sol se disipó. Desde allí, miró hacia el norte, para divisar la constelación de los siete sabios, también conocida como Osa Mayor. Aquella constelación, escondida hasta hacía poco por la luz solar y los picos de las altas montañas, ahora no sólo era visible, sino que también pudo percibir su voz. Eran voces que, al hablar, hacían vibrar el entorno; cada voz una nota, cada nota un color.

«Esto debe de ser *Māyā* —se dijo el joven, a medida que la experiencia menguaba—. *Māyā* significa que todo lo que me rodea es ilusorio. Que es simplemente una impresión en la mente de aquello que perciben los sentidos. Como el cielo, que vemos azul, sin que éste sea realmente su color. Como el azul con el que pintamos el cuerpo de la Divinidad, por ser el color del velo con el que se viste el infinito del cosmos».

৯ *Ganges*

AL RECUPERAR SU estado normal, el joven peregrino decidió continuar el camino hacia el segundo de los destinos: la fuente del río Ganges. Aunque el nacimiento del Ganges no distaba mucho del lugar en que se encontraba, era demasiado arriesgado aventurarse por las montañas, cruzando a solas las cumbres que los separaban. Así que decidió deshacer ruta hasta Barkot y de allí tomar el camino en dirección a Gangotri.

A Gangotri llegaría poco antes del inicio del monzón, momento en que el pequeño asentamiento estaba atiborrado de peregrinos procedentes de los tres lados del subcontinente. Después de reposar unos días para reponerse de la intensa caminata, emprendió la ruta hacia el glaciar de Gaumukh, ubicado a medio día de marcha y lugar considerado como el punto de nacimiento del río. Cuando prácticamente ya había llegado, un temporal de nieve le sorprendió, forzándole a resguardarse en una pequeña gruta. Disipado el temporal, estaba tan impaciente por llegar que decidió continuar, a pesar de ser ya medianoche.

«Al ser luna llena, no tendré problema en encontrar el camino» pensó.

Al llegar, la Luna lucía sus galas desde el Suroeste, y el viento había disipado las nubes. Era una noche mágica, caracterizada por la calma que sigue a la tormenta. La Luna mostraba su rostro perlado, mientras se deslizaba por encima de los picos, observando desde el firmamento. De todos los astros y planetas, únicamente Júpiter resultaba claramente visible. El resto quedaban escondidos detrás de un manto de luz de tonos blanquecidos, manto que la Luna lucía con orgullo e intensidad. Este hecho fue interpretado por el joven como un buen auspicio, pues así como el Sol estaba relacionado con el río

Yamuna, la Luna se vinculaba a la Madre Ganga, y Júpiter representaba «*el Maestro*».

Al identificar el punto en que el arroyo emergía del glaciar, el joven se arrodilló, y durante unos minutos se quedó inmóvil observando una Luna que ya se escondía por el Oeste. Al desaparecer, las estrellas fueron cubriendo el firmamento, como cuando el *Ganges* se cubre de pequeños recipientes de arcilla. Son recipientes llenos de mantequilla purificada (*ghee*) y donde una pequeña mecha arde; recipientes utilizados por los devotos creyentes para realizar sus ofrendas y plegarias. En ese instante decidió que el momento de pronunciar la invocación había llegado.

Primero pronunció el *mantra* susurrado ya hacía unos días por el hombre ciego del templo. Inmediatamente después tragó el primer sorbo. Al hacerlo, empezó a percibir cómo esta vez no era el paisaje lo que se desvanecía, sino su cuerpo que, como un terrón de azúcar en el agua, se disolvía. Con el cuerpo, también su mente se disipaba, como la brisa esparciendo el humo de una varilla de incienso. Con la mente, también sus pensamientos se detuvieron. Sin pensamientos, desapareció la distinción entre objeto y sujeto, para darse cuenta de que él y el Todo que le rodeaba eran una y la misma cosa. Se percató de que el tiempo y el espacio eran conceptos ilusorios, inventados por una mente deseosa de confinarlo y limitar todo. Sin espacio, la multiplicidad dejó de existir, transformando aquel Todo en su única realidad. Sin tiempo; pasado, presente y futuro se unieron en un solo instante. Sin espacio ni tiempo, su yo se desvaneció, liberándole del espejismo de *Māyā*. Lo que hasta ahora había sido oscuridad, se transformó en luz. Lo que había sido silencio, se convirtió en un único tono que todo lo inundaba y todo lo comprendía. En el centro un *bindu*, un punto del que emanaban los *yantras* o figuras geométricas. Eran arquetipos geométricos fluyendo al son de un OM que todo lo permeaba. Era el néctar, el *amrita* que las mariposas tanto anhelaban, y que las llevaba a volar de flor en flor.

Él sabía que aquélla era la experiencia llamada *samādhi* por el yogui. Era el gozo infinito, el éxtasis místico, el estado supraconsciente, o la iluminación transitoria del alma. Implicaba la disolución de *Māyā* en el océano de la conciencia absoluta.

✱ *Sarasvatī*

AL RECUPERAR SU estado normal, el velo azul del día volvía a cubrir el firmamento, el Sol mostraba las intensas galas de un día de finales de primavera y un intenso olor parecido al jazmín le rodeaba. Era el aroma de una madre abrazando a su hijo; la fragancia de las flores de un plano espiritual recién visitado; un olor que aún percibía cuando, como oruga, yacía de vuelta sobre la hoja de aquella morera.

A juzgar por la posición del astro padre, debían haber transcurrido más de doce horas desde el inicio de la experiencia. Al restablecer el contacto con su cuerpo, notó un terrible dolor de huesos. Al intentar levantarse, le fue imposible. Apenas podía emitir un discreto gemido, insuficiente para atraer la atención de los pocos peregrinos que hasta aquel lugar se aventuraban. La noche al raso se había hecho notar y ahora el cuerpo le pasaba factura. A pesar de su situación desesperada, los peregrinos pasaban de largo, sin prestarle demasiada atención. La mayoría andaban descalzos sobre la nieve y el hielo. Algunos lucían las grises cenizas como vestidura, y un bastón de palo como única posesión. Por lo tanto, al verlo, no pensaban que un chico, abrigado con una buena manta de lana, y que parecía haberse detenido para entrar en estado meditativo, necesitara ayuda.

Desfallecido por el agotamiento, notó cómo el frío le cerraba de nuevo los párpados y un nudo en la garganta ahogaba definitivamente su último aullido. «Si éste es mi último suspiro de vida —pensó—, quizá también sea la respuesta a los interrogantes que me llevaron a aventurarme hasta los altos glaciares del Himalaya. Quizá con la muerte se retire el velo que me rodea y se dispersen los interrogantes que me inundan. Si es así, mi viaje no habrá sido en vano...»

Pero el libro de su vida todavía no había pasado la última página, pues un renunciante que vivía en una gruta cercana le encontró justo a tiempo para salvarle la vida. El buen samaritano no tenía un aspecto muy robusto. Era delgado como un palo y las costillas parecían querer escaparse de su pecho. Su cabello era un nido de nudos, si bien lo llevaba envuelto sobre la cabeza con la dignidad de aquél que viste un turbante. La larga barba le caía sobre el pecho descubierto, torso que la severidad del clima había endurecido como el cuero.

A pesar de su apariencia frágil, el buen hombre cogió al joven por debajo del brazo y con gran agilidad se lo cargó a la espalda como un fardo de grano, para llevárselo a la gruta donde residía. Una vez allí, encendió un pequeño fuego, a cuyo lado depositó al moribundo. Tres días tardó en recuperarse, durante los cuales el asceta estuvo en todo momento a su lado.

Al despertar, lo primero que el joven vio fueron unos ojos bondadosos observándole bajo el brillo de una luna menguante, y un sonrisa que le invitaba a no desconfiar. Tres días más tuvieron que pasar para poderse restablecer.

Una vez repuesto, decidió contar su historia y las razones por las que había pasado la noche a la intemperie. Le habló de los interrogantes que le invadían y del hombre ciego del pequeño templo. De cómo este último le sugirió iniciar una peregrinación a las fuentes de los tres ríos sagrados y de cómo, después de beber de las aguas del *Ganges* y recitar la invocación sagrada, había caído inconsciente sobre el hielo.

—La experiencia fue fantástica —dijo el joven—. Sin embargo, sólo duró un instante, tras el cual perdí la conciencia. De hecho, no sé si realmente viví la experiencia o fue sólo un sueño. Pero sueño o realidad, mi corazón anhela experimentarla de nuevo. Ahora que he retirado el velo por un instante, no me detendré hasta removerlo del todo, para quedarme así completamente desnudo.

—¿Y cómo esperas lograrlo? —le interpeló el hombre, mientras derramaba agua en un pote con té negro reciclado y del que sólo la paciencia de aquél que sabe esperar podía arrancar aún aroma y color.

El joven esperó a que el asceta pusiera el puchero sobre las brasas, para así disfrutar de su total atención.

—El viejo del templo me habló de tres fuentes. Hasta ahora he visitado dos y en ellas he aprendido el verdadero significado de *Māyā*. De la tercera espero obtener el conocimiento que me permita disolver definitivamente el espejismo y permanecer en el gozo absoluto para siempre. El único problema es que el tercer río es el *Sarasvatī* y nadie sabe con certeza dónde se encuentra. Según las escrituras, fue el más sagrado de los siete ríos de la antigüedad. Quizás ya no existe, o al menos nadie parece saber dónde ubicarlo. Unos afirman que se secó hace mucho tiempo. Otros lo identifican con un río subterráneo que se une al *Ganges* y el *Yamuna* a la altura de *Allahabad*.

El ermitaño sirvió un poco de té en dos pequeños recipientes de fango cocido, mientras recitaba una corta invocación al Dios *Shivá*. Vivek hizo una pausa, mientras se servía la bebida, para a continuación proseguir con su relato.

—Cuando pregunto dónde encontrar los yacimientos de este supuesto río subterráneo, responden que es etéreo, que consiste en un río espiritual inexistente en el plano físico. Algunas respuestas son aún más enigmáticas, hasta el punto de afirmar que, para sentir fluir el Sarasvatī, hay que poder respirar por los dos orificios nasales a la vez. Activar *Suśumna* lo llaman. ¡Lunáticos! —Exclamó—. Yo busco un río del que pueda beber sus aguas. Un río real, para trazar su origen. No un río seco, un río etéreo o un río que transite por mi espina dorsal.

El asceta le observaba con el rostro inexpresivo de aquél que ya no busca respuestas, mientras el joven continuaba apasionadamente su relato. Entonces, de manera repentina, el hombre se apartó la barba, se levantó y salió de la cueva sin dar explicación alguna. Al verle salir, Vivek pensó que quizá había ido demasiado lejos con sus afirmaciones. «Estos hombres de las montañas no están acostumbrados a que nadie empiece a renegar. Quizás me haya excedido...»

Avergonzado y cabizbajo, decidió salir de la gruta para sentarse junto al ermitaño, quien desde una roca observaba la magnífica cordillera alzándose frente a la pequeña gruta. Al verle sentarse a su lado, el asceta preguntó:

—¿Qué aprendiste después de beber de la primera fuente?

—Que la realidad es un espejismo —respondió Vivek, con un hilo de voz que tímidamente se le escapaba por entre los labios.

—¿Y de la segunda?

—Que este espejismo se manifiesta por medio del poder de la mente.

—¿Lo que significa...? —interpeló de nuevo el asceta.

—Significa que todo es posible.

—Por tanto, si todo es posible, ¿por qué niegas las respuestas que se te dieron? Que no te sirvan para lograr tus fines, ni cubrir tus expectativas, no significa que sean falsas. De hecho, las tres son correctas. Si bien, yo sé que tú buscas una cuarta respuesta. Una respuesta que te permita recuperar lo que viviste por un instante. Esperas que la tercera fuente te dé la técnica. Lo que no sé es si sabrás interpretar su mensaje, una vez bebas de sus aguas...

El hombre hizo una larga pausa, dirigiendo la mirada hacia el este, para continuar diciendo:

—Sí. El río Sarasvatī también existe en el plano físico y por él circulan aguas de las que puedes beber. Ya no es aquel río majestuoso de la antigüedad, pues hace muchos años un terremoto lo sesgó prácticamente en su yacimiento y ahora su corriente baña el lecho del Ganges. Ahora es un pequeño afluente que nace no muy lejos de aquí, para perder su nombre al pie de la gruta donde el gran sabio Vyāsa compiló los textos sagrados de los Vedas y compuso la épica del *Mahābhārata*. Pero algún día volverá a ser un gran río. El día en que descubramos que el Saraswati también es un río que hay que despertar en nuestro interior.

—¡Oh, baba, por favor, dime dónde encontrarlo! —exclamó el joven excitado.

—Tendrás que emprender una ruta dura y peligrosa, cruzando glaciares y puertos de montaña por alturas jamás alcanzadas por el aire que respiras. Te sorprenderán fuertes vientos, sin un lugar donde refugiarte. Como únicos compañeros tendrás pequeñas manadas de cabras azules salvajes y, como ellas, tú también podrías acabar presa del leopardo de las nieves. Te alzarás hasta el techo del mundo, allí donde residen los *devas* (semidioses), pero ni ellos mismos podrán ayudarte, pues ésta es una aventura a emprender en solitario.

—¡¿Cómo llegar?! —exclamó de nuevo Vivek, aún más excitado.

—Primero deberás tomar la dirección Sur, siguiendo el glaciar, hasta alcanzar las praderas de Tapovan. Seguidamente camina una *yodjana*[1] en dirección Este, bordeando los contornos de los glaciares, hasta tropezarte con el lago Vasuki Ta*l*. Sigue caminando en esa misma dirección una segunda *yodjana* hasta llegar a KalindiKhal, conocido como «el paso del astro Sol». Crúzalo, siguiendo hacia el este una tercera *yodjana* hasta llegar a un río. Ese río es el Arwa Nala, afluente del Sarasvatī que tanto buscas. Recorre su lecho y después de una cuarta *yodjana* llegarás al Sarasvatī. Remonta su curso en dirección Norte una quinta *yodjana* y llegarás al glaciar que le da nacimiento. Cinco *yodjanas* te separan pues de las respuestas que con tanta ansia buscas. Pero estas mismas cinco *yodjanas* te pueden costar la vida. ¿Estás dispuesto a emprender tal aventura?

—Sí —respondió Vivek muy convencido.

Al día siguiente los dos personajes se dijeron adiós con un fuerte abrazo. Acto seguido, nuestro protagonista volvió al pequeño asentamiento de Gangotri, para aprovisionarse adecuadamente antes de salir en busca del Sarasvatī. Una vez invertidos todos sus ahorros de mendigo en víveres, unos buenos zapatos y una segunda manta, el joven salió en busca del río misterioso.

Tras dos semanas cruzando glaciares, praderas y puertos de montaña, alcanzó finalmente el tan deseado destino. Impaciente, se dirigió al punto donde el arroyo de agua cristalina emergía

---

[1] Unidad de medida antiguamente utilizada y que equivale aproximadamente a 15 quilómetros de distancia.

serpenteante por debajo del glaciar; repitió la invocación tres veces y sumergió sus manos en las frías aguas. Entonces, al sacarlas, observó que sus palmas no podían retener el agua. De hecho, ni siquiera la notaba fría, como si el agua no fuera más que un espejismo, un producto de su imaginación, una proyección de su mente. Desesperado empezó a gritar:

—¿Por qué, por qué, oh Sarasvatī, Diosa del conocimiento, me niegas ahora la respuesta que mi corazón tanto anhela?

Ya sin provisiones, o peor aún, sin la fuerza necesaria para seguir buscando, Vivek se dejó caer sobre la nieve, dispuesto a que el frío de la noche le arrebatara la vida.

Una pequeña caravana de marchas, tribu semi nómada que habita aquella región, se topó con aquél quien, por segunda vez en un mes, yacía sobre la nieve, medio moribundo. La caravana procedía de las frías tierras de Bhot, actualmente conocido como Tíbet. Allí habían adquirido un cargamento de lana, que se disponían a vender en los valles bajos. Al verle, le construyeron rápidamente una especie de palanquín, le cubrieron con pieles de yak y le prepararon un té caliente con mantequilla para que su cuerpo recuperara la temperatura. Unos días después, la caravana llegaría a la pequeña población de *Maná*, donde el joven tuvo la oportunidad de reposar en cama hasta recuperarse. Al reponerse del trance, la estación de lluvias ya había empezado, lo cual dificultaba el viaje de regreso. Por lo tanto, decidió pasar el verano con esa gente de rostro afable, para continuar su camino, montaña abajo, una vez llegado el otoño.

Los habitantes de montaña son conocidos por su hospitalidad y aquellas gentes no eran una excepción. El jefe del clan le acogió como a un miembro más de la familia, poniendo a su disposición la habitación de sus hijos. Era aquélla una casa de techo bajo y puertas pequeñas que requerían ser cruzadas agachado. Un recinto que invitaba a la humildad, en contraste con las altas cumbres que los rodeaban. La estructura era de piedra y adobe, mezclada con estiércol de vaca. Resultaba sorprendente pensar que durante seis meses al año aquellas pequeñas casitas quedaban completamente cubiertas por la nieve. Sin embargo, cuando sus propietarios llegaban en primavera, después de pasar el invierno en tierras ligeramente más cálidas, las encontraban intactas. Era como si el grueso manto de nieve, que durante la frialdad invernal las había cubierto hasta hacerlas desaparecer del todo, no hubiera sido más que una caricia. La respuesta al dilema le llegó unos días más tarde, una mañana, mientras el joven narraba sus vicisitudes a su anfitrión y degustaban juntos el tradicional té de *tsampa*, bebida a base de té, mantequilla y cebada.

—Tanto esfuerzo para alcanzar la tercera fuente, y al llegar, ni siquiera pude degustar sus aguas.

—Sin embargo, nadie te puede robar la experiencia —comentó el jefe de la comunidad.

—Sí, pero ¿de qué me sirve ahora esa experiencia?

✠ leyenda de los aludes ✠[2]

—Las experiencias siempre sirven de algo —respondió el hombre —. La primera vez que mi gente llegó a este valle, construimos el pueblo en la gran explanada que se extiende al otro lado del río. Aquél parecía el lugar idóneo, por ser un terreno relativamente llano, amplio y teóricamente protegido de los aludes. Pero al regresar de un largo invierno en los valles bajos, nos encontraremos con que un alud nos había arrebatado el pueblo.

—¡Qué desgracia! —Exclamó nuestro protagonista.

—Sí, pero de aquella experiencia aprendimos que no era posible huir de los aludes, sino que había que saber convivir con ellos. Si bien, para poder convivir con alguien, primero hay que conocer sus hábitos. Por eso nuestros antepasados pensaron que mejor era cambiar la ubicación del pueblo, y en vez de volver a escoger el lugar más lógico, decidieron reconstruirlo en este lado del río, al pie de la montaña.

—¿No fue esta decisión aún más arriesgada? —preguntó Vivek.

—No, ya que por estar en un terreno con pendiente, ellos dedujeron que los aludes seguirían rutas prefijadas, siguiendo los contornos naturales. En cambio, en el valle, la probabilidad de que llegara una avalancha era menor, pero de hacerlo, no había manera de predecir su ruta. Llegados al valle, los aludes se esparcen por todo el terreno. Por ello, ese año ellos no levantaron casa alguna, sino que se limitaron a plantar estacas a lo largo y ancho del terreno donde tenían previsto construir el nuevo pueblo.

—¿Estacas?

—Sí, para a la primavera siguiente proceder de la siguiente forma: allí donde la estaca aún estaba firmemente clavada, erigieron una casa; pero en aquellos lugares donde las estacas habían quedado tumbadas por la nieve, hicieron las calles y las plazas. Desde entonces no hemos vuelto a tener ningún problema con los aludes, pues

---

[2] Leyenda narrada al autor en 2004 por Mr Pitember, jefe del pueblo de Maná.

aprendimos a respetar sus caminos y, de hecho, hemos aprendido a compartirlos. Los aludes los transitan en invierno, nosotros en verano, y entretanto nuestras casas quedan intactas.

—Muy sensato.

—Sí, pero en cambio tú pareces querer huir de eso que llamas *Māyā*, en vez de aprender a transitar por su mismo camino. Parece que quieras esquivarla, en vez de estudiar cómo opera y así dejar que no te afecte. Ya casi te dejaste la vida dos veces para evitarla. Quizás necesites aprender a convivir con ella, pues aceptarla seguramente sea la primera condición para poderla trascender.

····┼····

☙ *El sueño*

AQUELLA NOCHE EL joven decidió dormir al raso, en la más alta de las tres grutas que se abrían justo por encima de la pequeña aldea. Más que grutas, eran tres pequeños orificios formados sobre la pendiente, con una gran roca como techo y espacio suficiente para resguardarse de la nieve, pero no para protegerse del rigor invernal. Al no soplar el viento en aquella noche de verano, el joven pensó que era una buena oportunidad para hacer vivac, en vez de tener que volver a la casa del jefe, donde no disponía de mucha intimidad.

Al quedarse dormido, Vivek empezó a soñar. No era aquél un sueño cualquiera, sino uno muy especial que lo transportó a un tiempo ya pasado. Era un acontecimiento que tuvo lugar en ese mismo lugar, hacía ya varios miles de años.

—*Ganesha*, ¿escribiste todo lo que te relaté? —pronunció aquella voz, sin que Vivek pudiera identificar su origen—. *Ganesha*, no hemos andado tantas jornadas, hasta encontrar este lugar solitario, para que tú te pongas a hacer una siesta a medio relato —dijo de nuevo la voz, en tono claramente ofendido—. Krishná ha muerto, la Era de Kali se acerca, y si no dejamos por escrito lo que hasta ahora ha sido simplemente recordado, todo el conocimiento de nuestros sabios se perderá en el tumulto del temporal que está por venir. Si no lo dejamos por escrito, ya nadie recordará que un día, por esta tierra bendita, caminó Krishná, quien en su eterna sabiduría nos recordó la verdadera ciencia del yoga, la ciencia de la unión con el principio Divino. Por favor escribe: «La Conciencia Suprema no nos hace actuar en contra de nuestra voluntad, ni es la causante de las identificaciones con nuestras acciones, ni provoca que nos apeguemos a los frutos de dichas acciones. El origen de estas tres identificaciones es, en cambio, la naturaleza ilusoria de la realidad que nos rodea[3]».

«¡Es el viejo del pequeño templo dedicado a la Diosa Sarasvatī!» exclamaría Vivek en pensamientos. «No es él en cuerpo, pero puedo intuir que es él en espíritu. ¿Por qué me estará pidiendo que continúe escribiendo este relato? ¿Estoy soñando o me está sucediendo de verdad? ¿Lo estoy recordando o me lo estoy imaginando?»

—Ganesha, hijo mío, escribano y testigo de esta historia pasada, tu nombre te ha sido concedido en honor de Dios elefante, quien remueve los obstáculos del camino —continuaría relatando la voz—. Tu instrumento de escritura es el colmillo de marfil, mediante el cual esperamos remover los obstáculos de una Era que justo empieza. Este lugar desde el que te relato el conocimiento eterno no había sido nunca visitado, pues durante los últimos cien ciclos permaneció totalmente cubierto por la nieve del largo invierno glacial. Es como una página en blanco, sin vibración alguna que nos pueda relatar su pasado. Escribe pues, hijo mío, para que cuando esta Era toque a su fin podamos recordar toda la sabiduría que llegaremos a poseer como humanidad, y para que no seamos totalmente devorados por la ignorancia de los tiempos difíciles que se acercan.

—¿A qué tiempos difíciles se debe de referir? —se preguntó nuestro protagonista, quien obtuvo de inmediato una respuesta.

—Aquéllos durante los que interpretaremos erróneamente la sabiduría del pasado. De las cuatro personalidades que Manu[4] nos definía y sobre las que se ha constituido nuestra sociedad, harán grupos a los que se pertenece por herencia y no por tendencia[5]. Será como si la espiritualidad se transmitiera por línea sanguínea, en vez de resultar de la combinación entre esfuerzo personal y gracia divina. Las cuatro personalidades también serán jerarquizadas, ubicando unas por encima de las otras, como si la cabeza de una persona fuera más importante que el pecho o sus manos. El matrimonio se convertirá en contratos arreglados, para preservar la pureza de su sangre, como si la pureza estuviera en el cuerpo físico (*Ana*) en vez de hallarse en el Ser

---

[3] Fragmento inspirado en el Bhagavad-gītā, Capitulo V, verso 14.

[4] En la mitología hindú, Manu es el nombre del primer rey que reinó sobre la Tierra después del Diluvio Universal. Sería el equivalente al Noé del Torá y la Biblia, a la leyenda de Manco Capac del Inca, o al Deucalión de la mitología griega.

[5] Hace referencia al sistema de castas definido por Manu, pero que en su origen no era hereditario.

(*Ātman*). Del *karma* o ley de causa-efecto harán una excusa para justificar la división de una sociedad que está a punto de perder su armonía, haciendo que el conflicto vuelva a reinar, y con él la guerra y la división.

«Está describiendo nuestra sociedad actual» pensó Vivek.

—En la Era de Kali, muchos confundirán la realidad material con la realidad espiritual, haciendo única la primera, a base de negar la segunda —continuó la voz—. A las piedras se les dará más valor que a las personas, los gobernantes serán corruptos, y los mercaderes detentarán el poder. Por ello es necesario que escribas, hijo mío, escribe con la esperanza que unos pocos comprendan y conserven la verdad eterna. Escribe para que aquél que no aferre sus pensamientos a los objetos externos, goce de la felicidad que proviene del Ser interior.

❧ El retorno

AQUELLAS PALABRAS DE presagio aún resonaban en la mente del joven cuando, unos meses después, regresó finalmente a casa. Su madre le abrazó sin creer que estuviera de vuelta. Su padre hacía como si nada hubiera pasado, intentando disimular el orgullo de ver cómo su hijo había completado el peligroso peregrinaje. Saludados los padres, así como los familiares y vecinos que se acercaron a la casa, atraídos por la noticia de su llegada, el joven se dirigió directamente al pequeño templo de la diosa Sarasvatī. Allí esperaba encontrar a la persona responsable de aquella larga aventura, la única que parecía tener una respuesta al dilema de la tercera fuente.

—¡Maestro, maestro! —gritó el joven al verle.

El hombre seguía sentado en la misma posición en que el joven le había dejado unos meses atrás, como si el tiempo se hubiera detenido en el interior del recinto. Al escuchar su voz, el sabio esbozó una sonrisa, mientras Vivek le tocaba los pies en señal de respeto. Una vez efectuadas todas las formalidades necesarias, el joven se aventuró a decir:

—Maestro, de la primera fuente aprendí que las montañas, los ríos, los valles y todo lo que nos rodea no es real sino ilusorio. Que es un espejismo cuando lo observamos desde los ojos de la Conciencia. De la segunda de las fuentes aprendí que la realidad es únicamente *Brahman*, o Conciencia Suprema. Por lo tanto, trascendida la mente, la realidad se nos presenta como una y absoluta. Pero dígame, por favor, ¿qué he aprendido de la tercera fuente?

Sin borrar aquel esbozo de sonrisa que perpetuamente cubría su rostro, y invitándole con el bastón a sentarse a su lado, el buen hombre se dispuso a responder.

—De la tercera has aprendido tres cosas. Primero, aprendiste que el conocimiento también es ilusorio, como ilusoria era el agua de la fuente. Por lo tanto, no busques en su acumulación la fórmula para recuperar ese instante de gozo que te dio el beber de la fuente del *Ganges*, pues la acumulación excesiva de conocimiento no hará más que engrandecerte el ego y alejarte de tu objetivo. A parte, recuerda que mucho más valioso que leerlo, o que te lo expliquen, es recordar el conocimiento, recordar las verdades eternas. Pero también es ésta una travesía a emprender con sencillez y humildad.

—¿A qué se refiere, maestro?

—Es como la varita de incienso. Si no sostienes el incienso en la llama el tiempo suficiente como para que prenda la madera rodeada por la fragancia, la varilla no llegará nunca a quemar. Pero si cuando la punta de la varilla arde, no extingues la llama, el incienso quemará por completo, sin que llegue a desprender fragancia alguna. Pues bien, el ego (*ahamkāra*) actúa igual. Primero lo necesitas, como la fragancia necesita una varilla de madera que la sostenga, o el incienso la llama. Necesitas el ego para tomar conciencia de tu individualidad y capacidad de actuar. Pero posteriormente precisas desidentificarte de él, para así poder emitir tu propia fragancia. Una vez extinguida la llama, tu vida transcurrirá como la varilla que se consume, y la fragancia que emitas quedará allí, disuelta con la de tantas otras varillas de incienso que quemaron antes que tú. ¿Lo comprendes ahora?

—Sí.

—En segundo lugar, has obtenido la fe absoluta que aporta la experiencia (*śraddhā*). Es una fe que te llevó a aventurarte solo en la nieve y el frío en la búsqueda de la tercera fuente. Pero no es ésta una fe ciega, sino la certeza nacida después de haber contemplado la luz por un instante y descubierto que ese gozo es el estado natural del alma. Es por ello que cuando el maestro, encarnado en el cuerpo de un baba al pie del glaciar de Gaumukh, te propuso una peligrosa marcha hasta el nacimiento del Sarasvatī, tú aceptaste el reto, pues disponías de la fe transmitida a raíz de las dos primeras experiencias.

El joven fue asintiendo con la cabeza, mientras sonreía al darse cuenta de que su maestro, aquel hombre pequeño y seco del templete de Sarasvatī, no sólo se había manifestado como sabio Vyāsa en un sueño, sino que también fue el baba que lo rescató en Gaumukh.

—Finalmente has demostrado la energía física y mental (*vīrya*) necesaria para alcanzar tu objetivo. La misma fuerza de voluntad y determinación la necesitas para superar los múltiples obstáculos que te separan de la experiencia suprema.

—Maestro, como muy bien dice, he aprendido muchas cosas, pero ahora que he degustado la dulzura de la experiencia suprema me falta la voluntad de seguir viviendo en esta realidad ilusoria.

—¡Quién dice que sea ilusoria! —exclamaría el hombre—. ¿No aprendiste con el ejemplo de los aludes que necesitabas saber convivir con eso que tú llamas *Māyā*?

El joven prefirió no preguntar cómo era posible que el maestro también supiera de la conversación mantenida con el jefe de la pequeña aldea de *Maná*. Preguntar, pensó, sería subestimar las habilidades de aquéllos que no están sujetos a las limitaciones de la realidad aparente. En vez de eso, respondió con una nueva pregunta:

—Sí, pero ¿cómo?

—Primero, dejando de considerar la realidad que te rodea como espejismo, pues como los aludes, si niegas su existencia, seguramente acabes envuelto en ella y perdiendo el sentido de la orientación. Una vez dejes de negarla, estarás listo para comprender cómo opera y, una vez sepas cómo opera, la podrás trascender.

—¿Y cómo opera?

—La Realidad Última, aquélla que percibiste en el gozo de un instante, es una y absoluta. Cómo la singularidad se transforma en multiplicidad y cómo esta multiplicidad opera, es justamente lo que necesitas aprender. Pero, para orientarte en la multiplicidad de la realidad aparente, requieres poder determinar y distinguir todas las posibles direcciones a tomar. Por eso te pregunto, ¿cuántas posibles direcciones crees que define la realidad aparente?

—Cuatro —respondió el joven inmediatamente.

—¡Cuatro! —exclamó el viejo—. ¿Estás seguro? No dejes que el horizonte de tu mirada te engañe, ni consideres direcciones únicamente aquéllas que puedas transitar caminando. En mi ceguera y en mi cojera, yo veo más.

—Seis si consideramos arriba y abajo como posibles direcciones, pero no son direcciones que definan un horizonte, ni por las que me pueda yo desplazar.

—Bien que te desplazarse por ellas durante tu primera experiencia, cuando te alzaste en dirección al cielo. Por ello, primero negaste la realidad aparente que te rodea. Ahora no la niegas, pero la limitas. Ni una opción, ni la otra, te permitirán trascenderla. Es cierto que arriba y abajo definen direcciones de naturaleza diferente en comparación a las cuatro direcciones cardinales, pero son direcciones con su propio concepto de horizonte y su manera de transitar por ellas.

Hecha una pequeña pausa, durante la cual deshizo para volver a enrollar de nuevo el moño de pelos que vestía como turbante, el maestro continuó:

—Sin embargo, todavía te falta una séptima: la dirección hacia tu propio interior. Cuando emprendas ésta, descubrirás que la realidad, tal como nos rodea, es pura vibración, es sonido. Entonces recuperarás la experiencia de comunión con la Conciencia Suprema, pues ésta nunca te ha abandonado. No la busques en el nacimiento del río Sarasvatī externo, sino en ese mismo río que transita por tu interior. A él lo llaman *suśumna*, canal energético que transita entre *ida* y *pingala*, el canal lunar y el solar. Estos otros dos canales energéticos (*nadis*) también reciben los nombres de Ganges y Yamuna.

Pronunciadas dichas palabras, el viejo empezó a musitar una suave melodía. A los pocos minutos, la melodía quedaría interrumpida por una amplia sonrisa, evidenciando que el hombre había entrado de nuevo en *samādhi*, el estado de gozo absoluto. El joven ya no tenía más preguntas. Cruzó las piernas, cerró los ojos, puso la espalda bien recta, para intentar seguir al hombre ciego en su viaje interior.

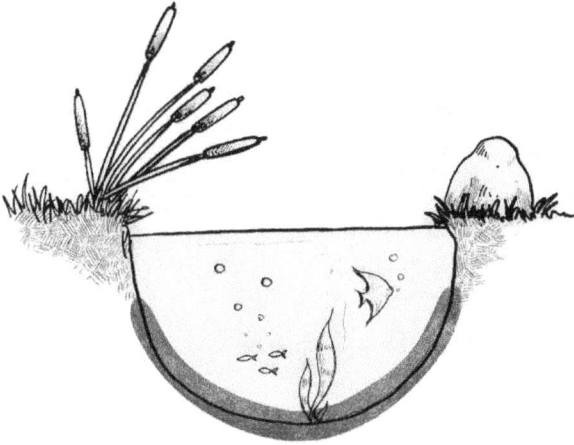

Agua

2. Los Siete Estadios del Amor

Procedente del trópico de Cáncer,
nacida en un terreno seco y árido,
ella había vivido en una región
la vida de cuyos habitantes se centraba principalmente
en torno a los pocos ríos y pozos que suministraban el
agua.
Es una región donde la humanidad se agrupó
para construir las ciudades más antiguas,
donde los arroyos del nomadismo humano
formaron los primeros estanques,
después del Gran Diluvio Universal.

❧ Las siete circunvalaciones

DE TODOS LOS instantes del día, aquél que Fátima anhelaba con más impaciencia era cuando llegaba la hora de sentarse a las faldas del abuelo para viajar. Viajar a lugares lejanos, sólo accesibles por los más aventureros y recreados por la fantasía de un niño. Viajar fuera de las murallas de la ciudad, más allá de las callejuelas de la *medina*[1], callejuelas que ella recorría a diario con sus compañeros de juego. Viajar más allá del horizonte árido que se extendía en todas direcciones, más allá de la distancia alcanzada por el grito de un trueno o el reflejo del relámpago, y finalmente más allá de los caminos trazados por las caravanas que a diario visitaban la ciudad.

El viaje empezaba puntualmente tras el *Asr*, la tercera oración del día. Fátima esperaba sentada sobre la gran roca que había debajo de la higuera de casa. Esperaba a que el abuelo terminara la oración, enrollara la alfombra de rezar, y viniera a sentarse a su lado. Entonces él la cogía por las axilas, la alzaba del suelo y se la sentaba en su regazo. Para ella, era como subir sobre el lomo de un caballo. Era un caballo que con el trotar de sus palabras la llevaría por parajes desconocidos, nunca pisados por la imaginación de la pequeña.

Era aquél un viaje que de costumbre se iniciaba con una pregunta, como si la pregunta fuera la excusa para poder sentarse en las faldas del hombre. Una nueva duda era pronunciada por aquellos labios curiosos cada vez que la marcha aminoraba, haciendo de los interrogantes los latigazos sobre el lomo del caballo con que animarle a continuar trotando.

—Y dime, abuelo —preguntó en aquella ocasión—. ¿Por qué los peregrinos dan siete vueltas a la Kaaba[2]?

—El profeta Abraham instauró el rito de las siete circunvalaciones (*tawaf*), y el profeta Mahoma lo restableció nuevamente, ya que lo habíamos olvidado —respondió el hombre, e inmediatamente añadió: «Que la paz sea con ambos».

—Pero abuelo, ¿por qué siete vueltas?

El hombre sabía que la curiosidad infantil no se daría por satisfecha con una respuesta corta, y que cualquier respuesta abriría un nuevo

---

[1] En la lengua árabe significa ciudad. Cuando el término es utilizado en otros idiomas, hace referencia al barrio antiguo.

[2] Monolito sagrado de origen desconocido ubicada a la ciudad de la Meca y que ya era utilizada como destino de peregrinación desde tiempos pre-islámicos.

interrogante en aquella mente inquieta. Pero la respuesta a esa última cuestión formaba parte de la rama esotérica del Islam, lo que les adentraría por caminos demasiado metafísicos como para ser fácilmente comprendidos por la pequeña. Por eso, se limitó a añadir:

—Hace referencia a los siete estadios (*maqams*) a cruzar para alcanzar la transformación espiritual. El peregrino intenta alcanzar uno de los estadios en cada sucesiva vuelta, para así acercarse poco a poco al *Omnipresente*.

Aquel día Fátima no haría más preguntas, sino que empezó a imaginarse la gran piedra negra de la Kaaba como una escalinata, con Dios sentado en su cúspide y los peregrinos ascendiendo por ella mientras recitaban oraciones. Imaginó a los creyentes que han completado la peregrinación a la Meca, como hombres y mujeres que retornan santificados después de un largo viaje. Ésta sería su visión idealizada, hasta el día en que su padre regresó convertido en *hajji*. Aquel día Fátima comprendió que alguna cosa debía de haber fallado en su interpretación infantil e idealista del peregrinaje.

✦ Recuperando una antigua conversación

LOS AÑOS FUERON transcurriendo. Empezaba a hacer calor. El año anterior los mongoles habían iniciado incursiones por el territorio del Califato, pero Bagdad aún parecía estar segura. Era el mes de Ramadán del año 636 de la Hégira (1239 en el calendario Gregoriano). Convertida ya en una mujer, Fátima había tomado conciencia de las imperfecciones humanas, de las pasiones y tendencias que mueven imperios y nos incitan a las guerras.

Eran las mismas pasiones que habían dominado la relación entre el padre y sus cuatro mujeres, una relación basada en los celos y la desconfianza. Nada cambió cuando el hombre volvió de la Meca. El padre no se había convertido en el abuelo. El hombre mundano no se había hecho santo. Por eso, poco después del regreso del cabeza de familia, la chica decidió retomar una conversación interrumpida, tiempo atrás, una conversación iniciada en el transcurso de un viaje de infancia.

—Fátima —respondió el abuelo, cuando la cuestión le fue de nuevo formulada—. Debes saber que con la peregrinación a La Meca no se subyugan todas las pasiones de nuestro *pequeño yo*[3] (*Nafs*). Alcanzar al *Altísimo* pide más que un viaje y siete circunvalaciones.

—Entonces abuelo, ¿por qué el Profeta instauró la peregrinación a la Meca, si ésta tampoco nos cura los males que nos afligen?

✛ alegoría de la *Umma* ✛

—Debes imaginarte a la comunidad de creyentes como un inmenso océano. Es el océano de la *Umma* —comenzaría a relatar el hombre—. Cada una de las cinco oraciones diarias crea una ondulación, una ola que empieza en el Este, con la primera oración del alba, y se desplaza de minarete en minarete, de pueblo en pueblo, en dirección Oeste. Es una ola que viaja cinco veces al día desde la mezquita de Muchiri[4], la ciudad de los labios partidos, hasta las puertas de la gran mezquita de Córdoba. Cuando una de las ondulaciones llega a su destino, una nueva empieza por el Oriente, con la siguiente oración del día, haciendo que el océano siempre esté en movimiento.

Mientras ofrecía esta última explicación, el abuelo se levantó del bloque de piedra que les servia de asiento y comenzó a utilizar las manos para representar las ondulaciones creadas por las oraciones sobre aquel océano de creyentes. La chica observaba con atención, sentada bajo esa misma higuera de infancia, ahora doblada en tamaño, y triplicada en fruto. Terminada la explicación, el hombre se sentó de nuevo junto a Fátima, convencido de que la chica ya tenía lista una nueva pregunta para formularle.

—Entiendo por qué orar cinco veces —comentó la chica—. Pero ¿por qué hacerlo en dirección a la Meca y por qué hay que peregrinar a ella al menos una vez en la vida?

—Así como las oraciones producen las cinco olas que diariamente cruzan el océano de creyentes, orar en dirección a la Meca, y visitarla al menos una vez en la vida, causa un remolino —respondió el hombre —. Es un remolino que tiene en la ciudad santa su epicentro y en las siete circunvalaciones a la *Kaaba* las aguas que se deslizan más cercanas al lugar donde la presencia del *Inmenso* se manifiesta con mayor intensidad. Este pueblo de nómadas beduinos necesitaba

---

[3] El *Nafs* o *pequeño yo* se corresponde aproximadamente al concepto contemporáneo de ego, o yo inferior.

[4] Ubicada en el estado de Kerala, al Sur del Subcontinente Indio, es una de les mezquitas más antiguas que se conservan. Representaba el límite oriental alcanzado por la expansión musulmana en el período histórico en que se ubica este relato.

satisfacer su sed, necesitaba el agua que alimenta el espíritu. El Profeta, que la paz sea con él, nos trajo el agua y desde entonces nuestro espíritu ya no está sediento. La peregrinación es importante porque genera movimiento, permite que la comunidad de fieles se conozca, y hace posible que aquéllos que, unas generaciones atrás, luchaban en los continuos conflictos tribales, ahora compartan una misma mesa y coman de un mismo plato.

···✛···

—Entonces abuelo —seguiría preguntando la joven—, si las siete circunvalaciones a la *Kaaba* nos acercan al *Creador*, pero no garantizan que su misericordia y su amor se asienten definitivamente en nuestros corazones, ¿cómo podemos alcanzar al *Todopoderoso*?

—Aquél que sea puro de intenciones y sincero de aspiraciones podrá lograrlo cruzando los siete estadios del amor, estadios que simbólicamente vienen representados por las siete circunvalaciones. Sólo con el corazón puro nos podremos acercar al *Noble*. Éste representa el camino del místico, el romance entre el creyente sincero y el amor incondicional del *Compasivo*.

—¿Cuáles son estos siete estadios del amor a cruzar? Responde, por favor, pues mi corazón anhela un reencuentro que durante demasiado tiempo ha sido postergado.

✿ *El apego del pequeño yo*

FÁTIMA HABÍA RECONDUCIDO una conversación, por muchos años postergada, para adentrarse de nuevo por entre las ramas esotéricas del Islam. Convertida ya en mujer, esa niña, que en el pasado cabalgó sobre las faldas del abuelo, ahora le observaba sentada a su lado. Ahora, pensó el abuelo, ya está lista para comprender, así que el hombre decidió continuar con su explicación.

—Son siete estadios que vienen determinados por su grado de intensidad. Así, en los tres primeros aún no podemos hablar de amor sino de apego —respondió el hombre mientras apuntaba a la chica justo por debajo de su ombligo—. Representa el apego de nuestro *pequeño yo*.

La chica se quedó pensativa, mientras se miraba aquel punto del vientre donde, según el abuelo, residía el *pequeño yo*.[5] Ella había notado cómo, cuando se sentía llena de voluntad, con ganas de cambiar las cosas, y el espíritu combativo, esa zona se activaba. Mientras que cuando se sentía deprimida, sin fuerza, y sin voluntad, la zona del ombligo carecía de fuerza. La chica deseaba poder comprender, cosa que la llevó a preguntar:

—¿Apego?

—Apegarse implica querer —respondió el hombre—. Querer no porque queramos el bien de aquello o aquél a quien queramos, sino porque buscamos satisfacer los anhelos y deseos de nuestro *pequeño yo*.

—Apego, pero ¿a qué abuelo?

—Nos podemos apegar a tres cosas. En primer lugar, a los demás.

—¿A los demás?

—Sí, tanto a los seres humanos como a los animales de compañía. Es decir, nos aferramos al sentimiento de bienestar y seguridad que nos confiere su presencia, a la costumbre de tenerlos cerca o al deseo de algo que nos puedan estar aportando.

—¿A qué más nos podemos apegar?

—A los objetos físicos, es decir, a las posesiones materiales, también a las sustancias, a la geografía del lugar donde vivimos, y en general a todo aquello que disponga de consistencia física.

—¿Y en tercer lugar? —continuó preguntando ella.

—A las ideas.

—¿A las ideas? —interpeló ella—. ¿Cómo puede uno aferrarse a las ideas, si éstas no disponen de consistencia material?

---

[5] Algunas tradiciones sufíes ubican el *Nafs* en el entrecejo, mientras que otras lo hacen justo por debajo del ombligo. Esta doble ubicación tiene su origen en la doble interpretación del *Nafs*. Para algunas escuelas del sufismo, el *Nafs* constituye todo el conjunto de procesos psicológicos humanos, incluyendo también su dimensión espiritual. Cuando así se interpreta, tiene sentido ubicarlo en el entrecejo, donde radica el centro energético de la intuición. Pero para la mayoría de las tradiciones sufíes, el *Nafs* comprende únicamente el *yo inferior*, aquel yo todavía no abierto a la dimensión espiritual. En este segundo caso, tiene más sentido ubicarlo justo por debajo del ombligo, punto en el que según el tantrismo se ubica *Manipura*, centro energético de la voluntad y en el que radica el amor propio. Como la interpretación del *Nafs* dada en este libro corresponde a la segunda, tiene más sentido ubicarlo justo por debajo del ombligo.

—Las ideas forman parte de mundo de las similitudes (*Alam al-Mithal*). A ellas nos abrazamos con tanta o más fuerza que a los objetos del mundo material (*Alam al-Ajsam*). La idea del bien y del mal, de lo justo o injusto, de lo que está permitido (*halal*) o prohibido (*haram*), y muy especialmente a la imagen que tenemos de nosotros mismos. Todos ellos son conceptos a los que nos agarramos con aún más fuerza. Representan ideas que interpretamos según nuestra conveniencia, para así satisfacer los anhelos del *pequeño yo* o desvanecer sus temores.

—¿Es qué también nos podemos aferrar a nuestra tierra de origen?

—Sí, pero en este caso estaríamos haciéndolo a una combinación de los tres. Por un lado, nos estaríamos apegando a los familiares y amigos que allí hemos dejado. También lo estaríamos haciendo a los objetos que configuran tanto el entorno natural, con sus ríos, valles y montañas, como el entorno creado por el ser humano, con sus edificios, calles y monumentos. Mientras que las ideas representarían la cultura y la manera de hacer local, las costumbres y tradiciones, o las creencias y supersticiones.

—Y a Dios (*Allah*), ¿es qué también al *Perfecto* nos podemos apegar?

—Al *Eterno* no. A Él sólo lo podemos alcanzar por medio del amor, y nunca del apego. Pero sí podemos limitarlo, hasta el punto de identificarlo con un objeto, para entonces aferrarnos a este último. Es por ello que el Profeta, en su eterna sabiduría, pidió destruir los ídolos del templo, para que al *Oculto* nunca se le representara por medio de imágenes. Lo hizo para evitar que nos apegásemos a aquellos objetos y los confundiéramos con *El Immutable*.

—Comprendo —comentó la chica.

—Pero sí nos podemos aferrar a una idea de Dios, idea que confundimos con *El Omnipresente*, haciendo relativo y limitado a aquél que es absoluto e ilimitado. La idea del Dios justiciero que quiere la Guerra Santa. La idea de un Dios que distingue entre fieles e infieles, como si sólo hubiera un camino para acceder a aquél que por definición simboliza todas las posibles rutas.

—¿Quieres decir que nos podemos aferrar a todo aquello que es limitado y relativo, pero no a Dios como tal?

—Sí.

—Ahora que sé a que tres tipos de cosas nos podemos aferrar, ¿cuáles serían los tres niveles de apego que me comentabas? —preguntó de nuevo la chica.

34

—El primer estadio del apego es aquél que nace del hábito y la costumbre —continuaría diciendo el hombre—. Nos acostumbramos a vivir con alguien, a disfrutar de un objeto concreto, a las tradiciones del lugar donde vivimos, y nos aferramos de manera que, si esa persona se va, el objeto desaparece o las tradiciones cambian, sentimos un vacío interior como si algo nos faltara. Representa el apego que nace de la necesidad de sentirse seguro.

Fátima sabía muy bien a qué tipo de apego se refería el abuelo. Ella ya había observado cómo los cambios producían ansiedad en la mayoría de la gente. Cambios de domicilio, de salud o de profesión. Cambios en las pautas del clima, en la situación política, en el bienestar material de la sociedad, o en sus tradiciones y maneras de hacer. Y como último cambio: la muerte.

—Los cambios generan inseguridad —siguió comentando el abuelo, como si hubiera podido leer el pensamiento de la chica—. Por eso preferimos lo conocido, aunque sea mejorable, a la promesa de algo mejor que nos sea desconocido. Nos quejamos de lo que tenemos, pero si alguien nos propone cambiarlo, nos ponemos nerviosos por miedo a la incertidumbre.

—¿Por qué, abuelo?

—El *pequeño yo* en la mayoría de nosotros no quiere aceptar la incertidumbre. No quiere aceptar que todo esté sujeto a la voluntad del *Benévolo*. El *pequeño yo* se aferra a los demás, o a los objetos, o a las ideas, para así crear la ilusión ficticia de permanencia, de que todo sigue igual. Por eso, cada vez que expresamos una intención futura, nosotros los musulmanes decimos *Si Dios quiere* (*In'sha'Alá*). Así no olvidamos que todo está sujeto a su voluntad.

—Pero abuelo, antes, cuando éramos nómadas, no teníamos tantas posesiones y nuestras vidas eran mucho más sencillas —continuó diciendo la chica—. ¿Es qué nuestro grado de apego era también inferior?

—Como nómadas, no podíamos acumular muchas posesiones, ya que éstas también debían ser transportadas. Por lo tanto, únicamente guardábamos aquéllas realmente necesarias para preservar nuestro estilo de vida. Ahora construimos mansiones y las llenamos con objetos de valor; nos rodeamos de esclavos para hacernos la vida más confortable; diseñamos sistemas de regadío para facilitar la agricultura; construimos almacenes para favorecer el intercambio de mercancías; o erigimos imperios que se extienden doscientos días de marcha en caravana. Ahora que somos sedentarios, nos aferramos a cosas diferentes. Ya no es tanto a las viejas tradiciones, pues éstas las hemos ido modificando a lo largo de las últimas generaciones. Ya no es tanto a la tribu o al clan, pues también hemos mezclado nuestra sangre. Ahora nos aferramos a la suntuosidad de nuestras mansiones; a la belleza de sus mosaicos; a la pulcritud de los baños públicos (*hammams*); a la variedad de nuestros alimentos; al conocimiento transmitido por los libros; a la sofisticación de nuestras maneras; al refinamiento del gusto; y a los honores o títulos sociales. Todo ello constituye nuestras nuevas ataduras. Son ataduras con las que se identifica el *pequeño yo*.

—Has hablado de tres grados de apego, y has comentado que el apego por hábito y costumbre constituía el primero. Abuelo, por favor, respóndeme, ¿cuáles serían los otros dos?

—El apego por costumbre o hábito es intenso, pero mayor es el apego del *pequeño yo* hacia aquello que desea, o la obstinación con que intenta evitar lo que rechaza. Si en el primer estadio seguíamos pasivos, aferrándonos a cosas que nos venían dadas y que queríamos mantener intactas, en el segundo estadio buscamos, anhelamos, deseamos, lo que nos lleva a adoptar una postura activa, actitud que incrementa la solidez de nuestras ataduras.

—¿De dónde nace todo este deseo?

—De nuestro *pequeño yo*, aquél con que nos hemos identificado, hasta el punto de pensar que nosotros también somos el objeto de apego.

—No lo comprendo.

✛ parábola del comerciante rico ✛

—Lo verás más claro en el siguiente relato. Dicen que un comerciante muy rico y un asceta errante se encontraron en la ciudad de Yidda, puerta marítima de entrada a la Meca. Los dos hombres estaban peregrinando a la ciudad santa. El comerciante había llegado con su barco cargado con todo tipo de riquezas, adquiridas por los puertos marítimos visitados durante la travesía. Mirra de Abisinia, la tierra de los Habesh. Malaquita de las minas del rey Salomón en Palestina. Jade y seda procedentes de Oriente. Lapislázuli extraído de Badakhshan, o ámbar del Norte. Las riquezas se amontonaban en una embarcación que apenas se mantenía a flote. En cambio, el renunciante viajaba descalzo, sin más posesiones que una túnica de lana con la que cubrir su cuerpo.

«¿Por qué estás transportando todas estas riquezas?» preguntó el asceta.

«Las transporto para venderlas una vez esté de regreso, ya que en ellas he invertido toda mi fortuna» respondió el peregrino rico.

«Y si el día del juicio final, *El Muy Clemente* te abre las puertas del Paraíso, ¿acaso también esperas llegar con todas tus posesiones terrenales, o éstas estás dispuesto a dejarlas atrás?» le volvió a interpelar el asceta.

«Si *El Justo* me promete el Paraíso, —respondió el comerciante— entonces estoy dispuesto a renunciar a todas ellas, pues me han dicho que no hay tesoro comparable al jardín de Alá.»

«Si Dios quiere, —refutó el asceta— pues como el Profeta dijo: hay que morir antes de morir, lo cual significa que hay que saber dejar partir todo aquello que nos ata a una existencia terrenal. El Paraíso no es un puerto al que puedas amarrar el barco de la codicia. Del mismo modo que ahora te ves forzado a anclarlo aquí en Yidda, con todas sus riquezas, para continuar tu camino a pie, el día que El *Oyente* te llame, ni una túnica de lana como la que yo llevo podrás vestir. Pero dime, ¿no piensas que ese día a mí me será mucho más fácil desembarazarme de la túnica, que a ti renunciar a todas las posesiones que crees necesitar?»

····+····

Después del relato, se hizo una larga pausa durante la cual Fátima parecía intentar digerir las palabras del viejo. Ahora que comprendía los dos primeros estadios, las dos primeras circunvalaciones a la *Kaaba*, ella quería seguir circunvalando la gran Piedra Sagrada. Había esperado muchos años, desde aquella primera conversación de infancia. Por eso, tras unos breves instantes marcados por su rostro pensativo, levantó de nuevo la mirada, y con aquella insistencia en los ojos, que sólo los años y la experiencia podrían llegar a apaciguar, continuó preguntando:

—Después de hacerlo por costumbre, y por deseo, ¿cuál sería el tercer grado de apego?

—¿Recuerdas que nos podíamos aferrar a tres cosas: a las personas, a los objetos y a las ideas?

—Sí.

—Pues en el tercer grado nos aferramos a nuestro *pequeño yo*, y en él las tres cosas confluyen en una sola. El sujeto es nosotros mismos. El objeto es nuestro cuerpo, con el que nos identificamos, olvidando que realmente somos el Espíritu eterno (*Ruh*). Mientras que la idea es la imagen que nos hemos formado de nosotros, nuestra *persona*. Por ello, representa el grado de apego de mayor intensidad, pues nos resulta difícil separar nuestro cuerpo del *pequeño yo*, el *pequeño yo* de la idea que nos hemos formado de nosotros mismos, y dicha idea de los objetos que nos identifican.

—¿Qué quieres decir con idea de nosotros mismos? —preguntó la chica.

✛ parábola del monarca ortodoxo ✛

—Para que lo comprendas mejor, te explicaré otra historia. Había una vez un monarca que se jactaba de ser tan buen creyente que, para ayudar a sus súbditos en el camino de la rectitud, decidió prohibir la música, haciéndola *haram*. La decisión se basaba en el argumento que la música era nociva para el alma y contraria a las escrituras. Con el nuevo decreto, daba autorización a sus soldados a amonestar a los músicos y quemar sus instrumentos, lo que acabó por convertirles a todos en mendigos. Desde el decreto, ya nadie se atrevía a cantar versos que no estuvieran contenidos en el libro sagrado, e incluso éstos últimos los habían empezado a recitar con timidez, sin hacer uso de la plasticidad, belleza rítmica y sonido melodioso que aporta nuestra lengua.

—En ese mismo reino, también vivía un hombre santo,—continuó narrando el hombre— cuya fama había llegado a oídos del monarca. Era un morabito de quien se decía pasaba todas las horas del día en contemplación. Es por ello que un buen día el monarca decidió invitar al santón en audiencia, con la intención de medir su grado de santidad. El morabito, consciente de que no podía rechazar la invitación del dignatario sin ofenderle, decidió aceptarla.

Fátima iba siguiendo con interés el relato, para así no perderse ni el menor detalle, mientras el patriarca continuó narrando:

—Después de comer, los comensales se relajaron para echar una cabezada. Entonces, todos los presentes empezaron a escuchar una melodía, sin que nadie pudiera averiguar su procedencia. El monarca se levantó y gritó muy ofendido a todos los presentes:

«¡¿No había yo prohibido la música?! ¿Quién tiene la osadía de practicarla en palacio?»

Era la música emitida desde el corazón del hombre santo, quien desde una esquina de la gran sala yacía en contemplación. Por ello, desde la misma esquina se escuchó la voz del morabito que decía:

«Dios es el músico, y yo sólo su instrumento.»

— *Giza-i Ruh* —pronunció el abuelo como cierre de su historia—. La música es el alimento del Espíritu. Prohibirla implica matarlo de inanición.

—Pero si la música es el alimento del alma, ¿por qué la prohibió el monarca? —se preguntó la chica.

—Porque este último se sentía inseguro de su habilidad como gobernante, y como los músicos le satirizaban con canciones que ponían en evidencia su ineptitud, distorsionó el concepto de *haram*, prohibiendo lo que siempre había sido *halal* y por lo tanto permitido por la ley de Dios. El monarca estaba demasiado apegado a la idea que de él mismo tenía, a su imagen de rectitud y ortodoxia, y por tanto a su propio *pequeño yo*.

—¿Es que acaso esto ha sucedido de verdad? —preguntó con tono de sorpresa la chica.

—Si no ha sucedido aún, ya pasará, especialmente a medida que las revelaciones transmitidas por el Profeta, la paz sea con él, se olviden, y nosotros nos aferremos a una idea deformada de su verdadero mensaje.[6]

····┼····

ﻙ *El amor del corazón*

LA CONVERSACIÓN quedó interrumpida por la llegada del padre, quien procedente del mercado había intentado en vano vender un caballo de mezcla, al que quería hacer pasar por un animal de pedigrí. El hombre, enfadado por el fracaso de su intento, empezó a gritar a sus mujeres y a los esclavos del servicio, para así descargar su frustración sobre alguien más débil. El caballo fue llevado de inmediato al establo, y cuando el silencio volvió a reinar en el patio interior de la casa, el abuelo decidió continuar con su explicación.

—Fátima, te he hablado de los tres primeros estadios, basados en el apego de nuestro *pequeño yo*, pero debes saber que los tres siguientes no emanan del *yo interior* (*Nafs*) sino del corazón (*Qalb*). —

---

[6] Sucedió cuatro siglos más tarde, durante el reinado del emperador Aurangzeb en la India Mogol.

En esta ocasión, el hombre señaló el pecho izquierdo de la chica[7]—. Es en ellos que sí podemos hablar de verdadero amor.

—¿Verdadero amor? Oh abuelo, ¿cuáles son estos otros estadios? Dime por favor, pues la impaciencia me consume por dentro.

—Primero tenemos el *amor con aceptación*, a partir del cual establecemos una relación de igualdad entre los amantes. Ya no es la atracción egoísta, subordinada a la voluntad del *pequeño yo*, que caracterizaba los dos primeros estadios; ni el amor propio que representábamos como culminación del tercero. Es un amor que resulta no del hábito, ni del deseo por satisfacer nuestros anhelos, no de considerarnos a nosotros primero y después a los demás, sino un amor sincero, en el que aceptamos a la persona amada tal cual es, sin quererla cambiar, sin querer que se ajuste a un ideal o a nuestras propias expectativas.

—¿Es que este amor también lo podemos sentir hacia los objetos o las ideas? —preguntó la joven.

—Así como nos podemos aferrar a todo lo que es relativo, como a los objetos, a las personas o a las ideas, pero no al *Benigno* por ser Él absoluto; el amor verdadero es un sentimiento que proviene del corazón, y sólo puede experimentarse hacia aquéllos que también disponen de un corazón, sean animales, humanos o seres celestiales. Sí, podemos, sin embargo, amar un objeto o una idea indirectamente, en la medida que nos vincule a la persona amada. Es decir, podemos amar los objetos por lo que simbolizan, no por lo que realmente son.

—No lo comprendo.

✛ leyenda de la mujer y el collar ✛

—Quizá te ayude el siguiente relato. Cuando el Profeta aún vivía, la paz sea con él, muchos de sus seguidores tuvieron que luchar para defender la fe y su vida. Uno de los soldados de la nueva fe era un joven quien, antes de partir hacia el campo de batalla, regaló un collar a su mujer. Al dárselo, dijo:

---

[7] Allí es donde según el Islam esotérico está ubicado el centro energético del corazón (*Latifat al-Qalbi*). En el tantrismo es *Anahata,* el chakra del corazón; para el cabalista es *Tiféret* (la Belleza); para el cristiano el sagrado corazón de Jesús; para el taoísta es el *dantien intermedio*, y para el sacerdote andino el *sonqo ñawi*. Por lo tanto, son muchas las tradiciones que también nos hablaban de este centro energético, centro del cual emana la compasión y el amor al prójimo

«Mientras yo esté ausente, ama este collar como me amas a mí, pues su tacto alrededor de tu cuello te recordará mis caricias, y la fortaleza con que bordea tu pecho te transmitirá la firmeza de mis abrazos.» Ella se puso el collar, y ni siquiera para dormir se lo quitaba, para así nunca perder el contacto con su amado. Entonces, un día le comunicaron que su marido había muerto en combate. Al escucharlo, ella cogió el collar y lo lanzó al suelo, para nunca más volver a ponérselo.

«¿Por qué tiras el regalo que tu marido te hizo, si tanto le amabas?» le preguntaron, a lo que ella respondió:

«Si es verdad que aquéllos que mueren en una causa justa se reúnen con *El Luminoso*, ya no tiene sentido vestir el collar, pues a partir de ahora cada vez que sienta la brisa acariciar mi piel estaré notando las caricias de mi amado; cada vez que deje deslizar el agua sobre mi cuerpo, estaré sintiendo sus abrazos; cada vez que el Sol caliente mi rostro, estaré percibiendo su presencia; y cada vez que pise el suelo al caminar, notaré la firmeza y apoyo de sus palabras».

—El collar era un objeto preciado en la medida que la vinculaba a su amado —afirmó Fátima, satisfecha de haber entendido el sentido del relato.

—Sí, y también mientras él estuviera vivo, pues al morir y reunirse con *El Misericordioso*, ya todo le recordaría a su amado —continuaría diciendo el hombre—. Por eso el Corán dice sobre Dios: «La visión no lo percibe, pero Él percibe todas las visiones.»[8]

—¿Todas las visiones? —preguntó Fátima.

—Si. Él puede ver desde los ojos de todas las criaturas y por eso otro de sus noventa y nueve nombres es Aquél Que Todo lo Ve.

Después de aquellas últimas palabras, abuelo y nieta se quedaron en completo silencio, mirando fijamente la higuera.

···✛···

«Amor con aceptación», pensaba ella. «¡Qué diferente es al que ha predominado entre mi padre y sus esposas...!»

La chica todavía recordaba una conversación que tuvo lugar entre el padre y el abuelo cuando ella apenas entraba en la adolescencia. Fue una discusión escuchada involuntariamente, mientras yacía detrás de un arbusto, no lejos de donde arraigaba la higuera. Los dos hombres, sentados bajo el árbol, parecían visiblemente alterados. El padre

---

[8] El Corán - Surat *Al-'An`ām* 6:103.

acababa de conocer a una bailarina, y estaba anunciando al abuelo su intención de casarse con ella.

—¿Has considerado que tienes ya cuatro mujeres que mantener y que como buen musulmán, también la obligación de tratarlas a todas por igual? —Dijo el abuelo.

—El Profeta, la paz sea con él, llegó a tener nueve —respondió el otro.

—Sí, pero el Profeta, que la paz sea con él, se casó por segunda vez tras quedar viudo, y los subsecuentes matrimonios fueron contraídos para asegurar el bienestar de las viudas de hermanos musulmanes caídos mientras defendían la fe. No fueron fruto del capricho, ni basados en la seducción. A'isha fue, de hecho, la única de sus mujeres no esposada previamente, y el Profeta se casó con ella porque el arcángel Gabriel se lo pidió.

—Cuatro mujeres tengo y ninguna de ellas ha sido capaz de darme un hijo varón. ¿Cómo puedo esperar que nuestro linaje continúe, si todos mis descendientes son mujeres?

—También al-Qasim y 'Abdullah, hijos varones del Profeta, murieron antes de dejar descendencia, y bien que éste no ha sido un inconveniente para que numerosas familias afirmen estar vinculadas al linaje de Mahoma —respondió el abuelo visiblemente afectado, para a continuación añadir: «Que la paz sea con todos ellos».

—¿Es que no deseas descendencia para dar continuidad a tu nombre? —preguntó el padre—. Tú que te has casado una sola vez, y que quedaste viudo con el nacimiento de tu único hijo.

—Si tus acciones son nobles, no te harán falta hijos varones para continuar la estirpe. Si son nobles, nuestro linaje será transmitido independientemente de que disfrutemos o no de descendencia propia.

«¿A qué linaje se refería el abuelo?» todavía se preguntaba Fátima, mientras repasaba los detalles de aquella antigua conversación. «Si no es al linaje de la sangre, quizás sea al de la palabra...»

En todo caso, las razones que la llevaron a repasar aquella antigua conversación de adolescencia estaban relacionadas con el amor basado en la aceptación, y que tal como acababa de afirmar el abuelo, representaba el estadio más alto a alcanzar en el amor de pareja. Entonces el abuelo interrumpió la rememoración de la joven, al tiempo que recogía un higo caído al suelo, y se lo ofrecía a la chica diciendo:

—Nuestro corazón es como este higo. El Sol lo madura, ablanda, intensifica su fragancia, lo endulza por dentro y, una vez listo, la más pequeña ráfaga de aire lo puede hacer caer al suelo. Pero así como madurar y estar listo para ser consumido representa la entrada en el cuarto estadio, el acto de caer al suelo simboliza el quinto. Es el llamado *amor con entrega*.

—¡Como la higuera, que nos entrega su fruto cuando éste ha alcanzado su madurez! —exclamó la muchacha.

—¡Exactamente! —respondió él—. Dicen que Alá ama más a aquéllos que sirven a todas las criaturas de Alá. La verdadera entrega empieza cuando uno se ofrece a todas sus criaturas, y se consolida con la total entrega al *Mantenedor*. El verdadero musulmán es aquél que se entrega a la intención divina. Quizá no conozca al Mensajero de Dios, ni a ninguno de los profetas que como Abraham o Jesús le precedieron, la paz sea con todos ellos. Quizás nunca haya disfrutado de la oportunidad de leer uno de los libros sagrados, o visitado una mezquita. Pero si este mismo devoto es capaz de entregarse a la voluntad del *Equitativo*, será más musulmán que el más erudito de los imanes. Entrega es de hecho la culminación del mensaje transmitido por tres profetas, que nacieron y vivieron en esta tierra árida rodeada por cinco mares.

—¿La culminación? —preguntó ella.

—Abraham vino primero, para decirnos que sólo había un Dios: el Dios de todos. Con el transcurso del tiempo pasamos del Dios único al único dios verdadero. Como tal, sus seguidores acabaron por considerarse elegidos. Y como el pueblo elegido había sido perseguido, algunos acabaron por convertir a Dios en su comandante justiciero, aquél que vengaría las injusticias padecidas. Entonces vino Jesús, para recordarnos que Dios no era cruel y vengativo, sino que era el Dios del amor. Él también lo volvió a hacer el Dios de todos. Pero con el tiempo lo acabamos identificando con los ídolos, y lo hicimos el dios de las instituciones que lo representaban.

—Finalmente vino Mahoma —prosiguió el hombre después de una pausa—. Él vino para recordarnos que al Dios único, al Dios del amor, había que entregarse no utilizando los ídolos, o las instituciones como intermediarios, sino directamente, mediante la oración, la peregrinación, el servicio y la misericordia hacia los demás. Pero su mensaje también fue tergiversado y al Dios de la paz se lo está utilizado para hacer la guerra. En los tres casos, el Dios es el mismo, el mensaje también es el mismo, con la diferencia que en cada caso el énfasis se puso en un aspecto diferente de la divinidad. ¿Lo comprendes?

—Sí. Pero seguro que tienes otro relato escondido para explicarme el significado de entregarse a la intención divina —dijo la chica, con expresión de picardía.

El abuelo se quedó pensativo, para a continuación ponerse a narrar la siguiente historia:

✢ fábula del río estancado ✢

—Dicen que las aguas de un gran río descendían por las gargantas de las montañas, por los valles, las llanuras y el desierto, evitando todos los obstáculos dispuestos a lo largo de su curso. Pero, en su desembocadura, el río había ido formando un estuario con pantano incluido.

«¿Qué haces?» preguntó el océano al río al ver el pantano.

«Intento conservar mi identidad. Con esta finalidad he ido recogiendo tierra y piedras a lo largo de mi curso, y depositándolas en el estuario. Así, algún día podré evitar que mis aguas se confundan en la inmensidad del océano que tú representas», respondió el río.

«Pero no ves que, como resultado de tu esfuerzo, estás formando un marjal de aguas estancadas y pestilentes, —le recriminó el océano —. En cambio, si te dejas ir, mezclándote conmigo, lograrás mucho más de lo que nunca hayas podido soñar. Con la pérdida de tu identidad, serás libre y tus aguas se extenderán a lo largo y ancho del océano que represento».

····✢····

—Pero abuelo, si el río somos nosotros y el océano es Dios, ¿significa esto que el amor con entrega sólo es posible hacia *El Omnisciente*? —preguntó la chica.

—Entre los humanos, sólo hay una relación de amor la intensidad de la cual pueda alcanzar el quinto estadio: es el amor de la madre hacia su hijo. Una madre que ame de verdad no dudará en sacrificar su vida, si así preserva la de sus pequeños. Ante la pregunta, la respuesta sería inmediata, y emanaría directamente de su corazón. En cambio, un padre quizás también acabe sacrificando la suya, pero primero razonaría la respuesta, la filtraría mediante su *pequeño yo*. La madre ha llevado al hijo en su vientre. Ha notado cómo su cuerpo tomaba forma, y cómo su alma entraba al tercer mes, o daba la primera patada. Con el nacimiento, el vínculo físico se rompe, pero el vínculo afectivo seguirá existiendo por y para siempre.

—¿Cómo puedo yo entregarme al Divino?

—Mediante la práctica de la meditación del corazón (*Zikr-i qalbi*), y que consiste en recordar continuamente a Dios, en repetir constantemente su nombre, o un fragmento de un libro sagrado donde se le mencione. «Recuérdame y Yo te recordaré», dice el Corán[9].

—Eso ya lo he intentado, abuelo, pero constantemente pierdo la atención y otros pensamientos me distraen.

—Si cuando llevas un rato absorta recordando al *Exaltado*, te olvidas de lo que estás haciendo y dejas que otros pensamientos distraigan tu atención, no te preocupes, y simplemente vuelve a recordar su nombre de nuevo. Y si en el transcurso de un día, eso te pasa cien veces, no te preocupes puesto que al siguiente día te pasará una vez menos, y al otro una menos que el día anterior. Así será hasta que, al igual que al principio olvidabas a Dios, llegará un día en que lo olvidarás todo excepto a Él.

—El higo cae, el río se entrega al océano, la madre a su hijo o el devoto a Dios y entonces... —dijo la chica, quien parecía estar cada vez más impaciente por escuchar la descripción de los últimos dos estadios.

—Entonces viene el gozo o éxtasis místico (*wajad*). Pero para comprender este gozo, primero necesitarás entender la relación existente entre los tres primeros estadios del amor, aquéllos que involucraban al *pequeño yo* y los tres siguientes, vinculados con el corazón (*Qalb*). Es una relación similar a la que se da entre tres notas musicales ubicadas en una octava, y las tres mismas notas, en una octava superior.

—¿Notas musicales? ¿Octavas?

—Recuerda que la música no es sólo el alimento del Espíritu, sino que también constituye su lenguaje. En este lenguaje, la primera octava está ocupada por el *pequeño yo*, la segunda por el corazón y la superior por el Espíritu (*Ruh*). Constituye una melodía en la que, para saltar de una octava a la siguiente, uno debe haber ganado la *gran batalla* (*Yihad Akbar*).

—¿Qué *gran batalla*, abuelo? —preguntó la chica.

—Cuando el Profeta, la paz sea con él, volvió de la batalla contra las tribus de Meca, comentó: «Apenas volvemos de la *pequeña batalla* (*Yihad Asghar*) para entrar en la *gran batalla*».

«¡Oh Profeta de Dios!, ¿cuál es esta *gran batalla*?» preguntaron sus compañeros musulmanes, a lo que él respondió:

---

[9] El Corán - Surat *Al-Baqarah* 2:152.

«Es la batalla contra nuestro propio *pequeño yo*. Ésta es la más obligatoria de todas las batallas (*Afrad al-Yihad*)[10]. Es de hecho la única verdadera *Yihad*» —acabó por resaltar el abuelo.

—Sólo quien gana esta *gran batalla* entra en la segunda octava —dijo la chica, toda satisfecha de haber comprendido.

—Así es —respondió el hombre—. ¿Recuerdas cómo el primer estadio era el apego por costumbre?, pues éste representa la primera nota de la primera octava. Simbolizaba el estadio en el que nos apegábamos por costumbre a todo aquello que nos rodeaba, fueran éstos personas, objetos o ideas. Aquéllos que viven en el primer estadio no quieren cambios, pues los cambios les generan inseguridad.

—Cuando el Profeta, la paz sea con él, encontró oposición contra la nueva fe entre las tribus de Meca, era la oposición de aquéllos que se habían aferrado a las viejas ideas y no querían aceptar las nuevas —dijo la chica, para remarcar al anciano que estaba siguiendo el hilo de su explicación.

—¡Efectivamente! Y son los mismos que ahora quieren hacer la guerra santa contra el infiel, para así expandir la fe —puntualizó el abuelo—. En cambio, aquéllos que vibran desde esa misma nota, pero una octava por encima, viven en el amor con aceptación. Desde dicho cuarto estadio del amor, ellos interpretan los acontecimientos como resultado de las leyes divinas, y los aceptan, así como también aceptan a los otros, incluida su fe. No es ésta una aceptación pasiva, basada en la apatía, sino que resulta de apreciar el sutil vínculo que une y vincula todos los eventos. Por lo tanto, es una aceptación del presente, pero desde la comprensión de cómo nuestras decisiones actuales afectan al futuro. ¿Lo entiendes?

—Sí.

—Continuando con el mismo razonamiento, en el segundo estadio el *pequeño yo* se apega con aún más fuerza, pues desea. Ha creado un vínculo consciente, que lo lleva a anhelar con mayor intensidad. En cambio, aquéllos que viven este mismo deseo, pero desde el corazón, se entregan a la voluntad divina, lo que significa que...

Sin terminar la frase, el hombre se quedó mirando a Fátima, que estaba con aquella expresión en los ojos de quien ruega la continuación de una frase.

—Significa que han superado todos los deseos excepto el de reencontrarse con Dios —respondió ella.

---

[10] Historia relatada por al-Khatib al-Baghdadi, historiador suní del siglo XI.

—Veo que comprendes.

—Y entre el tercer y el sexto estadio, ¿cuál es la relación, abuelo?

—En el tercero, el *pequeño yo* se apega a sí mismo, y lo hace con la máxima intensidad, ya que de ello depende la imagen que poseemos de nosotros mismos y aquélla que perciben los demás. Los que viven en el tercer estadio piensan que son el ombligo del universo, y que todo gira a su alrededor. Por el contrario, cuando trascendemos el *pequeño yo*, transmutando el amor propio en un amor hacia la totalidad, significa que nos hemos abierto al gozo o éxtasis místico (*wajad*), lo cual nos permite experimentar el universo entero en nuestro interior.

—¿Gozo constante?

—No —respondió el hombre—. Es éste un estado espiritual transitorio, un *hal*. Para asentar el gozo místico, y hacerlo permanente, hay que alcanzar la plena unión (*fana' fit tawhid*).

—¡El séptimo estadio! —exclamaría de nuevo la chica.

—¡Efectivamente! —respondió él—. Representa la primera nota de la tercera octava. Como nota, sólo puede ser descrita mediante la metáfora. Por el contrario, las notas por encima de ésta no pueden ser descritas ni metafóricamente, o entonadas por instrumento alguno. Son las notas de una música angelical, que sólo puede ser percibida por aquéllos que viven plenamente en el Ser o Espíritu.

La unión del Ser

EL ABUELO PIDIÓ a Fátima que se levantara, y juntos se pusieron a caminar por el amplio patio interior de la casa. Como trasfondo se escuchaba el bullicio de la calle, aunque en aquel paraíso interior resultaba mucho más audible el canto de los pájaros y el revolotear de los insectos. Abuelo y nieta caminaron en silencio hasta que, de vuelta al pie de la higuera, el hombre rompió la quietud del momento para decir:

—¿Ves esta higuera? Ha arraigado entre las rocas y la pared, pues sus ramas son débiles y requiere de una buena base que la sostenga. Del mismo modo, para alcanzar el séptimo estadio, necesitamos un Espíritu fuerte que nos aporte esos mismos cimientos. Los cimientos son necesarios pues el séptimo estadio no emana ni del *pequeño yo* ni del corazón, sino que lo hace directamente del Ser.

✛ mito del origen de los eclipses ✛

—*Pequeño yo*, corazón y Ser o Espíritu; me pierdo entre tantos conceptos abuelo y agradecería me aclararas su significado.

—Tal vez el siguiente relato te ayude a comprenderlos mejor —respondió él—. Dicen que Dios creó la Luna para iluminar la noche y al Sol para iluminar el día y así fue desde su inicio. Pero como la Luna estaba tan celosa de ver al Sol brillar con más fuerza, un mismo pensamiento siempre inundaba su mente:

«Cuando es él quien ilumina, todo el mundo abre los ojos, y cuando soy yo quien brilla, se van a dormir. Cuando es él, las flores le regalan su fragancia, y cuando soy yo, se la guardan. Cuando es él, los pájaros cantan, y cuando soy yo callan...»

—Así razonaba la Luna, hasta que un día, cansada de no ser tenida en consideración, decidió eclipsar al Sol, para que todos la vieran brillar sólo a ella. Pero aquel día, al colocarse entre el Sol y nosotros, se percató que sobre la superficie de la Tierra se extendía un manto de oscuridad. Entonces se dio cuenta de que ella era tan sólo un reflejo. Desde aquel día, de manera regular, la Luna tiene la oportunidad de eclipsar el Sol, para así nunca olvidar que no es ella la que brilla, sino sólo la que refleja. ¿Entiendes el significado del cuento?

—Quizá signifique que ese día la Luna descubrió su esterilidad y que, sin la fertilidad del Sol, no podía existir la vida; del mismo modo que sin la fertilidad de la mujer, el hombre no puede procrear —respondió Fátima.

—Quizá ésta sea una de las posibles interpretaciones, Fátima, pero recuerda que los mitos suelen tener diferentes significados, que como los envoltorios que guardan un tesoro, van manifestándose a medida que estamos listos para comprenderlos. Esta interpretación constituye un primer envoltorio, por estar teñida de tintes culturales e idiomáticos.

—¿Qué quieres decir, abuelo?

—Como muy bien sabes, nosotros los árabes percibimos al Sol como femenino ya a la Luna como masculina. Pero también hay aquéllos para los que la Luna es femenina y el Sol masculino, o aquellos otros que no les confieren género alguno. Para todos ellos, tu interpretación no tendría mucho sentido. Por lo tanto, necesitas encontrar una interpretación que trascienda todas las connotaciones culturales, y que al mismo tiempo nos ayude a comprender los conceptos que me pedías.

—Déjame pensar —respondió ella—. Si la Luna no brilla con luz propia, sino que necesita el Sol para iluminar la noche, ¿no simbolizará ella el *pequeño yo* y el Sol el Ser, es decir, nuestra verdadera esencia?

—¡Muy bien!

—Pero entonces, ¿qué es el corazón? —preguntó de nuevo la chica.

—El corazón es aquel lugar en el que se libra la batalla entre el *pequeño yo* y el Ser. Es la Tierra, con su noche y su día. La noche representa la realidad material (*Alam al-Ajsam*), durante el cual el Ser se refleja en nuestro *pequeño yo*. Se refleja igual como el Sol lo hace en la Luna, iluminando el corazón pero sólo en la penumbra. En cambio, durante el día del alma, la luz de la Consciencia nos llega directamente al corazón, sin ser distorsionada por el *pequeño yo*. Es en ese instante que podemos percibir la esencia de todo lo que nos rodea.

····+····

—¿Cómo?

—Logrando el gozo espiritual. Al alcanzar el sexto estadio, se hace de día por un instante, pero cuando el gozo se desvanece, la polaridad nocturna vuelve a reinar y la confusión se apodera otra vez de nosotros. En cambio, al alcanzar el séptimo estadio, el Sol nos ilumina para siempre.[11]

—Descríbeme este gozo, abuelo por favor —requirió la chica.

—Con el gozo, nuestro pecho se abre, permitiéndonos amarlo todo y acoger todo lo amado. Es entonces que comprendemos la sencillez de la Creación. Las lágrimas brotan de nuestros ojos y nos decimos: «Cómo puede ser todo tan sencillo, y al mismo tiempo costar tanto comprenderlo». Entonces comprendemos que el amor es la fuerza que nos crea y nos mantiene unidos. Esta realización no nos brota del centro del pecho. Del pecho emana el amor, pero la comprensión proviene del punto ubicado entre los ojos. Es un punto llamado *El Misterioso* (*al-Khafi*)[12], desde el que se desvelan las nieblas de la dualidad.

—¿Quieres decir que en ese instante percibimos directamente, sin necesitar del *pequeño yo* como intermediario?

---

[11] En los *Yoga Sutras* de Patañjali, representa la diferencia entre *savikalpa samādhi* (gozo transitorio) y *nirvikalpa samādhi* (gozo permanente).

[12] También llamado el *tercer ojo* o punto de la intuición y sabiduría. En la tradición tántrica es *Ajna chakra*. Para el chamán andino es *Uma Ñawi*. En el *Sefirot* de la Kabbala es *Chokmah*.

—Sí. En ese instante el corazón se ilumina, el mundo se ilumina, se hace de día, y podemos contemplar la luz directamente, y ya no únicamente su reflejo. En ese momento nos percatamos de que no somos ni la Luna, ni la Tierra, sino el Sol y la luz que todo lo alumbra.

❧ *El fruto maduro*

FÁTIMA AÚN RECORDABA las últimas palabras del abuelo: «Tienes que llegar a contemplar la luz del Sol directamente, y no únicamente su reflejo, para así percatarte de que tú eres su luz». Desde aquella conversación de juventud habían pasado muchos años, durante los cuales la mujer, vistiendo ahora el cuerpo de una anciana, había podido observar los diferentes estadios espirituales.

Ella había apreciado cómo, en la infancia del alma, el *pequeño yo* busca comprender el mundo que le rodea, y para comprender busca estabilidad. Requiere la constancia de saber que mañana será como hoy, y que no habrá nuevas sorpresas a las que enfrentarse. Por eso, nos apegamos a la necesidad de evitar el cambio, nos apegamos a todo aquello que nos rodea, para así crear una sensación ficticia de permanencia. Ésta correspondería al que definíamos como primer estadio espiritual.

Una vez habituados al entorno, a nuestra condición humana, empiezan a florecer los deseos y anhelos, simbolizando la entrada en el segundo estadio espiritual, la entrada en el periodo de *juventud del alma*. Aquel *pequeño yo* que todos llevamos dentro sale en busca de los objetos que le hagan la vida más confortable, de las sustancias que la hagan más llevadera, de las personas que la hagan más amena, o de los conceptos que la hagan más valiosa. De los objetos hace posesiones, de las sustancias adicciones, de las personas apegos, y de los conceptos conocimiento. Cuando un deseo ha sido satisfecho, otro lo sustituye. Un objeto más grande; una sustancia más potente; una persona más comprensiva o un concepto más excitante.

Está en la naturaleza del *pequeño yo* el desear más, el proyectarse hacia el futuro, y el preservar su integridad; en vez de satisfacerse con lo que ya se tiene, entregarse al presente y aceptar que él es sólo un reflejo de nuestra verdadera esencia. Para satisfacer sus ambiciones, el *pequeño yo* estará dispuesto a hacer lo que sea. Amigos y enemigos son definidos en la medida que nos ayudan o dificultan el logro de nuestros propósitos. Damos para recibir; ayudamos por interés; nos sometemos si así obtenemos lo que buscamos. Basamos las relaciones a partir de nuestras propias expectativas, y para aquéllos de quienes nada necesitamos, ni una sonrisa malgastamos.

Es entonces que, en su búsqueda exterior por poseer y disfrutar, el *pequeño yo* empieza a identificarse con los objetos, sustancias, personas y conceptos de los que se ha rodeado, para a continuación definirse a partir de ellos. Representa la entrada en el tercer estadio espiritual, estadio que culmina con la plena formación de nuestro *ego*. Yo soy aquel objeto que poseo. Soy el que habla cuando estoy bajo los efectos de la sustancia deseada. Soy el amigo de éste o el hijo del otro. Soy esta profesión, o aquel adjetivo...

Así vamos definiendo nuestra persona[13], máscara utilizada para esconder a aquél que realmente somos. Así vamos proyectando una imagen de nosotros mismos, imagen a la que nos apegamos con aún más fuerza que a los viejos deseos. Nos aferramos tanto que, para defenderla, estamos dispuestos a renunciar a los anteriores anhelos. Alguien nos ofende, y nos sentimos heridos, pero por orgullo preferimos abandonar las antiguas ambiciones si así salvamos la cara. Desear deja de ser lo más importante, y toda nuestra energía se invierte en defender nuestra imagen. Nos miramos al ombligo y en él encontramos el centro del Universo, alrededor del cual orbita la inmensidad del Cosmos.

Tanta energía gastada en nosotros mismos acaba cobrándose su precio. Llega un momento en el que el mundo parece hundirse; todos están en nuestra contra; los amigos nos abandonan; los enemigos nos ignoran; la mala fortuna se apodera de nosotros; y la necesidad de cambio se va haciendo cada vez más latente. Es entonces que se nos pide empezar a reducir la dimensión de aquel *pequeño yo* que tantas vidas nos ha llevado construir, para así abrir nuestro corazón. Es entonces que el fruto deja de crecer y empieza a madurar. Representa la *madurez del alma*, etapa más conflictiva del proceso evolutivo humano.

Con el ímpetu de cambiar, el Ser comienza a ganar la batalla del corazón, la Gran Batalla, la *Yihad Akbar*, para así adentrarse en la segunda octava. No es ésta una batalla contra los infieles, sino una guerra interna que busca la aniquilación de nuestro propio ego. Sin embargo, aquéllos que viven en los tres primeros estadios, los que viven en el ego, la confunden, buscando fuera un enemigo contra quien

---

[13] La palabra «persona» proviene del latín y constituía una máscara que los actores de teatro utilizaban para hacer resonar mejor su voz, y también aportarles una identidad de acuerdo con el personaje interpretado. Por eso persona viene de *per sonare* (para hacer sonar).

luchar, un enemigo que en verdad está en nuestro propio interior. El ego busca preservarse, y por lo tanto no acepta que sea contra sí mismo que haya que luchar. Mediante la búsqueda de enemigos externos, intenta desviar la atención del Ser (*Ruh*), y así preservar una identidad falsa.

En cambio, en el cuarto estadio espiritual nos damos cuenta de que no hay enemigos contra los que luchar, sino tanto sólo nuestro propio ego. En este estadio, el apego se transmuta en amor y el alma entra en su vejez. Es en este estadio que tomamos plena conciencia de las necesidades de los demás, de los efectos que nuestras acciones tienen sobre ellos, y de las repercusiones que estas mismas acciones tendrán algún día sobre nosotros. Es en el cuarto estadio que se nos revelan las leyes que gobiernan el Cosmos, por las que no hay acto sin efecto, o movimiento sin retorno. Es ahora y sólo ahora que, para mantener la armonía de nuestro entorno, estamos dispuestos a sacrificar un poco del *pequeño yo*.

Ya no nos ofendemos con tanta facilidad, sino que aceptamos. Aceptamos a los demás, incluidas sus limitaciones, y nos aceptamos a nosotros mismos. De la pasión hacemos compasión; de la ambición serenidad; de los demás y de nosotros hacemos iguales, y como tales nos relacionamos. El *pequeño yo* todavía es fuerte, pero ya no es dominante. Ya no decide por nosotros, ni nos dirige los pensamientos. Ya no nos miramos tanto el ombligo, sino que nuestra atención se centra ahora en el pecho. En él observamos el fruto ya maduro, fruto que necesitamos soltar, para así seguir progresando.

Entregarse al momento es dejar de preocuparse, pero sin renunciar a ocuparse. Es vivir el instante, sin buscar, sin proyectar hacia el futuro o vivir en la melancolía del pasado. Es dejar de identificarse con lo que nos rodea, para centrarse en aquello que realmente somos. Es la verdadera libertad, sin ataduras ni amarres. Es saber que los demás no son diferentes a nosotros; saber que cuando no poseemos nada, lo tenemos todo; que cuando no deseamos nada, es porque ya nada nos puede poseer. Con la entrega al instante actual, comienza la verdadera experiencia de estar vivo, la magia del momento. Por medio de éste, el alma reencuentra su esencia y el camino de la verdadera libertad. Entregarse es hacer de los demás nosotros y de nosotros la Divinidad; es dejar de pensar, para transmutarse; es transformar el deseo en servicio y los anhelos en solidaridad. Con la entrega, primero hacia los demás y finalmente hacia la totalidad de la Divinidad, se culmina el quinto estadio espiritual. Nos entregamos cuando el fruto maduro cae al suelo, como una ofrenda, para que lo tome quien quiera y quien más lo necesite.

Cuando el *pequeño yo* ha sido prácticamente disuelto; cuando la frontera que nos aleja del resto es prácticamente imperceptible; cuando la dualidad que separa el objeto del sujeto ha podido ser momentáneamente trascendida; entonces entramos en el estado de éxtasis místico o gozo espiritual. La entrada en este sexto estadio viene marcada por la habilidad del alma para, no sólo reconocer su verdadera naturaleza, sino también sumergirse en ella. Pero en este sexto estadio el éxtasis será transitorio, como un objeto prestado que debemos devolver. Como experiencia, nos ayudará a aumentar nuestra fortaleza espiritual pues, aunque sólo hayamos experimentado el gozo una sola vez, constituye una experiencia con el potencial de cambiarnos la vida.

En el sexto estadio, el alma va y vuelve, como el día y la noche, comulgando ahora con la Divinidad, para regresar luego al mundo de los objetos. Este ir y venir seguirá dándose hasta que, disuelto completamente el *pequeño yo*, el alma sea libre de reencontrar su esencia divina, trascendiendo para siempre la dualidad que limita. Cuando así ocurra, habremos entrado en el séptimo estadio. Es un estadio inefable, ubicado más allá de la mente, más allá de la dualidad del lenguaje y que, por lo tanto, no puede ser descrito mediante palabras. Es un estadio a alcanzar por toda expresión de la conciencia, sea esta mineral, vegetal, animal, o humana. El poeta sufí Rumi nos lo dejó bien claro cuando escribió:

Morí como mineral, para convertirme en vegetal;
y como vegetal también morí, para convertirme en animal.
Morí como animal, para ahora ser humano.
Entonces ¿por qué temer a la muerte, si ésta nunca me hizo ser menos?
Cuando muera como humano, desarrollaré alas como los ángeles;
Después de esto, volaré aún más alto para,
en aquél que no te imaginas, convertirme yo.
Oh, ¡déjame no existir!
pues la no-existencia, a Él nos hará retornar.[14]
(Mevlana Jelaluddin Rumi)

---

[14] Poesía traducida al español de la traducción inglesa hecha por A. J. Arberry del original persa.

Fuego

3. El Alquimista Visionario

Él era de una latitud
en la que se requiere el calor del fuego para sobrevivir.
Un terreno que hasta hace poco había permanecido
virgen,
cubierto por el hielo, y sin la huella vibratoria de haber sido
habitado
durante los ciclos precedentes.
Era una tierra despojada del peso del pasado,
donde el futuro se construía en cada instante
a partir de la lucha continua de una gente emprendedora,
pero nunca satisfecha.

❧ Rompiendo con la ortodoxia

SUS ANTEPASADOS EJEMPLIFICABAN los valores y ambiciones de la sociedad que le vio nacer. Descendiente de aquéllos que huían de las persecuciones religiosas de la Europa del siglo XVII, uno de sus antepasados llegó en el Mayflower un frío día de noviembre. Nacido en Boston, David tuvo la oportunidad de crecer en un entorno cosmopolita, abierto y lejos de aquella América profunda que defiende sus valores con un rifle en una mano y la Biblia en la otra. Graduado en Yale, se formó en las mismas aulas que han visto pasar por ellas muchos de los líderes de una nación nacida sin el peso del pasado y con el optimismo del futuro. Doctorado en Princeton, obtuvo una beca para trabajar en el laboratorio de Física Plásmica de aquella misma Universidad. Ello tenía lugar en el año 1995.

Como miembro del laboratorio, su trabajo consistía en la investigación de las propiedades físicas de los *plasmas esféricos*[1], investigación realizada en el *Tokamak Fusion Test Reactor* (TFTR). En el Tokamak utilizaban campos magnéticos para confinar gases ionizados a extrema temperatura, llamados plasmas, y así provocar una reacción en cadena que llevaría a la fusión de los átomos de elementos ligeros en elementos más pesados. El objetivo era obtener una fuente de energía inagotable, segura y que produjera un mínimo residuo. Sería una fuente que, a diferencia de la fisión convencional utilizada por las centrales nucleares, permitiría generar energía a partir de unir en vez de separar, de fusionar en vez de fisionar. El mayor obstáculo, sin embargo, era la elevada temperatura necesaria para producir la reacción en cadena que llevara a la fusión de los núcleos atómicos, temperatura sólo alcanzada en el corazón de las grandes estrellas.

El año en que David entró a trabajar en el laboratorio se lograría elevar un plasma a la temperatura de 510 millones de grados centígrados, treinta veces superior a la existente en el centro de nuestro Sol. Con este objetivo, la humanidad estaba un paso más cerca de alcanzar la fusión nuclear controlada. Así se abrían las puertas hacia la futura transmutación de los elementos, y hacia una futura fuente inagotable de energía. Aquel hito abría la alquimia hacia la transmutación de los diferentes elementos químicos.

Comprender el proceso de fusión nuclear requería entender cómo la Ciencia de la época interpretaba la paulatina aparición de los diferentes

---

[1] Del inglés: *spherically shaped plasma.*

elementos de la tabla periódica. Para la Ciencia, la unión entre los átomos de distintos elementos para producir otros nuevos sólo era posible en el corazón de las grandes estrellas. Era la denominada nucleosíntesis estelar[2], a partir de la cual se afirmaba habían ido manifestándose los distintos elementos químicos. Con la muerte de la estrella, todos aquellos elementos quedaban reducidos a polvo y gases interestelares. Como tales, acaban formando una nebulosa que, a partir de un nuevo proceso de integración, acabaría por constituirse en sistema estelar, o incluso en galaxia.

Todo iba muy bien hasta que un día de noviembre del año 1998 nuestro protagonista tecleó dos palabras aparentemente inconexas en un buscador, palabras que le cambiaron la vida. «*Transmutación biológica*», o la posibilidad de que los organismos vivos pudieran metabolizar de forma cotidiana y a temperatura ambiente lo que ellos, en su Tokamak, habían alcanzado a 510 millones de grados centígrados.

—¡Imposible! —exclamó su compañero de laboratorio, cuando al día siguiente David le comentó la posibilidad—. Si una gallina pudiera transmutar potasio en calcio, tal como afirmas, la energía que irradiaría sería tal que quemaría no sólo la gallina sino todo el gallinero. Es decir, ¿cómo puede un organismo vivo generar las reacciones nucleares necesarias para transmutar un elemento? Y de poder generarlas, ¿cómo puede hacerlo de forma controlada y sin dañarse?

—¡¿Por qué no?! —replicó David—. No hace mucho aún creíamos en un Universo con un número invariable de átomos para cada elemento. Dicha creencia procedía de las pocas observaciones hechas por Lavoisier, uno de los cuatro padres de la química, quien en experimentos realizados a finales del siglo XVIII observó cómo, después de producirse una reacción química, la cantidad de materia resultante parecía no haber variado. Como resultado de esos pocos experimentos, y utilizando tanto los instrumentos de medida como los conocimientos de hace más de dos siglos, Lavoisier sacó la hipótesis

---

[2] Mediante la nucleosíntesis estelar, los átomos de hidrógeno se unen primero para formar helio, tal como sucede en nuestro Sol. En estrellas del tamaño de la nuestra, o menor, la fusión se da mediante el proceso conocido como *Cadena protón-protón*. En aquéllas de mayor tamaño al de nuestro Sol, se da mediante el llamado *Ciclo CNO*. Por ser su tamaño mayor, las temperaturas y densidades alcanzadas también son mayores, permitiendo que tres núcleos de helio se fusionen para producir uno de carbono. Este tipo de fusión se conoce como proceso triple-alfa. A continuación, otros procesos de nucleosíntesis estelar dan lugar a la aparición del nitrógeno, oxígeno, así como otros elementos más pesados como el hierro o el níquel.

que en una reacción química la transmutación de un elemento en otro no era posible[3]. Sin embargo, ahora sabemos que sí es posible, al menos en el corazón de las estrellas.

—¿Te refieres a la *ley de conservación de masa* de Lavoisier? — Preguntó su compañero.

—Sí, y todo hubiera ido muy bien si no fuera porque, diez años después de que Lavoisier publicara su tratado elemental de química, otro científico llamado Vauquelin se sorprendió al medir que la cantidad de calcio en el excremento de las gallinas era muy superior a la cantidad del mismo mineral consumida por éstas. Este hecho le llevó a deducir que se había generado calcio, aunque no pudo explicar el proceso[4].

—Las famosas gallinas atómicas de las que me hablabas... — comentó en tono de burla su compañero.

David hizo como si no le hubiera escuchado. Sabía que el sarcasmo es una táctica mediante la cual se ridiculizan los argumentos del otro, sin necesidad de rebatirlos, hecho que en su opinión llevaba al conformismo intelectual. Pero él no era un conformista, él era un científico y como tal su obligación era abrir nuevas rutas por tierras inexploradas. Él sabía que, para explorar, hacia falta la valentía de enfrentarse con el Goliad del dogmatismo científico, a la visión dominante de los que nunca se han aventurado más allá de los límites aceptados. Para ello, tenía como única arma el método de aquéllos que hace cuatro siglos se tuvieron que enfrentar al dogmatismo religioso. Dicha arma era la experimentación, y la sabiduría de saber interpretar los resultados obtenidos. Por todo ello, David simplemente se limitó a seguir diciendo:

—Fue en la primera mitad del siglo XIX que la intransmutabilitat de los elementos químicos pasaría de ser hipótesis experimental a constituirse en dogma. Los alquimistas, quienes ya llevaban siglos afirmando la posibilidad de transmutar un elemento en otro, fueron desacreditados, y los experimentos efectuados por Vauquelin, por ser demasiado rigurosos como para ser negados, fueron simplemente obviados.

—¿Obviados?

---

[3] A.L. Lavoisier. *Traitè Elementaire de Chimie*. 1789.

[4] L.N. Vauquelin. *Annale de Chimie*. Vol. 29—30, Nivose, Year VII, pp. 3—26, January, 19, 1799.

—Si, fueron literalmente eliminados de los manuales de química oficiales. El último manual que los nombra es el de Regnault, publicado en 1847[5].

—Entiendo.

—Si, pero la saga no termina aquí. Entonces el sueco Berzelius, uno de los otros cuatro padres de la química moderna, mencionó en uno de sus tratados[6] que, en experimentos de germinado de semillas efectuados por Vogel, las cantidades de sulfuro observadas en la planta, una vez alcanzada la edad madura, se habían incrementado, lo que sólo podía ser explicado por la transmutación de algún otro elemento en sulfuro. Pero dichos hallazgos tampoco tuvieron eco en la comunidad científica del momento.

—¿Afirmas que la Ciencia del momento se limitó a ignorar las observaciones, por falta de argumentos para poder rebatirlas?

—Si, ignorar primero, para censurar una vez la evidencia ya no pudo ser obviada.

—¡Censurar! —exclamaría, sorprendido, su compañero.

—Si, la censura llegaría durante el último cuarto del siglo XIX. Obviados los experimentos anteriores, el químico alemán Von Herzeele sabía que, si realizaba un número suficiente de observaciones, la evidencia ya no podría ser ni ignorada, ni negada. Este hecho le llevó a realizar un total de quinientos experimentos con plantas. Los resultados obtenidos le permitieron corroborar lo mismo: que los organismos vegetales podían transmutar elementos. Pero su publicación molestó tanto a la comunidad científica del momento que sus escritos desaparecieron de las librerías. Tuvieron que pasar cincuenta años para que un tal doctor Hauschka encontrara por casualidad un ejemplar en Berlín, el cual publicó[7].

—¿Estás afirmando que tenemos un tribunal de la Inquisición científico, decidiendo sobre lo que se puede admitir y lo que se debe censurar?

—Quizá no sea un tribunal formalmente establecido pues, a diferencia de la Iglesia Católica, la Ciencia no dispone de un órgano centralizado de gestión que pueda dictaminar sobre lo que es aceptado

---

[5] H.V. Regnault. *Course de Chimie* 1847.

[6] Berzelius, J.J. 1849. *Traité de chimie minérale, végétale et animale* Vol. 5. Paris: F. Didot.

[7] Más información disponible en: Rudolf Hauschka. "The Nature of Substance: Spirit and Matter" *Rudolf Steiner Press*. 2002

y lo que constituye herejía. Pero sí se puede dar una especie de censura encubierta, cuando una hipótesis atenta contra alguno de los pilares fundamentales del canon científico. Recuerda que en griego la palabra *hairesis* significa «escoger» y por tanto el hereje es aquél que elige un camino diferente.

David se levantó de la silla para ponerse a caminar de un lado al otro de la sala, como si ese deambular le ayudara a concentrar sus pensamientos. Transcurridos unos segundos de silencio, durante los cuales su compañero no dejó de observarle, nuestro protagonista continuó diciendo:

—Una vez publicadas de nuevo, las investigaciones de Von Herzeele cayeron en manos de doctor Pierre Baranger, director del laboratorio de química orgánica de la Escuela Politécnica de París. El Dr. Baranger, pensando que quizás el número de experimentos realizados por Von Herzeele, así como las precauciones tomadas para evitar errores, no habían sido suficientes, los repitió bajo un mayor rigor científico. Cuatro años después, y una vez efectuadas miles de observaciones, dijo, y leo textualmente:

> «Los resultados obtenidos parecen imposibles, pero son irrefutables. He tomado todas las posibles precauciones. He repetido los experimentos innumerables veces. He hecho miles de análisis durante años. He solicitado a terceras partes que verificaran los resultados obtenidos, sin que supieran lo que estaba investigando. He utilizado varios métodos. He cambiado a los experimentadores. Pero es imposible negarlo. Tengo que admitir la evidencia: las plantas transmutan elementos.»[8]

Leídas las conclusiones, David se guardó de nuevo el papel en el bolsillo, mientras el otro le miraba con expresión de notable preocupación. A continuación, su compañero hizo el gesto de quien quiere decir algo pero se lo piensa, deteniéndose bruscamente para dejar escapar un ahogado "pero" de protesta. Después cambió la expresión por la de aquél que cree haber encontrado una falla en el argumento y ya no tiene por qué preocuparse. Con el hallazgo, el tono de preocupación inicial viró hacia el de condescendencia, mientras decía:

—Al principio me has hablado de gallinas transmutando calcio, pero toda la evidencia que me presentas hace referencia al reino vegetal.

---

[8] Michel, A. "Un savant français bouleverse la science atomique" *Science et Vie*. Paris. 1959, p 81-87

David, como buen científico, estaba preparado para rebatir todos los posibles argumentos.

—Existe evidencia de transmutación biológica entre los microorganismos[9], los crustáceos[10], las aves[11], las ratas[12] e incluso en el ser humano[13]. Sólo hay que abrirse a la evidencia e investigarla.

David empezó a dar una larga lista de estudios realizados en el transcurso de los últimos cuarenta años. Después de escuchar los ejemplos, su compañero de laboratorio se quedó pensativo. Su tono ya no mostraba ni preocupación, ni condescendencia, sino que ahora parecía decantarse hacia la animosidad.

—¿Estás afirmando que la Ciencia ha negado sistemáticamente la posibilidad de que los organismos vivos puedan transmutar elementos, por resultar más fácil construir una realidad a partir de un modelo en el que la transmutación sólo es posible a grandes temperaturas?

---

[9] Estudios efectuados por el bioquímico H. Komaki, de la Universidad de Mukogawa en Japón, muestran cómo microorganismos del tipo Aspergillus niger y Saccharomyces cerevisiae transmutan algún otro elemento en potasio durante su proceso de crecimiento. Fuente: [Komaki, H. "Sur la formation de sels de potassium par differentes familles de microorganismes dans un milieu sans potassium" Revue de Pathologie Comparee, Paris, September 1965].

[10] En el Laboratorio Marítimo de Roscoff una langosta fue ubicada en un recipiente lleno de agua de mar, a la que se le había extraído el carbonato de calcio por precipitación, y el crustáceo pudo formar su coraza sin ningún problema. Fuente: [Kervran, C. Louis. Biological Transmutation. New York: Swan House Publishing Company, 1972 (p.58)].

[11] El doctor Corentin Louis Kervran mantuvo unas gallinas a base de una dieta deficiente en calcio, hasta el punto de que las cáscaras de sus huevos empezaron a ablandarse. Seguidamente les suministró mica, la cual es rica en potasio, y las cáscaras se endurecieron de nuevo. Este hecho lo llevaría a deducir que las gallinas habían transmutado el calcio a partir de la siguiente reacción: potasio (K) + hidrógeno (H) => calcio (Ca). Él fue quien primero propuso los posibles mecanismos a partir de los cuales se efectuaba la transmutación, así como los elementos químicos de origen.

[12] Estudios con ratas realizados por O. Heroux y D. Peter en el National Research Council of Canada confirman que éstas habían podido transmutar magnesio. Fuente: [Heroux, O. and Peter, D. "Failure of balance measurements to predict actual retention of magnesium and calcium by rats as determined by direct carcass analysis" Journal of Nutrition, 1975, volume 105, pages 1157—1167].

[13] El doctor Corentin Louis Kervran observó que los trabajadores de los campos de petróleo del Sáhara estaban excretando más calcio del que consumían, sin que se diera una descalcificación de sus huesos, lo que le llevó a afirmar que estaban transmutando algún otro elemento en calcio.

—Estoy afirmando que muchas veces negamos la evidencia debido a un cierto conformismo intelectual, pues afirmarla implicaría tener que cambiar demasiadas cosas. Por ejemplo, la Iglesia Católica prohibió a Galileo decir que la tierra giraba alrededor del Sol, argumentando que tal afirmación no había sido empíricamente demostrada y que además era contraria al mensaje literal transmitido por las escrituras. Es decir, la Iglesia de hace cuatro siglos se basó en los mismos dos argumentos que desde hace dos siglos la Ciencia ha estado utilizando para negar la transmutación biológica.

—Pienso que te estás precipitando, al equiparar la Iglesia del Renacimiento con la Ciencia actual.

—Para demostrar empíricamente que la Tierra giraba alrededor del Sol, y rebatir el argumento eclesiástico, Galileo utilizó la matemática, y de la unión entre observación y matemática surgió el método científico actual. Esa misma Iglesia, que tanto había ayudado para preservar el conocimiento antiguo durante los siglos posteriores al colapso del imperio romano, se transformaría en los siglos XV al XVII en un obstáculo para el progreso. Lo mismo parece estar sucediendo con la Ciencia actual.

—Supongo que afirmar que la Tierra no ocupaba la posición central implicaba tener que cambiar demasiadas cosas —comentó su compañero.

—Implicaba cambiar la cosmología sobre la que se había construido una cierta estructura de poder, con un Dios ubicándonos en el centro de la Creación, un Dios que ellos representaban desde Roma —puntualizó David—. Pero yo opino que, al igual como hizo la Iglesia del Renacimiento, la Ciencia actual también se ha dejado llevar por afirmaciones dogmáticas y modelos que poco tienen que ver con la realidad.

—¿A qué modelos te refieres? —preguntó su compañero.

✠ modelo orbital del átomo ✠

—A un modelo que cree en la consistencia física de la materia, y en la no consistencia del espacio. Un modelo que ve el átomo, compuesto por todo un abanico de partículas subatómicas, orbitando por un espacio vacío. Para mí, equivale a creer en una Tierra plana ocupando la posición central. Dicho modelo, junto con toda la matemática que esconde detrás, nos ha llevado a pensar que sólo es posible transmutar elementos mediante el uso de grandes cantidades de energía. Es similar a la creencia en los abismos y monstruos que se dibujaban en la periferia de aquella Tierra plana, para así evitar que los curiosos se aventuraran.

—Pero la Ciencia habla de la *dualidad onda-partícula* de la materia, y por lo tanto reconoce que ésta a veces se comporta como onda, y otras veces como partícula —dijo en tono de protesta su compañero.

—Si, lo cual equivale a decir que la Tierra es plana cuando es observada desde su superficie (materia como partícula), pero redonda cuando la observas desde el espacio exterior (materia como onda). Si nos empeñamos en creer que la Tierra es plana, seguiremos pensando que en los límites definidos por su horizonte se hallan unos abismos imposibles de cruzar. Si nos empeñamos en creer que la materia también se compone de partículas, seguiremos pensando que se necesitan grandes cantidades de energía para unir o separar átomos.

—Pero los hemos separado, y lo hemos hecho bombardeando sus núcleos con neutrones, es decir, con partículas; obteniendo a cambio una ganancia neta de energía —dijo su compañero con el mismo tono de voz anterior.

—Que la materia sea energía condensada no tiene nada que ver con las partículas. Einstein demostró en el lenguaje de Occidente lo que Oriente ya llevaba siglos afirmando, y es que la materia no es más que una expresión de energía[14]. Sin embargo, nos cuesta concebir que la materia sea espacio en movimiento, o lo que es lo mismo, ver el espacio como expresión sutil de materia[15]. Y por eso hemos inventado todas estas partículas moviéndose en un espacio vacío.

—¡Pero si la existencia de muchas de estas partículas ha sido demostrada científicamente! —protestó de nuevo su compañero.

—Ha sido demostrada matemáticamente —le recordó David—. En el mundo matemático se pueden definir conceptos y construir modelos

---

[14] Swami Vivekananda, durante su conferencia "The real nature of Man" dada en Londres el año 1895 dijo: "*es posible demostrar que aquello a lo que llamamos materia no existe, sino que es un estado determinado de fuerza (energía). Por lo tanto puede probarse que la solidez, la firmeza, o cualquier otro estado de la materia resultan del movimiento.*" Fuente: [*Complete Works of Swami Vivekananda*. Volume II]. Vivekananda utilizó la palabra 'fuerza' para referirse al concepto que actualmente denominaríamos 'energía'. Uno de los científicos mas influyentes de la época fue Nikola Tesla.

En una carta enviada a un amigo, Vivekananda escribió: "*El Sr Tesla piensa que él puede demostrar matemáticamente que fuerza y materia son reducibles a energía potencial. Le veré la semana próxima para obtener tal demostración matemática*". Fuente: [Swami Vivekananda. *Complete Works*, Volume V].

La demostración matemática de lo que la literatura Védica y Tántrica ya venían afirmando desde hacía siglos tuvo que esperar otros diez años. $E = mc^2$, la fórmula más famosa del siglo XX, nos llegaría de la mano de Albert Einstein, quién la incluyó en el apéndice de su teoría especial de la relatividad. Como fórmula, parece ser una reformulación de «fuerza es igual a masa por aceleración» ($F = ma$), donde se ha substituido aceleración $\{a\}$ por la velocidad de la luz al cuadrado $\{c^2\}$, para así expresar el movimiento inherente de la materia, del cual ya nos hablaba Vivekananda. Para que Einstein pudiera deducir tal formula, primero tuvo que creer en las afirmaciones de la literatura Védica. Se sabe que Einstein, al igual que Tesla y muchos otros, también consultaba a los Vedas para obtener inspiración, y que Mileva Marić, su primera esposa, era amiga íntima de Tesla.

[15] Descartes nos habla del Éter como materia sutil ocupando espacio, hecho que llevó a Einstein a negar su existencia. Pero Einstein no negaba el Éter como expresión sutil de materia, sino que lo negaba como sustancia material que ocupara espacio. Dicha diferencia está clara cuando, al solicitarle que resumiera la teoría de la relatividad en una sola frase, él respondió "*Antes de anunciarse mi teoría de la relatividad, la creencia común era pensar que si removíamos todos los objetos del Universo, tiempo y espacio permanecerían inalterados. Pero, teniendo en cuenta lo postulado por la teoría, también el tiempo y el espacio nos llevaríamos si removiéramos toda la materia del Universo*". (The New York Times, April 4th 1921 p.5) Citado por: (Illy, József "Albert meets America:how journalists treated genius during Einstein's 1921 travels" 2006 JHU Press pg.43) Dicha concepción de espacio-tiempo como expresión sutil de materia se corresponde con la definición de *ākāśa*.

sin necesidad de buscar una correspondencia con el mundo real. En el mundo de los números, éstos pueden existir simplemente como imágenes mentales. Pero la Ciencia intenta estudiar y comprender el entorno físico, con cada una de sus múltiples ramas especializándose en una cierta disciplina. Por ello, existe el peligro que el uso excesivo del lenguaje matemático nos lleve a perder contacto con la realidad que nos rodea, para acabar creando mitos...

—Dejar de pisar el suelo —le interrumpió su compañero.

—Sí, dejar de pisar el suelo para empezar a volar, pero pensando que todavía tenemos los pies en el suelo. Por ejemplo, la física cuántica estudia una realidad tan pequeña que no puede ser directamente observada, y por lo tanto no tenemos otro remedio que inferirla. Esta realidad puede ser inferida de diferentes maneras, una de las cuales es matemáticamente. Sin embargo, la matemática, como lenguaje, es simplemente la traducción a números de un conjunto de hipótesis o teorías, más que una manera de descubrir la verdad. Lo que estamos haciendo en Ciencia, al traducirlo todo al lenguaje matemático, es similar a lo que hacía la Iglesia Católica de dar el sermón en latín. Así los plebeyos no pueden apreciar las incoherencias. De ahí que vayamos teorizando sobre nuevas partículas subatómicas, cada vez más exóticas, y demostrando matemáticamente su existencia. Estamos haciendo lo mismo que ya hicimos en la Grecia clásica, al crear un nuevo dios cada vez que teníamos que explicar un fenómeno incomprendido.

—No creo que ésta sea una buena comparación —dijo su compañero.

—Sí, lo es, pues en el Panteón griego se podían contar doce dioses y diosas principales, llamados Olímpicos, y aproximadamente veinte dioses y diosas próximos a los anteriores doce. De manera similar, en el Panteón de las partículas subatómicas ya se pueden contar más de treinta[16]. De hecho, el modelo actual de átomo lo hemos heredado de la antigua Grecia y del Egipto de los faraones. Lo único que hemos hecho es recuperar una interpretación de la realidad ya dada por una antigua filosofía, para continuar desarrollándola. Así, hasta creernos que esa interpretación y el modelo resultante constituyen la Realidad. Por ello, no queremos aceptar la posibilidad de la transmutación biológica, pues aceptarla implicaría reconocer que mucha de nuestra

---

[16] Algunos ejemplos serían: protones, neutrones, electrones, quarks, mesones, muones, taus, neutrinos, electrón-neutrinos, muón neutrinos, tau neutrinos, leptones, bosones W y Z, bosones de Higgs,...

Ciencia está construida sobre mitos; que la Tierra no es plana, ni ocupa la posición central en el Universo.

······┼······

Primero, incredulidad; posteriormente preocupación; seguidamente condescendencia; para luego mostrar animosidad; a continuación aceptación de las imperfecciones humanas; y ahora el compañero de David iba a pasar al puro pragmatismo diciendo:

—Entiendo lo que intentas comunicar, pero antes de que continúes y vayas a los demás compañeros de laboratorio con todas estas ideas, te pido que tengas en cuenta lo siguiente: hace un año y medio que se cerró el proyecto del Tokamak, proyecto en el que el Departamento de Energía ha invertido no decenas, sino cientos de millones de dólares. Durante sus quince años de existencia, el mayor hito del Tokamak fue elevar la temperatura de un plasma a 510 millones de grados, demostrando así que podemos alcanzar en un reactor las temperaturas que requiere la fusión nuclear. En estos momentos el Departamento de Energía está seleccionando a los miembros del equipo nacional de investigación del National Spherical Torus Experiment (NSTX), proyecto que gracias a los hitos del Tokamak, tenemos previsto gestionar nosotros.

—Soy plenamente consciente.

—Me alegra que lo seas, pues como ya sabes todavía no sabemos cómo nos las arreglaremos para desmantelar el actual *Tokamak*. Nuestro objetivo es seguir indagando en los principios físicos que caracterizan los plasmas de forma esférica, y así poder generar una fuente de energía inagotable, segura y con un mínimo impacto medioambiental. La clave para lograrlo está en la temperatura, es decir, alcanzar temperaturas equivalentes ya no a las que se dan en el núcleo de nuestro Sol, sino a las obtenidas en el núcleo de estrellas mucho más masivas. Éstas son, según nuestro modelo actual, las temperaturas necesarias para transmutar los elementos más pesados de la tabla periódica.

Llegado a este punto, hizo una pausa para asegurarse que nuestro protagonista había entendido la gravedad del problema. Después de aquel corto intervalo, continuó diciendo:

—Si, en medio de dicho contexto, tú vas a tus compañeros de laboratorio y les dices con la mano en el corazón que crees que la transmutación de los elementos se da a temperaturas ambientales y en el interior de los organismos vivos, lo que estás realmente afirmando es que ni son necesarios todos esos millones del Departamento de Energía para hacer posible la fusión nuclear, ni todos los Tokamak del mundo, sino tan sólo una gallina con la que convertir potasio en calcio. Si encima les dices que las partículas subatómicas sobre las que se sustentan nuestras investigaciones no son más que creaciones mentales, no sólo te estarás cerrando las puertas para poder entrar en el equipo nacional de investigación del National Spherical Torus Experiment, sino que lo más seguro es que también pierdas la beca que paga tu hipoteca, y la posibilidad de encontrar trabajo en otro centro de investigación. Si así procedes, seguramente acabes escribiendo artículos de pseudociencia para alguna revista New Age, desde una caravana perdida de una comunidad hippie de Nuevo México.

«¿Qué es Ciencia? —se preguntó David—. ¿Es el esfuerzo de descubrir e incrementar la compresión que el ser humano tiene de su entorno? De ser así, la Ciencia contendría todo aquel conocimiento que realmente ayude a descubrir e incrementar dicha compresión, incluyendo la filosofía y lo que mi compañero acaba de definir como pensamiento pseudocientífico».

«¿Es, por el contrario, el conocimiento obtenido únicamente a partir de la aplicación de un determinado método, en este caso el método científico? De ser así, la Ciencia ya hace tiempo que habría aceptado la transmutación de elementos por parte de los organismos vivos, dadas las pruebas concluyentes a favor».

«O, finalmente, ¿es Ciencia la etiqueta dada por una elite a todo el conjunto de conocimientos que permiten preservar los privilegios obtenidos a lo largo de los años por aquellos mismos que afirman representarla?»

Confrontado ante ese dilema, su voz interior le respondió con otra pregunta:

«¿Qué es Dios? ¿Es Dios la conciencia Absoluta, omnipresente, omnisciente, omnipotente, que todo lo comprende y alcanza, por serlo Todo? De ser así, todas las religiones, creencias y orientaciones espirituales nos estarían hablando de una misma divinidad, la cual podríamos definir como un estado del ser, estado que no nos es ajeno, sino que reside en cada uno de nosotros».

«¿Es, por el contrario, aquella divinidad única, ser incorporal pero personificado, el origen de las obligaciones morales y de la distinción entre el bien y el mal? De ser así, Dios sólo incluiría la definición dada por las religiones monoteístas y patriarcales. A pesar de ser imperfecta, de ser ésta la percepción dominante, al menos obtendríamos el beneficio de ver cómo judíos, cristianos y musulmanes se daban la mano, conscientes de que están hablando de una misma divinidad».

«O, finalmente, ¿es Dios la etiqueta dada por una elite a un personaje que permite preservar los privilegios obtenidos a lo largo de los años por aquellos mismos que dicen representarlo?»

Después de esos pocos minutos de meditación, David miró a su compañero y le dijo:

—Galileo propuso el método científico para contrarrestar los argumentos de aquéllos que tenían una definición restringida de Dios, y ahora resulta que otros intentan preservar una definición igual de restringida del concepto de Ciencia. El problema, por lo tanto, no está en la Religión, pues la Ciencia se ha convertido en una nueva religión, con sus mitos, doctrinas, cánones y dogmas. El problema está en la tendencia humana a ir restringiendo cierta visión de la realidad, hasta convertirla en la excusa que justifica una centralización de poder y el mantenimiento de ciertos privilegios.

Dicho esto, salió del edificio, se encaminó hacia la zona de aparcamiento, cogió el coche, y regresó a casa.

«¿Por qué seguir enfrentándome?» pensó. «El Goliad del conformismo y el dogmatismo caerá por su propio peso, sin que yo tenga que lanzar la primera piedra. La Tierra no se volvió plana cuando dejamos de verla redonda, sino que la vimos como un plato al no poder concebir que fuera esférica».

⚜ Recuperando cimientos

DURANTE LOS MESES siguientes, David estudió las interpretaciones que otras culturas habían dado a los elementos primordiales de la naturaleza. Él sabía que la Ciencia hablaba de aproximadamente un centenar de elementos primordiales, los cuales se diferenciaban por el número de protones en su núcleo, número que determinaba su peso atómico. El elemento de menor peso era el hidrógeno, con un núcleo constituido por un solo protón. A continuación vendrían el helio, litio, berilio, boro, carbono, nitrógeno, oxígeno... y así sucesivamente hasta llegar al yodo, de peso atómico 53 y elemento más pesado necesario para la vida orgánica.

Casi todos los restantes elementos hasta el uranio, de peso atómico 92, se encontraban en cantidades observables en la naturaleza, pero sin formar parte de los organismos vivos. Los elementos de peso atómico superior a 92 eran conocidos como transuránidos, y eran más inestables. De ellos, sólo dos (plutonio y neptunio), habían sido observados en nuestro planeta, aunque en cantidades muy pequeñas.

La fisión realizada en las centrales nucleares convencionales utilizaba dos elementos frontera (uranio y plutonio sintetizado a partir de uranio), para generar energía. Eran elementos frontera por ser inestables, y por tanto resultaba más fácil escindir su núcleo.

En cambio, al estudiar las interpretaciones dadas por las diversas culturas y tradiciones, David apreció que un gran número de ellas hablaban de cuatro elementos primordiales: Tierra, Agua, Aire y Fuego, más un quinto elemento que les servía de trasfondo, llamado Éter[17], ākāśa, o quintaesencia.

Las referencias escritas a dichos elementos más antiguas las hallamos en diversas ramas filosóficas del Hinduismo, como el Tantrismo o la filosofía *Sāṅkhya*. En ellas se los denomina los cinco *tattva* (principios) o *pancha mahabhutas* (cinco elementos primordiales). Éstos son: *prithivi* (Tierra), *apa* (Agua), *tejas* (Fuego), *vayu* (Aire), con *ākāśa* (Vacío, Éter, espacio-tiempo) como quinto elemento que los comprende y agrupa a todos.

El Buda histórico, *Siddhārtha Gautama* (563–483? a. C.) heredaría de las dos filosofías precedentes el conocimiento de los *tattva*, si bien él consideró únicamente los cuatro de mayor densidad, a los que llamó *catudhātu*. Los cuatro *catudhātu* constituían las propiedades primordiales de los *kalapas*, las cuales eran: vibración (Aire), temperatura (Fuego), cohesión (Agua) y solidez (Tierra). Los *kalapas* eran responsables de aportar la forma (*rupa*). Buda consideraba que el sufrimiento procedía del apego material, y por lo tanto del apego a todo aquello compuesto por los cuatro elementos.

Poco antes de alcanzar *parinirvana* (muerte del cuerpo físico de un alma liberada) Buda envió a 60 emisarios realizados (*arahants*) por todo el mundo conocido para expandir las enseñanzas del *dharma*. Durante ese mismo periodo nació Empédocles (490–430 a. C.), filósofo de la Grecia Clásica. Por lo tanto, resulta muy probable que Empédocles escuchara por primera vez la mención de los *catudhātu* de la mano de algún emisario que repetía las enseñanzas de Buda.

Empédocles las denominaría las cuatro raíces. Él agrupó los elementos primordiales, propuestos de manera individual por filósofos previos, para afirmar que la materia resultaba de su combinación en proporciones justas, y no de cada uno de ellos operando individualmente. Así, el Agua de Tales de Mileto, el Aire de Anaxímenes de Mileto, la tierra de Jenófanes de Elea y el Fuego de Heráclito de Éfeso se transformaron en las cuatro raíces de Empédocles.

---

[17] No debemos confundirlo con el compuesto químico del mismo nombre.

Fuego

Para Hipócrates (460–370 a. C.), padre de la medicina, serían los elementos escondidos detrás de los cuatro humores o temperamentos. El temperamento sanguíneo estaba vinculado a Aire, el colérico a Fuego, el flemático a Agua, y el melancólico a Tierra.

Platón (428–348 a. C.) los heredaría de sus predecesores para vincularlos a las distintas figuras de geometría congruente. El octaedro representaba Aire, el tetraedro Fuego, el icosaedro Agua, y el hexaedro Tierra. Entonces introdujo un quinto elemento, al que llamó «idea» (ἰδέα) o «lo divino» (ἱερόν, *hieron*), vinculado a la figura del dodecaedro. Con Platón se recuperaría el concepto de quinto elemento, el cual había sido omitido de la lista de *catudhātu* por Buda.

Aristóteles (384–322 a. C.) incorporó los elementos en su física, y a la «idea» de Platón la llamó éter. El Éter era la sustancia de la que se componían las esferas celestiales. También les confirió atributos de la siguiente manera: Fuego era caliente y seco; Tierra fría y seca; Aire caliente y húmedo, y Agua fría y húmeda.

En la tradición japonesa, los cinco elementos reciben el nombre de *godai*. Éstos fueron introducidos principalmente por influencia del budismo. En orden ascendente y según el poder que la tradición japonesa les confiere, los elementos son: *ji* (Tierra), *ka* (Fuego), *fū* (Viento), *sui* (Agua) y *kū* (Vacío o Cielo).

El budismo tibetano heredó el significado y uso de los elementos por tres vías. Por un lado del budismo, con sus cuatro *catudhātu*. En segundo lugar del tantrismo, con sus cinco *tattva*. Y finalmente de la religión *Bön*, de raíces chamánicas y que ya era practicada en Tíbet cuando en el siglo VII d. C. se estableció el budismo. En el budismo tibetano, los elementos se corresponden con las Cinco Puras Luces (*'od lnga*). Éstas constituyen el Cuerpo del Arco Iris, cuerpo de pura luz al que se llega una vez alcanzado el estado original de la mente (*dzogchen*). Mientras la mente no alcance dicho estado primordial, ella expresa el elemento Tierra en su habilidad de servir como base de toda existencia; Agua en su continuidad y adaptabilidad; Fuego en la claridad y capacidad de percibir; Aire en su continuo movimiento, y Espacio en el vacío de potencial ilimitado.

Gracias al uso de los cinco elementos, los Tibetanos alcanzaron un conocimiento muy preciso del proceso de desintegración que se da con la muerte. En el momento de entrar en el estado intermedio de la muerte (*Chikkhai bardo*), el elemento Tierra se disuelve en Agua, causando debilidad en el cuerpo del futuro difunto y la aparición de la visión de un espejismo resplandeciente. Posteriormente Agua se transmutará en Fuego, provocando la deshidratación de los fluidos corporales y la aparición de una visión como de humo. Seguidamente Fuego se desintegrará en Aire, provocando la pérdida de calor, especialmente en las extremidades, y la aparición de pequeñas chispas. Finalmente Aire incrementará su frecuencia vibratoria, convirtiéndose en *espacio*, causando la cesación de la respiración y la aparición de la visión de una vela o lámpara pequeña que se apaga. Así es cómo los cinco *vayus* (niveles de energía vital o *pranas*) abandonan el cuerpo físico, para reintegrarse en el cuerpo astral del difunto. Con el último aliento, el alma parte, para entrar en el estado transitorio de la luz (*Chönyid bardo*)[18].

Pero quizá lo que más sorprenda sea la uniformidad y consistencia con que la mayoría de las llamadas tradiciones chamánicas los mencionan. Para ellas son, y siempre han sido, los cuatro abuelos. De Tierra y Agua nació la Madre Tierra. De Fuego y Aire, el Padre Sol. Y de la unión sagrada entre estos dos surgió la vida sobre nuestro planeta. Así, los cuatro elementos están presentes en las creencias de los pueblos Navajo, Maya, Azteca, Tolteca, Huichol, Zapoteca, Inca, Shoshone, Tsimshian, Hopi y Lakota, entre otros muchos.

Por ejemplo, para la nación Lakota son: *makoce* (Tierra), *mni* (Agua), *peta* (Fuego) y *oniye* (Aire). Mientras que en *náhuatl*, la lengua de los aztecas, son: *atl* (Agua), representada por *Tlaloc* (la sangre del Universo); *tlalli* (Tierra), representada por *Tezcatlipoca* (la carne del Universo); *ehecatl* (Aire), representado por *Quetzalcoatl* (la respiración del Universo); y finalmente *tlachinolli* (Fuego), representado por *Huitzilopochtli* (el corazón del Universo).

También están presentes en muchas leyendas de tradición oral. Ellas nos hablan de criaturas etéreas de naturaleza no humana ni animal. Son las hadas, duendes, y genios de muchos cuentos. Son criaturas de densidad más sutil que la física, sólo perceptibles por quienes poseen el don de la clarividencia. Entre todo el conjunto de seres etéreos, se mencionan cuatro tipos de criaturas, llamadas elementales por estar constituidas de la combinación de un elemento predominante. Las cuatro categorías de seres elementales son: los gnomos (Tierra), las ninfas (Agua), las salamandras (Fuego) y las sílfides (Aire).

En la cábala judía están presentes en la figura de los cuatro arcángeles protectores, con Rafael como arcángel del Aire, Miguel del Fuego, Gabriel del Agua, y Uriel de la Tierra. El Torá y la Biblia también

---

[18] Explicación inspirada en *Sogyal Rinpoche, The Tibetan Book of Living and Dying.*

los mencionan, aunque simbólicamente. Son las cuatro criaturas vivientes que hay junto al trono de Dios, con el león representando Fuego (Leo), el ternero Tierra (Tauro), el hombre Aire (Acuario), y el águila Agua (Escorpio)[19].

Los alquimistas de la Edad Media los heredaron por influencia aristotélica. El alquimista árabe Jabir ibn Hayyan (Geber) desarrolló un sistema que consistía en los cinco elementos clásicos, más el sulfuro y el mercurio. Posteriormente la sal sería añadida para denotar solidez.

En el tarot vienen representados por los cuatro palos, con bastones simbolizando Fuego, espadas Aire, copas Agua y oros Tierra.

Incluso la Ciencia habla, sin saberlo, de los cinco elementos cuando describe los diferentes estados de densidad de la materia. Así, originalmente teníamos tres estados de densidad: sólido, líquido y gaseoso; estados que estarían respectivamente correlacionados con los elementos Tierra, Agua y Aire. En 1879 Sir William Crookes identificó un cuarto estado, intermedio entre el líquido y el gaseoso, al que llamó plasma. Éste estaría vinculado al elemento Fuego.

En cuanto al quinto estado de densidad, casi cuatro decenios después Einstein demostró, en su teoría de la relatividad general, que el efecto gravitacional de un cuerpo celeste podía deformar localmente el espacio-tiempo. Si el espacio-tiempo se distorsionaba por el efecto gravitacional de la materia, entonces éste no podía ser absoluto, sino que debía disponer de cualidades físicas. Sin embargo, Einstein nunca pudo probar que el espacio poseyera consistencia material[20].

La Ciencia todavía busca poder demostrar lo que varias escuelas filosóficas del hinduismo ya llevan afirmando desde hace milenios: que ākāśa (Éter) constituye el estado más sutil de la materia, y su quinto estado de densidad[21]. Las filosofías sāṅkhya y tántrica tienen una manera muy intuitiva de demostrarlo, cuando afirman que en el proceso evolutivo de la materia, la primera manifestación perceptible de la conciencia fue como ākāśa (espacio-tiempo), realidad material de la que podemos percibir su vibración (sonido). Posteriormente se

---

[19] Apocalipsis 4:7 y también aparecen en Ezequiel 1:10 y Ezequiel 10:14.

[20] Escribió Einstein en el año 1924: "El estado actual de las investigaciones realizadas me fuerzan a distinguir entre materia y Éter, todo y que esperamos que futuras generaciones puedan transcender esta concepción dualista, para reemplazarla por una teoría unificada." Albert Einstein. "Über den Äther", *Verhandlungen der Schweizerischen naturforschenden Gesellschaf.* 1924 105 (2): 85–93.

[21] Las escuelas filosóficas Nyāya, Vaisheshika, y Sāṅkhya del Hinduismo, así como los textos tántricos, afirman que ākāśa es una expresión de materia.

manifestó como Aire, aspecto material de mayor densidad, y que además de ser escuchado, también podía ser palpado. El proceso de manifestación continuó con la proyección de Fuego, estado de la materia que podemos escuchar, palpar, y visualizar. Seguidamente se proyectaría como Agua, expresión de la conciencia manifestada que puede ser escuchada, palpada, visualizada y degustada. Y finalmente emanaría como Tierra, estado de densidad que es perceptible por medio de los cinco sentidos: oído, tacto, vista, gusto y olfato.

En ese momento David se dio cuenta de que el conocimiento necesario para expandir su conciencia más allá del estado gaseoso[22] no lo iba a encontrar en las aulas o pasillos de las prestigiosas instituciones universitarias. Necesitaba buscar respuestas en otro lugar, y quizás la mejor manera de empezar fuera indagando en la sabiduría inherente de los pobladores originales de las llanuras, montañas y desiertos de aquella tierra que le vio nacer.

⫷ *El viaje*

CRUZADO POR UNA amplia red vial. Cubierto por una telaraña de líneas de alta tensión, cables de teléfono y fibra óptica. Poblado por miles de núcleos urbanos. Vallado por cercas para mantener el ganado y el sentido de la propiedad. Prospectado a lo largo de los años por un ejército de agentes del Servicio Geológico de los Estados Unidos (USGS). Fotografiado por satélites, avionetas y turistas ociosos. El territorio ya había sido ampliamente explorado después de casi cuatro siglos de colonización. Pero él quería descubrir aquello que pasó desapercibido. Quería comprender mejor la relación entre el ser humano y la naturaleza que le rodeaba, y para ello, la mejor opción era visitar a los habitantes originales de aquel vasto territorio.

«Quizás ellos sabrán transmitirme lo que necesito comprender», pensó.

Así fue cómo aquel julio de 1999 decidió poner su casa en venta, tomar el coche y conducir en dirección Oeste. Su destino era Dakota del Sur, donde iba a visitar a la Nación Lakota Ojlala, pueblo antiguamente nómada y una de las tradiciones que en mayor medida había integrado los cuatro elementos en su cosmología y sistema de conocimiento.

---

[22] La cuarta nota de la octava material, y el estado de menor densidad actualmente reconocido por la Ciencia.

Salió de madrugada, tomó la I-76 W, posteriormente la I-80 W, y a continuación la I-90 W. Después de conducir mil setecientas millas en cinco días, durante los cuales fue parando en moteles de carretera, llegó a Rapid City un sábado a media tarde.

La ciudad no hacía honor a su nombre, o al menos no era precisamente un lugar que se caracterizara por el sentido de la urgencia. Quizá si lo fuera durante sus primeros años de existencia, cuando cientos de mineros la visitaban a diario para aprovisionarse, mientras buscaban oro en *Black Hills*. Pero de eso ya hacía más de un siglo, y lo que nuestro protagonista encontró fue una población de unos sesenta mil habitantes que encajaba perfectamente en el estereotipo de la pequeña ciudad americana.

Al llegar, aparcó el coche junto a un amplio centro comercial y se puso a caminar por una de sus anchas avenidas. Al notar que una tormenta se aproximaba, se refugió de inmediato en una cafetería. Se sentó en la mesa más cercana a la entrada, justo al lado del gran ventanal, y se dispuso a pedir un batido. Al ver a la camarera, notó que ésta era nativa americana, hecho que le llevó a aprovechar su condición de cliente para superar su timidez e iniciar una conversación.

—Un batido de fresa por favor.

—Enseguida —respondió ella.

—Con leche de soja en vez de vaca.

—Tú no eres de por aquí, ¿verdad? —preguntó ella—. Tienes toda la pinta de ser de la costa Este.

—Supongo que se me nota por el acento.

—No sólo por el acento, sino también por la manera en que vas vestido y el hecho que hayas pedido leche de soja. No es que aquí no nos guste la soja... —puntualizó la chica, para dejar bien claro que ella no tenía nada en contra.

—Es que soy alérgico a los lácteos.

—Sí, he notado que las alergias se están incrementando. Cuando un cliente no es alérgico a los lácteos, lo es al gluten, o si no pide productos sin azúcar por tener problemas de diabetes, de peso o de Cándida. No creo que tardemos mucho en tener alérgicos a la soja, si consideramos que se trata de un producto puramente industrial, que nada tiene que ver con la leche y por el que se está deforestado la selva amazónica.

—¿Y qué crees que causa todas esas alergias? —preguntó David.

—Opino que los lácteos, el gluten y el azúcar son tres ingredientes de los que hemos abusado. ¡¿Qué producto procesado no lleva al menos uno de los tres, si no los tres juntos?! —exclamó, mientras con las manos mostraba un gesto de impotencia—. Los tres generan adicción y las empresas de alimentación lo saben. Es por ello que están presentes en casi todo tipo de alimento procesado. En cuanto a la soja, junto con el maíz, también está presente en una gran mayoría de alimentos procesados. La añaden no tanto por su capacidad de generar adicción, sino por su versatilidad. Pero si para obtener un producto debemos destruir el medio ambiente, este producto nos acabará destruyendo a nosotros, pues nosotros y el medio somos uno y el mismo. Las enfermedades responden justamente a este principio, es decir, no hay enfermedades sino gente enferma y ecosistemas enfermos. La sociedad actual parece no querer comprenderlo, y busca curar a partir de pequeñas cápsulas que se puedan patentar y comercializar.

Dicho esto, continuó su ronda, visitando las mesas de al lado, para al cabo de un rato regresar con el batido mientras decía:

—De soja de agricultura ecológica y por lo tanto genéticamente no modificada. Eso no lo has pedido, pero puedo adivinar que lo apreciarás.

David se puso el batido en la boca para probarlo, al tiempo que ella preguntaba:

—¿Qué te trae por Rapid City? No parece que vengas a hacer turismo, pues viajas con un ordenador portátil. Pero tampoco da la impresión que vengas a hacer negocios, por la manera en que vas vestido.

—De hecho, me gustaría poder conocer a un anciano Lakota, pues busco comprender mejor su interpretación de la naturaleza, y especialmente la comprensión de los cuatro elementos primordiales.

—No lo estarás diciendo para ligar conmigo —respondió ella con cara de picardía.

—No. Soy sincero y he conducido durante cinco días para llegar hasta aquí.

—Puedo leer la sinceridad en tus ojos. Espera y veré cómo te puedo ayudar.

Al cabo de unos pocos minutos, y después de atender las otras mesas, la chica regresó de nuevo.

—Sólo trabajo los fines de semana, y hoy es sábado, así que si quieres, el lunes podemos ir a la Reserva de Pine Ridge, a dos horas de aquí. Allí te presentaré a aquéllos quienes te pueden ayudar.

—Muchas gracias —respondió él—. Por cierto, ¿cómo te llamas?

—Meera Wanci Tiwahe.

Pronunciado su nombre, Meera dibujó en una servilleta de papel un símbolo que podríamos describir como un círculo, con una H inscrita en él, y dividida ésta por una línea vertical. Entre los lakota, esa era la manera de expresar la idea de que todos formamos una gran familia, idea que también viene expresada en las palabras *Wanci Tiwahe*.

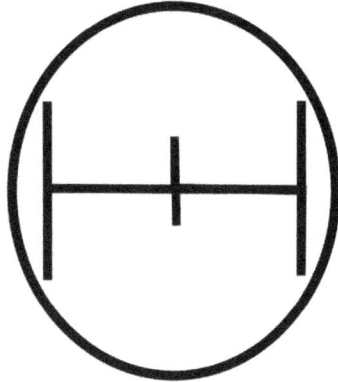

❧ La prueba

EL LUNES A primera hora David llegó puntual a la cafetería, para reunirse con Meera. Ella llegaría unos minutos más tarde, con la calma de quien está a punto de disfrutar tranquilamente visitando a la familia. Lucía un precioso vestido rojo de tela sedosa, que le caía con gracia pronunciando aún más unas curvas ya de por sí sinuosas. David, en su timidez característica, no sabia si mirarla a ella, para soltar un comentario halagador, o hacer como que no se había fijado. Finalmente, la timidez acabó ahogando sus palabras, sin que el vestido pudiera arrancarle un piropo.

De allí salieron en dirección Sur hacia *Hot Springs*, donde pararon para comer. Posteriormente se dirigieron hacia el Sureste, llegando a Pine Ridge hacia media tarde. En casa de Meera sólo estaban su hermana y sus tres sobrinos pequeños. Ella se dispuso a ayudar con la cena. David se sentó en el sofá, y a los pocos minutos uno de los sobrinos le pidió que le siguiera. Salieron de la casa y se encaminaron por la calle principal. Posteriormente voltearon por una calle más estrecha, parándose al pie de una casa que parecía destartalada El sobrino hizo una señal con la mano para indicar a David que entrara.

No parecía que el pequeño de siete años tuviera intención de acompañarle, así que David cruzó el umbral, y se puso a caminar por un estrecho pasillo, al fondo del cual se podían escuchar varias voces. Se plantó a la entrada del que debía de ser el salón principal, y llamó a la puerta. Como nadie parecía haber percibido su presencia, decidió asomarse por la puerta entreabierta, momento en el que los muchos presentes se quedaron mirándole.

Allí debía de haber unas veinte personas, sentadas en círculo, ocupando sillas, sofás viejos o apoyadas contra la pared. El suelo estaba lleno de latas de cerveza y colillas. No hubo sonrisas, ni siquiera forzadas. Uno de los hombres de mayor edad indicó a un joven que se levantara de la silla para permitir a David que la ocupara. Éste se sentó, sin comprender mucho lo que estaba sucediendo, y muy cordial dio las gracias. Una vez sentado, los ocupantes del inmueble continuaron con sus conversaciones y con la bebida, como si nada hubiera pasado.

Entonces, un hombre de mediana edad, que estaba sentado justo a su lado, empezó a decir:

—¿Ves lo que habéis hecho? ¿Lo ves?

—No empieces —vociferó otro—. Ya conocemos esta cantinela.

—No, no. Lo quiero decir —gritó mientras se levantaba para poder mirar a David directamente a los ojos, vertiendo una cerveza medio llena que había dejado a sus pies—. Estas llanuras estaban llenas de búfalos, y tus antepasados los mataron, no para comérselos, sino por su piel, y para matarnos a nosotros de hambre.

—Eso ya lo sabemos —iban diciendo los demás—. Tengamos la fiesta en paz, y no dejemos que el amigo de Meera se lleve la impresión de que somos hostiles a su presencia.

—Dejadme hablar —continuaría diciendo el hombre—. Puesto que el alcohol no puede apagar mis penas, quiero poder expresárselas a los descendientes de aquéllos quienes hace poco más de un siglo nos prometieron respetar esta tierra y los tratados de que sobre ella se firmaron, para romperlos sistemáticamente uno a uno.

Al escuchar esta última frase, David se levantó, se quedó mirando al hombre directamente a los ojos y le dijo:

—Lo siento de todo corazón. Lo siento de verdad y entiendo tu dolor. Yo os respeto, y he venido aquí para aprender de vosotros. Soy consciente de lo que mis antepasados hicieron al llegar a estas tierras, y me duele, pero espero que muchos como yo llamen a esta puerta y se sienten aquí con vosotros para escuchar ahora la sabiduría que en el pasado no supimos comprender.

Entonces una mujer sentada al otro lado de la sala empezó a hacer señas, invitando a David a acercarse. Seguramente sería la matriarca, pues no sólo era una de las pocas mujeres que había en el recinto, sino que también era la persona de mayor edad y de los pocos presentes que no tenían una cerveza entre las manos. David se acercó. Una vez a su alcance, la mujer extendió los dos brazos, agarrándole por los hombros para atraerle hacia ella. A continuación hizo que sus dos frentes se tocaran, mientras musitaba: *mic'ínkši*, *mic'ínkši*.

Después de eso, ya nadie descargó su rencor sobre el joven. De hecho, todos los presentes empezaron a dirigirse a él de manera mucho más amigable, lo que le permitió irse integrando en las conversaciones de los locales. Destacable fue la conversación mantenida con John Long Way. John era un hombre de unos cincuenta años, de aspecto serio, pero con una sonrisa y una mirada que hacían entrever la bondad de aquél que no se ha dejado intimidar por todos los años de penurias y dificultades.

—En la cultura Lakota tenemos cuatro valores fundamentales y que son generosidad, respeto, coraje y sabiduría[23] —diría John en una de las conversaciones mantenidas con el joven—. Como muestra de estos valores, tenemos un refrán que dice: lo que das, lo recibes; lo que guardas, lo pierdes. Pero entonces vinieron los Europeos, con unos valores completamente opuestos. Ellos decían: lo que das, lo pierdes; lo que guardas, lo ahorras. ¿Lo ves? Son casi las mismas palabras, pero en el orden inverso.

David le miraba, con la expresión de aquél que no quiere perder detalle, y con un sentimiento como de familiaridad en su corazón.

—Tu cultura incita a guardar —continuó narrando—, a invertir, a la codicia, para así recibir aquello que llamáis intereses o una renta. Por el contrario, considera que dar es perder, pues no reconoce la magia escondida detrás del gran misterio de la vida. No comprende que todos seamos uno y el mismo, y que dar sea recibir, pues realmente nos estamos dando a nosotros mismos. En cambio, guardar es perder, por ser la Naturaleza dinámica. En ella todo fluye, el agua, el aire, el fuego e incluso los continentes. Por ello, en el momento en que algo se guarda en el rincón de un cajón, para sólo nosotros poderlo utilizar o contemplar, esa cosa se estanca y empieza a descomponerse. Se

---

[23] En la lengua Lakota son respectivamente *wacantognaka*, *wowacintanka*, *woohitika* y *woksape*.

pudre como el agua de un charco, puesto que poseer es detener, es romper con el flujo natural de la vida. ¿Comprendes?

—Si.

—Cada vez que el Universo observa un intercambio de energía, se involucra contribuyendo con aún más energía; mientras que cuando ve que la energía está estancada, viene para pedir su tributo. Ése es el verdadero acto de hacer el amor. Los dos amantes se están dando placer recíprocamente, haciendo que la energía fluya del uno al otro. Ello crea un círculo a partir del cual ambos empiezan a atraer más energía, incrementando así su grado de vitalidad y sin llegar nunca a cansarse. Más energía les es dada, pues a medida que la recibían, ellos la daban, para recibirla de regreso, y volverla a dar de nuevo.

—Y el dinero, ¿es qué también es una expresión de energía? —preguntó nuestro protagonista.

—Si. El dinero también lo es, pero de todas las posibles expresiones de energía, es la más baja. Vibra, pero a frecuencias menores, y por eso aquél que lo quiere nunca tiene suficiente. Es comida que no alimenta, provocando que quien lo busque nunca sienta su espíritu saciado.

Aquellas últimas palabras de John Long Way aún vibraban en la mente de David, cuando éste llegó de nuevo a casa de Meera. Al verle entrar, ella le dijo:

—Me han comentado que mi abuela te abrazó.

—Si, puso su frente contra la mía, para entonces empezar a musitar *mic'ínkši, mic'ínkši*, pero no sé lo que significa.

—Significa hijo mío, y por tanto hermano de la mayoría de los que estaban en la sala.

—¡Pero yo no soy hijo suyo! —exclamó David sorprendido.

—Oh, David, aún tienes muchas cosas que comprender de nuestra cultura. Por ejemplo, al que llamo padre es realmente el hermano de mi madre, pero nosotros no tenemos una palabra para tío, sino que decimos «*até*» y que significa literalmente padre. Esta casa no es de mi hermana, sino de aquélla a quien tú llamarías prima, por ser la hija del hermano de mi madre. Pero como al hermano de mi madre yo le llamo padre, a su hija la llamo hermana. Todos juntos constituimos familia extensa (*tiyospaye*). La familia es la medida de nuestra riqueza, y como nación Lakota, también somos una familia, somos un *Oyate*, palabra que tú traducirías como nación, como la nación Oso (*mato oyate*), o la nación Águila (*wanbli oyate*). Así hasta que, en última instancia, también estamos emparentados con los animales, con las plantas, con el viento que sopla, el fuego que arde, con las piedras que nos sostienen y la lluvia que nos refresca.

—Pues tu padre, tío o lo que sea, me ha invitado a la cabaña de sudar (*inipi*) que tendrá lugar mañana de madrugada.

—Si, supongo que sudando es como espera quitarse todo el alcohol que lleva encima. La palabra *inipi* proviene de *iniunkajaktelo*, y que literalmente significa «vamos a rezar a la cabaña de sudar», pero en el caso de mi padre pienso que es más una excusa para pasar la resaca. En todo caso, he estado hablando con la abuela y ella dice que, después del *inipi*, está dispuesta a responder a tus preguntas.

—Muchas gracias, Meera.

—No me las des a mí. Dátelas a ti mismo, por haber superado con éxito la prueba. Aquí, como habrás visto, están aquéllos que beben y aquéllos que aborrecen el alcohol y el efecto que tiene sobre nuestra gente.

—Sí, lo he notado, y por eso me extrañó ver a una mujer como tu abuela con todos los demás, pues ella no parecía beber ni encajar en el ambiente.

—Ni ella, ni John, ni algunos de los otros que allí estaban presentes. Ella acudió para supervisar. Dado que no puede evitar que beban, como mínimo quiere estar con ellos cuando lo hacen, para así asegurarse que nadie se lastima, o que nadie bebe en exceso. Y si alguien se emborracha, ella no le deja volver a casa por el peligro de que golpee a su mujer. A éstos les obliga a dormir la mona en la habitación de al lado.

—Una mujer muy fuerte, tu abuela.

—Las mujeres *Lakota Ojlala* son fuertes, muy fuertes. La vida las ha fortalecido como el cuero, pero ellas todavía conservan la textura aterciopelada del reverso, sólo que la llevan escondida en su interior. En el caso de mi abuela, ella hace poco que vive en Pine Ridge. Ha vivido toda la vida en las pequeñas comunidades rurales, las cuales aún conservan las antiguas tradiciones, entre ellas los nombres de los líderes del *tiyošpaye*. La abuela dice que vino por ser ya vieja y necesitar que la cuidáramos, pero yo sé que lo hizo para cuidarnos a nosotros.

❧ *La rueda de los elementos*

AL DÍA SIGUIENTE, de madrugada, el padre de la Meera despertó a nuestro protagonista para ir al *inipi*, donde les esperaban otros tres hombres. David tuvo una grata sorpresa al ver que uno de ellos era John Long Way. También estaba el tipo que el día anterior, y en estado de ebriedad, recordó a David lo que hicieron sus antepasados.

El *inipi* consistía en un habitáculo construido a partir de dieciséis ramas de sauce joven, entrecruzadas formando una cúpula. Cerca de allí había un bidón con un quemador de gas, en cuyo interior pudo observar una serie de rocas. En el pasado, se habría utilizado leña, pero pocos eran los árboles que quedaban y la leña era cara y escasa. Por eso, ahora era más común utilizar quemadores de gas.

«Tiempos modernos», pensó David.

Al llegar, los presentes se saludaron y se pusieron a cubrir la estructura con una lona, abundantes mantas de lana, y una piel curtida que les servía de puerta. Un chico, responsable de cuidar el fuego, hizo la mayor parte del trabajo.

John entró primero, para salir al poco rato, y depositar la pipa en un pequeño montículo de tierra que había al lado del quemador de gas. Al hacerlo, se aseguró que la boquilla de la pipa apuntara al Este. Acto seguido todos se desnudaron, dieron tres vueltas alrededor del *inipi*, se arrodillaron delante del orificio que hacía de entrada y entraron en silencio.

John, quien en esta ocasión entró último, ocupó la posición Oeste, justo al frente de la puerta. David se sentó a su izquierda y el padre la de Meera a la derecha, mientras que los otros dos hombres ocupaban las posiciones más cercanas a la entrada. En el interior del *inipi* se podía percibir un fuerte olor a tabaco, entremezclado con el aroma dulce de la hierba[24].

John hizo un gesto a uno de los hombres ubicados al lado de la puerta, quien informó al chico que ya era hora de introducir las rocas. En total fueron siete rocas volcánicas, la primera de las cuales tenía pintado un pequeño círculo rojo. A medida que cada una de las piedras era introducida en el hoyo central, John la restregaba con salvia, que al quemar dejaba escapar un humo purificador. A continuación, el chico responsable del fuego introdujo un cubo lleno de agua y un cucharón.

---

[24] De nombre científico *hierochloe odorata*, llamada *wacanga* en la lengua lakota.

Finalmente John pronunció las palabras «¡*Yuḣpa yo!*» y que parecía ser la orden para cubrir el orificio de la entrada.

Al bajar la piel, el recinto quedó en la más absoluta oscuridad. Lo siguiente que David escuchó fue el sonido del agua vertida sobre las piedras incandescentes, seguido por la sensación del impacto del vapor sobre su rostro. Cada vez que el agua era vertida, los cuatro hombres pronunciaban las palabras «¡*Ho tunkašila!*» y David no tardó en unírseles. Con el vertido del agua se pasó del calor seco inicial al bochorno de un calor húmedo.

Aparte del exclamativo «¡*Ho tunkašila!*» nadie pronunció palabra. David inmediatamente comprendió que el silencio buscaba la introspección necesaria para poder conectar con la voz interior, aquélla que los Lakota reconocen como la séptima dirección.

Con una pequeña exclamación de John, el hombre más cercano a la puerta supo que había llegado el momento de retirar la piel. Retirada ésta, David dejó escapar un suspiro de alivio agradeciendo la entrada de una bocanada de aire fresco. Con la entrada del aire, John se sirvió agua del cucharón, para una vez bebida pronunciar las palabras «*Mitak oyas'in*»,

—Así es cómo mostramos agradecimiento a todas las naciones: minerales, vegetales, animales, y también a las diversas naciones humanas —explicó a David.

Seguidamente ofreció el recipiente de agua al padre de Meera, quien también la bebió directamente del cucharón, y así sucesivamente hasta que le llegó el turno a David.

Bebida el agua, el chico empezó a introducir una nueva tanda de rocas incandescentes. Con la última roca, también les entregó un tambor de marco. Bendecidas las rocas, cerrada de nuevo la puerta, y vertida el agua, John empezó a golpear el tambor con la baqueta. Al ritmo del tum-tum, fue emitiendo un canto profundo con su voz medio rota. La melodía fue inundando el espacio, marcando una pauta que el resto reprodujo con un suave vaivén.

Lo que sucedió a continuación le resultó difícil de comprender a su mente entrenada para analizar en vez de percibir, a racionalizar en vez de intuir. En todo caso, os diré que David entró en un profundo estado meditativo, durante el cual se vio cabalgando sobre un precioso semental por las amplias praderas del medio Oeste. En el mismo caballo también iba John, quien sujetaba las riendas. Cabalgaban sin silla, directamente sobre el lomo del animal.

Él sabía que era John, aunque su rostro fuera distinto. También intuyó que en esa visión, o regresión al pasado, John era su padre. Los dos eran Sioux, y la escena debía de tener lugar hacía aproximadamente un par de siglos. No podía ser anterior a la llegada de los europeos, pues éstos trajeron los caballos. Ni posterior al confinamiento en reservas, pues les inundaba una sensación de felicidad y libertad, como si la masacre de Wounded Knee aún no hubiera tenido lugar.

En el horizonte observó a una mujer, a quien reconoció como su madre en aquella vida. La mujer gritaba, como si estuviera intentando advertirles de algo. Entonces se escuchó un disparo, al son del cual cayó muerto su padre. Desde la dirección de la cual procedía el disparo aparecieron dos hombres blancos. Se acercaron al muchacho, el hombre con el rifle apuntó a David, lo que llevó al otro a exclamar:

—¡Pero si es sólo un chaval!

—Alguien que haya visto morir a su padre de esta manera es un futuro enemigo —respondió el hombre del rifle.

—Guárdate esta bala para cuando sea mayor. Somos soldados, no asesinos de menores y de mujeres. Aparte, con la muerte de su padre ya has vengado la flecha que te hirió hace dos semanas.

—¡Porque tú me lo pides, o si no también le hubiera enviado a él directamente al infierno!

En ese preciso instante, David reconoció en el hombre del rifle a aquél quien le interpeló el día anterior, mencionando la matanza de búfalos, y que ahora estaba sentado junto a la puerta del *inipi*.

Pronunciadas estas palabras, los dos hombres desaparecieron, caminando en dirección al bosque, donde les esperaban sus caballos. David descendió del caballo para abrazar a su padre, con la esperanza de que aún estuviera vivo. Unos instantes después llegó la madre, quien gritando histéricamente tomó primero a David, asegurándose que no le hubiera pasado nada, para luego empezar a llorar y gemir sobre el pecho de su marido, quien yacía muerto sobre la fresca hierba primaveral. Al verla, David reconoció en aquella mujer a la abuela de Meera.

«Ahora entiendo por qué dijo eso de *mic'ínkši, mic'ínkši*» pensó.

Al salir de aquel estado de trance, John ya no cantaba. Pidió que se abriera la puerta, permitiendo la entrada de otra bocanada de aire fresco. David vio, en la penumbra, que John ahora le observaba. Con la mirada fija, aquél quien en otra vida fue su padre le dijo *mic'ínkši, mic'ínkši*, para a continuación dibujar una amplia sonrisa. El hombre ubicado junto a la puerta también les observaba, pero con la expresión de quien no sabe lo que está sucediendo.

A continuación John pidió que se retirara la piel que les servía de puerta, permitiendo la entrara de una nueva bocanada de aire fresco. Los dos siguientes actos tuvieron lugar en un ambiente mucho más relajado y distendido. Los presentes hablaron, y de vez en cuando hacían comentarios en tono jocoso, o incluso contaban chistes, sin toda la formalidad y protocolo que habían imperado al principio.

⚉ *La rueda medicinal*

TERMINADA LA CEREMONIA del *inipi*, Meera acudió a buscarle para llevarle a una pequeña explanada donde les esperaba la abuela. La mujer estaba sentada bajo uno de los pocos árboles que crecían en aquel extraño paraje, con un edredón sobre la falda que estaba componiendo a base de retales de tela de diversas formas y colores. Al verles llegar, dejó el edredón a un lado y empezó el saludo y oración Lakota denominada *Mitakuye Oyasin* y que quiere decir literalmente «a todas mis relaciones». Terminada la plegaria, se dirigió a Meera en lengua Lakota, quien tradujo sus palabras a David.

—La abuela pide que le comuniques lo que quieres.

—Busco comprender la importancia de los cuatro elementos de la naturaleza, y crear vínculos entre éstos y los elementos químicos de que nos habla la Ciencia.

—¿Observaste como cada uno de los cuatro elementos estaba presente durante el acto del *inipi*? —preguntó la mujer por medio de su nieta.

—El Fuego estaba obviamente presente en las piedras calientes. El Agua era vertida sobre las piedras para producir el vapor. El elemento Tierra estaría en la estructura del *inipi* y en la base que lo sustenta. Y finalmente el elemento Aire entraba cada vez que se abría la puerta.

—La abuela dice que has comprendido —tradujo la Meera—. Me pide que te comente que la palabra *inipi* significa «vivir de nuevo». El objetivo de la ceremonia es unir simbólicamente los elementos para que se dé el acto de concepción que haga renacer espiritualmente a los presentes. Así se espera que puedan emerger como un niño saliendo del vientre de su madre, en este caso la Madre Tierra. El *inipi* es el vientre. La oscuridad en su interior representa la ignorancia humana. El vapor es la fuerza creativa del Universo en acción. Mientras que el fuego es *peta owihankeshni*, o el fuego eterno. ¿Lo comprendes?

—Sí.

—Tú intentas descubrir la relación entre estos cuatro elementos y aquéllos de los que habla tu Ciencia. Pues ella afirma que tal relación existe.

—Por favor, dime cómo puedo relacionarlos, pues tengo la impresión de que cada una de las dos fuentes de conocimiento, la tradicional y la moderna, tienen mucho que aportar, pero nos falta construir puentes que las vinculen.

—Tendrás que pedir inspiración a la *rueda medicinal*. ¿Ves el círculo de rocas dibujado a tus pies? Siéntate, y concéntrate en el diseño que forman. Mientras así haces, pide al Creador que te conceda la inspiración que tanto anhelas.

Sobre la hierba seca había dibujada una *rueda medicinal*. En su centro se encontraba un cráneo de búfalo, que David inmediatamente vinculó con el Creador.

«En nuestro idioma, al Creador le llamamos Wakan Tanka, el Gran Misterio» había comentado Meera el día anterior, mientras conducían hacia Pine Ridge.

Rodeando al Creador, se podía distinguir un círculo de siete rocas. Intuitivamente David las relacionó con las siete rocas incandescentes depositadas en el orificio central, durante cada uno de los cuatro actos del *inipi*.

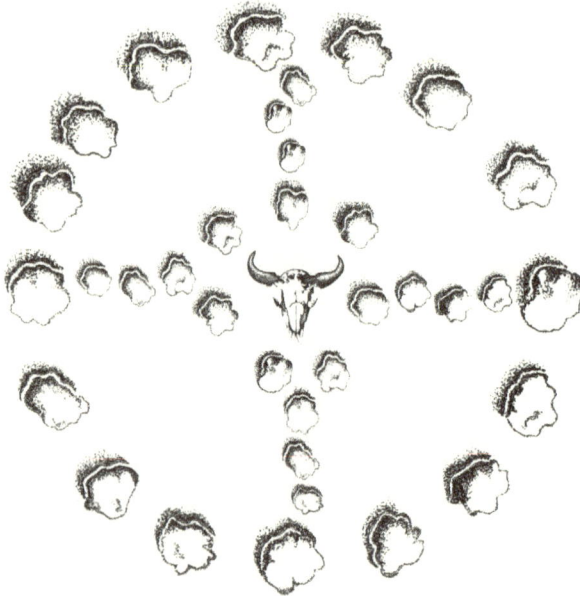

—Estas siete rocas representan a la Madre Tierra, al Padre Sol, a la Abuela Luna, al clan de la tortuga, al clan de la rana, al clan del pájaro del trueno, y al clan de la mariposa —dijo Meera, como si hubiera podido leerle el pensamiento—. La abuela me comenta que los cuatro elementos que buscas están presentes en los cuatro clanes, y me pregunta si los puedes deducir.

—Supongo que el clan de la tortuga representa Tierra, el de la rana Agua, el del pájaro del trueno Fuego, y el de la mariposa Aire —respondió David.

—¿Reconoces los elementos en alguna otra ubicación de la rueda?

—En las cuatro direcciones definidas por los brazos en forma de cruz, pero no sabría decir qué dirección corresponde a qué elemento —comentó nuestro protagonista.

—La abuela me comenta que la vinculación varía según a quién preguntes, pero que ella ya te dio una posible relación hace mucho tiempo, y que si preguntas a las piedras ellas te la recordarán.

Meera pronunció estas últimas palabras con un tono de ligera confusión, sin comprender exactamente a qué se refería la matriarca con aquel «coméntale que ya le di una posible relación hace mucho tiempo». En cambio, David sí sabía a qué se refería, hecho que le animó a seguir confiando en su intuición y preguntar a las piedras.

Sin mediar palabra, se acercó a las tres rocas que apuntaban en dirección Este, las tocó, para a continuación decir:

—El Este simboliza el maestro, representa el elemento Aire, y se dibuja mediante el color amarillo.

Después se acercó a las tres rocas que apuntaban en dirección Sur, para decir:

—El Sur simboliza aquél que sana, representa el elemento Tierra, y se dibuja por medio del color negro.

Siguiendo la dirección trazada por el Sol en el hemisferio Norte, depositó sus manos sobre las rocas que apuntaban a poniente, para añadir:

—El Oeste simboliza el visionario, representa el elemento Fuego, y se dibuja mediante el color rojo.

Como última dirección, tocó aquéllas que apuntaban al Norte, para terminar diciendo:

—El Norte simboliza a aquél que posee la capacidad de hacer la paz, representa el elemento Agua, y se dibuja por medio del color blanco.

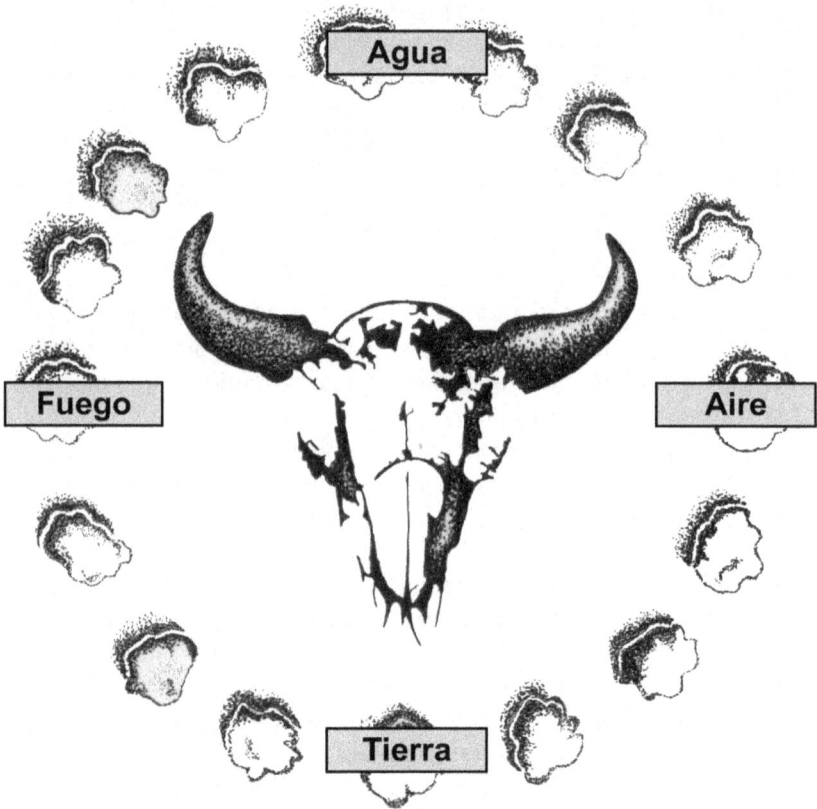

Al escuchar estas palabras, la abuela dibujó una amplia sonrisa, satisfecha de ver que David podía rememorar las enseñanzas de una vida anterior. Pero la suya era más que una simple sonrisa, era la expresión con que una madre muestra orgullo por los logros alcanzados por su hijo. Meera parecía empezar a comprender, y también decidió sonreír. Pasados unos segundos de silencio, durante los que los tres se miraron como quien se reencuentra después de una larga ausencia, David rompió la quietud del momento para decir:

—El problema es que nosotros hablamos de más de cien elementos químicos, y no sé cómo puedo vincular este centenar a los cuatro de que me habláis.

La abuela tomó a David de la mano, y le acercó al centro de la rueda, para que tocara el cráneo de búfalo.

—Pregunta a Wakan Tanka —dijo la mujer en un inglés quebrado.

Era la primera vez que la escuchaba pronunciar una palabra en un idioma que no fuera el Lakota. David se arrodilló y tocó el cráneo con las dos manos, mientras intentaba vaciar la mente de pensamientos, para dejar espacio a una posible respuesta.

La respuesta vino como una súbita intuición; como una idea que penetra en la mente por la puerta principal, con mucho revuelo, y que una vez allí expande la conciencia para ya nada volver a ser lo mismo.

—¡Más del 95% de la biosfera se compone de cuatro elementos químicos! —exclamó, mientras se alzaba de nuevo, para dejar de tocar el cráneo—. Estos elementos son: hidrógeno (H), carbono (C), nitrógeno (N) y oxígeno (O)[25].

—¿Qué más te ha dicho el Creador? —preguntó Meera, también visiblemente excitada.

—Que cada uno de ellos predomina en un elemento de la antigüedad diferente.

—¿Y es así?

—Deja que piense. Si empezamos por el elemento Tierra, tenemos como principal manifestación la corteza terrestre, la cual es en un cuarenta y seis por ciento oxígeno[26]. Éste predomina especialmente en los silicatos, y que constituyen el grupo más abundante de minerales. Seguidamente tenemos el elemento Aire, y la atmósfera terrestre se compone en un setenta y ocho por ciento de nitrógeno, por tanto éste parece ser su elemento. En cuanto al elemento Agua, dos tercios de los átomos de agua son de hidrógeno. De hecho, el nombre hidrógeno proviene del griego y significa «generador de agua», pues al quemarlo produce justamente eso. Finalmente nos quedan el elemento Fuego y el carbono. La vida utiliza el carbono como combustible, por medio de los llamados hidratos de carbono. También es la base de los combustibles fósiles, o hidrocarburos.

---

[25] Vaclav Smil. *The Earth's Biosphere: Evolution, Dynamics, and Change*. The MIT Press. 2002 pg 28.

[26] K B. Krauskopf, *Introduction to Geochemistry* McGrawHill, New York, 1979.

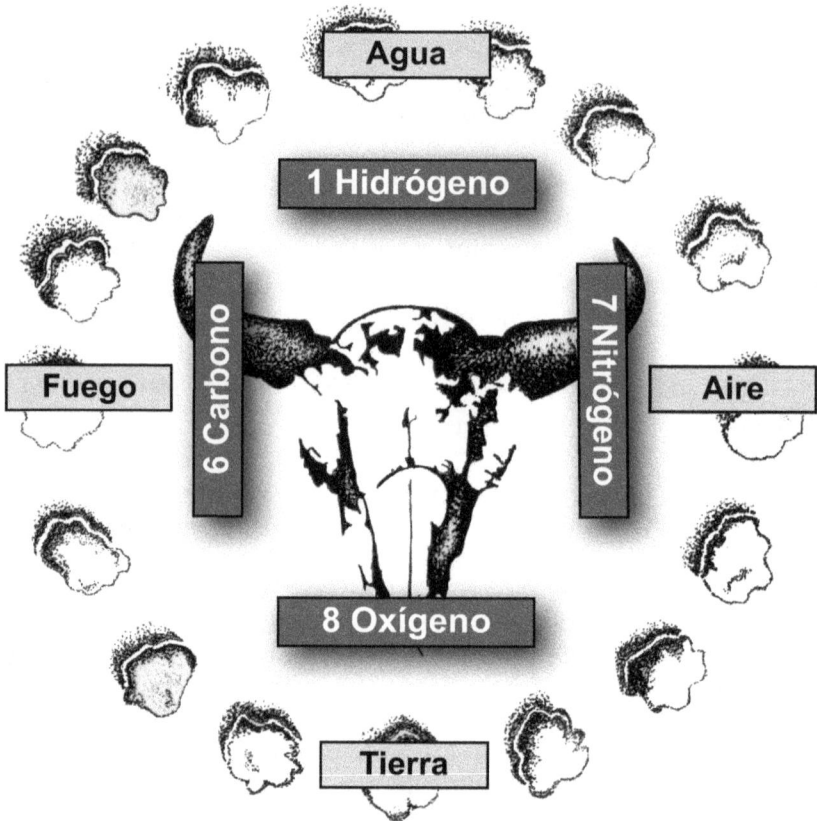

Por ser su inglés muy pobre, y no estar versada en la ciencia de la química, la abuela no pudo comprender los detalles específicos de aquella conversación. Sin embargo, intuyó que David había logrado su objetivo de vincular los cuatro elementos de la antigüedad con aquéllos que él llamaba elementos químicos. Como mujer espiritual, ella sabía que en las tradiciones chamánicas de todo el mundo, Tierra, Agua, Aire y Fuego eran los cuatro abuelos, progenitores del Padre Sol y de la Madre Tierra. Por tanto, si David había realmente identificado cuatro equivalencias en aquella otra fuente de conocimiento llamada Ciencia, estos cuatro elementos químicos también debían ser los cuatro abuelos, es decir, los componentes principales de la vida. A fin de comprobarlo, pidió a David que dirigiera de nuevo su atención al centro de la rueda medicinal.

—¡El centro! —exclamó David, como si hubiera podido comprender las intenciones de aquella petición—. ¡Cómo no se me había ocurrido antes! De la combinación de estos cuatro elementos químicos en adecuada proporción resulta la vida orgánica[27]. Los enlaces peptídicos, compuestos de la combinación de los cuatro elementos (CO—NH), son la base de las proteínas, entre ellas el ácido nucleico que dará lugar al ADN. Es decir, la vida aeróbica es un cóctel de agua, carbohidratos y proteínas, que utiliza el oxígeno para generar la energía necesaria para vivir y moverse. Es el resultado de la combinación justa de los cuatro elementos, haciendo posible un todo que no puede explicarse por la mera suma de sus partes.

—La abuela me comenta que tu Ciencia también parece poder dar respuestas satisfactorias, y se alegra. Pero dice que, aparte de respuestas, el conocimiento, para ser útil, debe ser capaz de aportar soluciones. Por ello, quiere asegurarse que tu Ciencia también aplique estos conocimientos con el objetivo de devolver el equilibrio, en vez de ser uno más de los instrumentos que ha propiciado el desequilibrio actual. Con esta intención, te pregunta si crees que gracias a todo lo que has aprendido hoy puedes explicar mejor los actuales desequilibrios.

—Deja que lo razone —respondió David, para después de una corta pausa continuar diciendo—. Obviamente, se dará un desequilibrio cada vez que rompamos el ciclo natural de uno de los elemento.

—¿Puedes dar ejemplos, para facilitar su comprensión?— pidió Meera.

—Por ejemplo, tenemos el ciclo del nitrógeno. Éste tiene lugar entre Aire y Tierra, pero también involucra el elemento Agua. Como ya hemos visto, gran parte del nitrógeno se encuentra en la atmósfera formando N_2, es decir, dos átomos de nitrógeno unidos para constituir una molécula. Algunas especies de bacterias que viven en el suelo, o simbióticamente con las plantas, combinan el nitrógeno atmosférico con hidrógeno para generar amoníaco (NH_4). Posteriormente, otras bacterias convertirán el amoníaco en nitritos (NO_2) y a continuación en nitratos (NO_3), los cuales pueden ser absorbidos por las plantas. Las plantas asimilarán dichos componentes, para incorporarlos como aminoácidos. Así es como el nitrógeno es transferido de Aire a Tierra.

---

[27] En el cuerpo humano, y según el nombre de átomos, un 63% se compone de hidrógeno, un 24% de oxígeno, un 12% de carbono y un 0.58% de nitrógeno. Fuente: [Freitas Jr., Robert A. "Nanomedicine", *Landes Bioscience*. 1999 Tables 3–1 & 3–2.] Según el porcentaje de masa, un 65% es oxígeno, un 18% es carbono, un 10% es hidrógeno y un 3% es nitrógeno. Fuente: [Thomas J. Glover, comp., Pocket Ref, 3rd ed. (Littleton: Sequoia, 2003), p. 324.]

—¡Demasiado complicado! —exclamó la joven, haciendo un pequeño gesto de desesperación ante todas aquellas fórmulas químicas.

—Es muy sencillo. Explicado de otra manera. El nitrógeno es, junto con los otros tres elementos químicos, uno de los componentes básicos de la vida. Al encontrarse éste en el aire, la única manera de hacerlo comestible es mezclándolo primero con hidrógeno (Agua), para posteriormente mezclarlo con oxígeno (Tierra). Así, una vez mezclado, las plantas lo podrán consumir.

—Entiendo. ¿Y entonces los herbívoros se comerán las plantas, absorbiendo el nitrógeno, y los carnívoros se comerán a los herbívoros, para que todos acabemos teniendo nitrógeno?

—¡Correcto! Los animales lo consumirán, para excretar el exceso, o tanto plantas como animales morirán, provocando que por descomposición el nitrógeno acabe de nuevo en la tierra. Una vez devuelto a la tierra, será asimilado por otro vegetal, o devuelto al aire como gas inerte N_2, cerrándose así el ciclo del nitrógeno.

—¿Y cuándo se produce un desequilibrio?

—Éste se da cuando los residuos orgánicos, sean animales o vegetales, acaban como basura en los vertederos; o cuando nuestro excremento y orina son dispuestos en el alcantarillado; pues en tales casos estamos extrayendo nitrógeno orgánico del ciclo. Para compensar, abonamos la tierra con nitrógeno inorgánico obtenido a base de amoníaco producido mediante la unión de nitrógeno atmosférico y hidrógeno obtenido del gas natural. Aparte, cuando no utilizamos adecuadamente el estiércol animal, o saturamos el terreno con abonos inorgánicos, o cultivamos leguminosas[28] como la soja, pero como monocultivo intensivo y sin rotación, estaremos saturando el suelo con nitrógeno. Cuando llueve, mucho de este nitrógeno acaba contaminando nuestros recursos hidrológicos. Como resultado, tendremos que el agua ya no será apta para el consumo, incitando a la aparición de algas, con el consecuente desequilibrio del ecosistema. El problema es tan serio, que en este país los residuos de la agricultura se han convertido en el mayor contaminante de ríos y arroyos.[29]

---

[28] Las leguminosas absorben nitrógeno atmosférico y lo fijan en el suelo.

[29] EPA. "Protecting Water Quality from Agricultural Runoff" Fact Sheet No. EPA-841-F-05-001. March 2005.

✛ mito de la polución del carbono ✛

—¿Cómo puede la agricultura, práctica que durante miles de años ha podido incrementar la fertilidad de la tierra, ser ahora el mayor contaminante del agua de este país? —preguntó Meera.

—La respuesta está en la revolución verde de los años 60s, con su uso de pesticidas, fertilizantes inorgánicos y monocultivos intensivos.

—¿Hay algún otro ciclo que se haya roto? —preguntó la chica.

—Bien, cuando una balanza se desequilibra, las otras también tienden a hacerlo. Por ejemplo, las altas concentraciones de nitrógeno en el agua favorecen el florecimiento de fitoplancton y algas, en detrimento de plantas más complejas, causando una serie de problemas medioambientales. Entre ellos tenemos lo que se conoce como hipoxia o reducción de oxígeno. Así, una vez estos organismos han agotado todos los nutrientes, mueren, y como producto de su posterior descomposición consumen todo el oxígeno disponible en el agua. Sin oxígeno, los peces y crustáceos mueren por ahogamiento. Así, el nitrógeno en el agua ha terminado por desplazar el oxígeno, ahogando a sus habitantes.

—Desequilibrándose el ciclo del oxígeno —comentó Meera.

—Sí. Pero no es sólo el desequilibrio en el ciclo del nitrógeno lo que afecta al del oxígeno. También lo está haciendo el desequilibrio en el ciclo del carbono.

—¿Qué quieres decir? —preguntó la chica.

—El carbono pasa del elemento Aire o Agua a Fuego mediante la fotosíntesis. Mediante dicho fenómeno, las plantas, con ayuda de la luz solar, convierten agua (H_2O) y dióxido de carbono (CO_2) en hidratos de carbono ($C_nH_{2n}O_n$) y oxígeno (O_2)[30]. Como puedes ver, el carbono estaba en el Aire o Agua como CO_2 y ahora está en Fuego ($C_nH_{2n}O_n$). El fenómeno inverso se da en los procesos químicos llamados reacción de reducción-oxidación, o Redox. Un ejemplo sería la respiración celular, mediante la cual el oxígeno y los hidratos de carbono son convertidos en dióxido de carbono (CO_2) y agua[31]. Otro ejemplo de Redox sería el motor de combustión interna, que utiliza hidrocarburos para obtener energía, emitiendo a cambio CO_2, agua, y varios

---

[30] La ecuación de la reacción simplificada es CO2 + H2O + fotones → C6H12O6 + O2.

[31] La ecuación de la reacción simplificada es C6H12O6 + 6 O2 → 6 CO2 + 6 H2O.

contaminantes. Es cuando abusamos de esta segunda reacción de oxidación-reducción que desequilibramos el ciclo.

—¿Cómo lo desequilibramos?

—Primero, con la emisión de contaminantes. Pero también con la emisión de CO_2. Como gas, el CO_2 es necesario, pero en cantidades muy pequeñas. Por ejemplo, únicamente un 0,038% de la atmósfera terrestre estaría constituida por dicho gas, y el carbono aún está menos presente en el agua[32]. Por lo tanto, lo que estamos haciendo es desplazar carbono del elemento Fuego a los elementos Agua y Aire.

—¿Y cuál puede ser el resultado de este desequilibrio? —preguntó Meera.

—Quemar el carbono que se encontraba atrapado de manera muy estable en el elemento Fuego, formando hidrocarburos, implica ir reduciendo la cantidad de oxígeno medioambiental, e incrementando la de CO_2. Ten en cuenta que cada átomo de carbono atrapa dos átomos de oxígeno. Actualmente, casi el trece por ciento del oxígeno atmosférico generado cada año por el reino vegetal es consumido mediante la quema de combustibles fósiles[33]. Encontramos pues que en el aire el carbono está provocando el mismo fenómeno que el nitrógeno en el agua: el de desplazar el oxígeno. Fuego está desplazando a Tierra.

—¿Cuál sería la solución? —preguntó ella.

—Los Gobiernos así como los grandes intereses financieros, con una actitud típicamente reduccionista, están limitando la solución a la imposición de un impuesto sobre el Carbono. Pero recordemos que al exhalar, humanos, animales y plantas también emitimos CO_2. Es el residuo resultante de consumir hidratos de carbono, y que era otro ejemplo de carbono en el elemento Fuego. Por lo tanto, parece que sea la excusa para imponer una tasa sobre la respiración. Personalmente,

---

[32] Únicamente un 0,0028% del agua de mar es carbono.

[33] Se calcula que la fotosíntesis de los vegetales terrestres emitió $16,5 \times 10^{13}$ kg O_2 en el año 1980, según: Walker, J. C. G. (1980) "The oxygen cycle in the natural environment and the biogeochemical cycles" *Springer-Verlag*, Berlin. Se presupone que dicha cantidad permaneció estable. La quema de combustibles fósiles consumió aquel año $1,2 \times 10^{13}$ kg O_2. dato que actualizado según estadísticas de la International Energy Agency, son ahora $2,1 \times 10^{13}$ kg O_2. El dato actualizado fue extraído de los 29,3 mil millones de toneladas de CO_2 que la IEA publica en el *CO2 Emissions from Fuel Combustion 2010* como emisiones del año 2008. Al comparar pesos atómicos, tenemos que un 72% del peso del CO_2 es oxígeno, dando 21,3 mil millones de toneladas de oxígeno, o $2,13 \times 10^{13}$ kg. El resultado de dividir 2,1/16,5 es un 12,72%.

la única solución que veo posible pasa por restablecer el equilibrio de los ciclos.

—¿Cómo?

—Restablecer el ciclo del nitrógeno requiere la práctica de una agricultura ecológica, que deje de empobrecer la tierra y contaminar el medio ambiente. Una tierra más rica y fértil también será capaz de secuestrar mucho más carbono. Restablecer el ciclo del carbono requiere dejar de utilizar combustibles fósiles. Logrando el equilibrio de estos dos, restableceremos el ciclo del oxígeno.

—¿Haciendo esto, se solucionaría el problema? —preguntó de nuevo la chica.

—No, pero sería un buen inicio. Hay muchos otros ciclos que se han roto, a consecuencia de las cerca de cien mil sustancias químicas utilizadas actualmente en los procesos industriales[34]. Por ejemplo, tenemos todo el conjunto de Contaminantes Orgánicos Persistentes (COPs). De todos ellos, hay doce conocidos como "la docena sucia". Muchos de los doce fueron o aún son utilizados como pesticidas, y toda la docena incluye el cloro (Cl) como elemento químico. En su estado original, el cloro se encuentra principalmente como cloruro, formando parte de las sales, la mayor parte diluidas en el océano. Pero ahora lo tenemos incorporado en muchos de estos contaminantes persistentes, y distribuido por todo el medio.

—¿Éste sería otro ciclo que se ha desequilibrado? —comentó en tono de pregunta Meera.

—Sí. Pero no son únicamente los ciclos de los elementos químicos lo que hemos roto. Tenemos también los riesgos asociados a la nanotecnología y a la ingeniería genética. Estas dos tecnologías pueden provocar una contaminación masiva de nuestros alimentos, y su potencial efecto catastrófico es aún más imprevisible que el de los cien mil componentes químicos mencionados. Imponer una tasa sobre las emisiones de CO_2 no solucionará ninguno de estos otros peligros, sino que desviará la atención, haciéndonos creer que se está haciendo algo al respecto.

---

[34] Eran 70.000 a inicios de los 90s según Pullen, S. and Hurst, P. "Marine pollution prevention. WWF background report". Gland, Switzerland, World Wide Fund for Nature, Jul. 1993. p. 3—7. El número de las mismas se incrementa al ritmo de unas mil nuevas sustancias al año, según el World Resources Institute (WRI). World resources 1987. Washington, D.C., WRI,1987, incremento que presumiblemente sea exponencial. Por ello, en el momento en el que tiene lugar la narración (1999), el número se estima en 80.000.

···✛···

Pronunciadas estas últimas palabras, se hizo un largo silencio. Los tres eran conscientes de la gravedad del problema. La abuela fue la primera en romper la quietud del momento, para decir:

—Cuando el ser humano se aleja de la Naturaleza, su corazón se endurece.

Esta frase fue pronunciada en un inglés roto, como si hubiera comprendido todo lo que acababa de decirse.

—¿Cómo podemos reencontrar el equilibrio? —preguntó David en tono de preocupación.

—La abuela dice que tú perteneces al clan del pájaro del trueno, aquél que habita en el Occidente, y que tiene como elemento el Fuego. La función de los tuyos es ser visionarios, para así tejer el futuro. Pero puntualiza que debe ser un futuro consensuado con los otros tres clanes, y con las naciones de los minerales, vegetales y animales. Nosotros los Lakota somos la mezcla entre el clan de la tortuga y el clan de la mariposa, entre los elementos Tierra y Aire, entre el oxígeno y el nitrógeno —añadió Meera con una sonrisa de camaradería—. Nuestra función es nutrir, y lo hacemos sanando y dando sabiduría. Finalmente tenemos el clan de la rana, perteneciente al elemento Agua. Ellos deben no dejarse intimidar por quienes les quieren provocar, para así ayudar a que prevalezca la paz y hacer honor al nombre que les identifica[35].

—¿Cómo puedo lograr que los diferentes clanes escuchen tus palabras de sabiduría? —preguntó el joven.

—La abuela dice que tú eres un *heyoka*, es decir, aquél que va a la contra. Tu función es comportarte de manera opuesta a las convicciones establecidas, para así incitar al despertar de la sociedad. Como *heyoka*, eres la contraparte humana de los *Seres del Trueno*, también llamados Gente de las Estrellas, Primeros Ancianos, o Seres Altos[36]. Ellos poseen el poder de disolver el orden imperante, para con sus piezas crear una nueva combinación. Pero para saber cuál será este nuevo orden, necesitas tener una visión. Sin visión, no sabrás hacia qué dirección debes dirigir tus esfuerzos. La abuela dice que la visión que buscas se te dará durante el rito del *hanbleceya*.

—¿Hanbleceya?

---

[35] La palabra Islam tiene sus raíces en *Salama* y que significa «paz».

[36] En inglés corresponderían respectivamente a *Thunder Beings*, *Star People*, *Elders* o *Tall Ones*.

—Significa «implorar una visión»[37], y es uno de nuestros siete ritos sagrados[38], traídos al pueblo Lakota por la Mujer del Ternero de Búfalo Blanco. La abuela también me comenta que todavía no te ve maduro para participar en esa visión. Me pregunta cuántos años tienes.

—Apenas acabo de cumplir veintiocho —respondió el joven. Meera informó a la abuela de la edad de David, para entonces decir:

—Ella dice que necesitas esperar tantos años como lunas haya en un año.

—Eso son trece años, lo cual apunta al 2012.

—Sí. Dice que tanto tú como la sociedad necesitáis estar listos para esta visión. Que tener la visión antes de tiempo no ayudará, pues no sabrás qué hacer con ella, ni cómo interpretarla. Dice que es una visión en la que tú participarás, y por lo tanto necesitas alcanzar el nivel de madurez espiritual para poder acceder a un lugar donde un diálogo muy especial tendrá lugar.

—¿Dónde está ese lugar? —preguntó David.

—El mundo en que vivimos es tan sólo una sombra del mundo real. Este sitio está en el mundo real, y para acceder a él tienes que viajar más allá del mundo de los sueños, más allá de la Luna —tradujo la chica, tras escuchar la respuesta dada por la matriarca.

David se quedó pensativo. «Más allá del mundo de los sueños» pensaba. «Más allá de la Luna. ¿A qué lugar se debe de referir?»

Traducidas las palabras, la abuela sacó una pipa sagrada de la bolsa de tela que llevaba colgando del hombro, y se la ofreció a David. Él se quedó sin saber cómo reaccionar.

—En nuestro idioma, la llamamos *chanupa*. Vosotros la conocéis como *calumet* o pipa sagrada —comentó Meera.

David la tomó con ambas manos, con mucho cuidado y respeto, para a continuación bajar la cabeza en signo de apreciación.

—Siempre debes mantener la cazoleta con un poco de salvia, para que nada entre, tanto física como espiritualmente. La pipa es una representación de ti mismo. Su tubo está vacío para así permitir que por él circule el aliento del Creador. Al fumarla de manera ritual, estarás

---

[37] *Hanble* "visión, sueño" + *ceya* "implorar".

[38] Los otros seis son: *wanagi wicagluha* «el ritual de guardar el espíritu», *wiwanyang wacipi* «la danza mirando al Sol», *inikagapi* «la cabaña de sudar»; *isnati awicalowanpi* «ceremonia de la pubertad femenina», *hunka* «el relacionarse» y *tapa wankaiyeya* «el juego sagrado de la pelota». Información extraída de: Marla N. Powers, *Oglala Women, Myth, Ritual, and Reality* Chicago: University of Chicago Press, 1986.

enviando tus plegarias a Wakan Tanka, el Gran Misterio, para que sean escuchadas. Dice la abuela que durante estos trece años tendrás que rezar a diario, rezar no sólo por tu bienestar, sino por el de todas las naciones. Dice que tendrás que trabajar duro, por el bien común de todos, y sin apego a los frutos, para transcurridos trece años volver. Me comenta que ella ya no estará aquí, entre nosotros, pero sí estará John, quien se habrá convertido en nuestro jefe. Cuando vuelvas, es necesario que le lleves la pipa, la ofrezcas primero a las cuatro direcciones, después al Padre Cielo, luego a la Madre Tierra, y a continuación a él. Si durante estos años has cumplido con lo que ella te pide, John lo sabrá, pues lo podrá leer en tu corazón. De ser así, a la cuarta vez que le ofrezcas la pipa, él la aceptará. Si la acepta, quiere decir que está accediendo a responsabilizarse de tu búsqueda de una visión, y que está dispuesto a llevarte al lugar descrito por la abuela.[39]

ᐯ A la búsqueda de una visión

DURANTE AQUELLOS TRECE años muchas cosas cambiaron, tanto colectivamente como en la vida de David. Tal como su antiguo compañero de beca había profetizado, nuestro protagonista pasó un tiempo en las comunidades alternativas de Nuevo México, y también escribió artículos para revistas espirituales. Pero aparte de eso, hizo muchas otras cosas. Viajó al extranjero; aprendió idiomas; trabajó en diversos oficios; se enamoró, e incluso tuvo una hija. A veces se quedó sin dinero, aunque ello nunca le preocupó en exceso, pues sabía que el Universo, el Gran Misterio, siempre acudiría en su ayuda. El único elemento constante en su vida durante todo ese tiempo fue el pequeño ritual de las mañanas. Lo iniciaba ofreciendo la pipa a las cuatro direcciones, después al Padre Cielo, a la Madre Tierra, y finalmente se sentaba de piernas cruzadas en dirección Este, colocando la pipa sobre sus palmas, para ponerse a meditar.

Después de repetir la rutina no cientos sino miles de veces, ahora se encontraba ejecutándola de nuevo con John como testigo. La única variante era que en vez de sentarse y meditar con la pipa, ahora la ofrecía a aquél que en una vida anterior fue su padre. Esto sucedía la tarde del solsticio de verano del año 2012, seis meses antes de la famosa fecha de la que todo el mundo hablaba. A la cuarta vez que la pipa le fue ofrecida, él la aceptó. Inmediatamente después, los dos

---

[39] El protocolo del *vision quest* está inspirado en los escritos de William Walk Sacred.

hombres se abrazaron profusamente, mientras John le susurraba al oído:

—Te he estado esperando todo este tiempo, hijo mío.

Al día siguiente se celebró el rito del *inipi*, pero en esta ocasión sólo John y David estaban presentes, el maestro y el aspirante. El mismo chico del pasado, ahora convertido en hombre, cuidaba del fuego, pero a diferencia de la vez anterior, John se había ubicado al Este, junto a la puerta, mientras que David ocupaba la posición opuesta, en el Oeste.

Una vez terminada la ceremonia del *inipi*, ninguno de los dos intercambió palabra. En silencio, para así no romper el profundo sentimiento de paz alcanzado en el interior del vientre de la madre, los dos hombres y su ayudante partieron hacia el lugar donde se desarrollaría la búsqueda de una visión. Por el camino, pararon para visitar a la hermana y al cuñado de John. Después de conducir unas tres horas, llegaron al pie de la montaña sagrada de *Inyan Kara*. Primero se dirigieron a una granja, cuyo terreno necesitaban cruzar para acceder al antiguo volcán. John había contactado con el propietario de antemano, y ahora simplemente le comunicaban que habían llegado. Una vez informado el granjero, continuaron conduciendo unos metros más, para aparcar justo en la falda de la montaña. El hombre que les acompañaba se quedó en el coche, mientras nuestros dos protagonistas iniciaban el ascenso. Una vez alcanzada la cresta, se adentraron por el que debía de ser el antiguo cráter, con un cerro más alto en su parte central.

Allí, escondido entre la vegetación, en la parte baja del cráter, David quedaría a resguardo de los elementos. También quedaría lejos de la curiosidad de los pocos que estuvieran dispuestos a aventurarse por un lugar tan inhóspito. Entonces, John le pidió que se quitara la ropa, mientras le ofrecía una manta como única vestimenta. Siguiendo el protocolo, también clavó cuatro banderas ceremoniales, una para cada dirección. Plantadas las banderas, pidió a David que se sentara en el punto central. Una vez allí, preparó un pequeño altar a base de una pluma de águila, una concha, una rama de cerezo de Virginia y una franela roja. Dispuesto el altar, le dijo que sostuviera siempre la pipa, que sólo saliera del espacio sagrado para hacer sus necesidades, y que durante los próximos cuatro días no dejara de orar.

—Al cuarto día te vendré a buscar. Pero no temas, pues siempre estaré contigo. Desde la reserva, pasaré las próximas cuatro noches orando por ti. Así te acompañaré en tu viaje, como hace la urraca cuando acompaña al búfalo, sentada sobre su espalda.

John hizo una pausa, buscando con aquel corto silencio la seguridad de que David iba a comprender la seriedad de lo que estaba a punto de pronunciar.

—Lo que aquí viniste a hacer no sólo es importante para ti, sino para el futuro de todos nosotros. Primero necesitarás restablecer el diálogo desde ese lugar ubicado más allá del mundo de los sueños, lugar que habitan nuestros pensamientos. Una vez iniciado allí, la llama del diálogo podrá descender primero al mundo de los sueños, y después a esta otra realidad, llamada mundo material. Es un diálogo que debe ser iniciado por uno de tu clan. Ello es necesario por dos razones. La primera, porque vosotros lo rompisteis. La segunda, porque como visionarios, como elemento Fuego, como dirección Occidental, sois los únicos que pueden llamar a los *Seres del Trueno*. Ellos ya hace tiempo que nos observan, pero no intervendrán mientras no vean cómo aquéllos que rompieron la concordia han alcanzado la madurez espiritual como para restablecerla. ¿Lo comprendes?

—Sí.

—Una vez creado el espacio de encuentro, deberás invitar a representantes de los otros clanes —siguió explicando John—. Recuerda que al inicio seréis cuatro, incluyéndote a ti. Pero si vuestras palabras son sabias, haréis que se os unan más. Así hasta alcanzar dieciséis, como las dieciséis rocas del círculo exterior en la rueda medicinal, como las dieciséis ramas de sauce con las que construimos el *inipi*, y finalmente como las dieciséis personalidades que adopta el Creador[40]. Alcanzado dicho número, y sólo si vuestras palabras provienen realmente del corazón, os visitará aquélla que es *Wakan* (Sagrada).

—¿Quién es ella? —preguntó nuestro protagonista.

—Ella es la que suma diecisiete y ocupará la posición central en la *rueda medicinal*. Es la hija del firmamento. Es una estrella fugaz que nos trae esperanza, una estrella que ya estuvo entre nosotros hace mucho tiempo, pero que esta vez regresa para toda la humanidad. Volverá para enseñarnos a vivir en paz, a respetarnos entre nosotros, y a respetar todas las naciones. Volverá para ayudarnos a entrar en una nueva Era. Será una Era de armonía, tras el largo invierno del

---

[40] «El chamán se dirige a Wakan Tanka llamándolo por el nombre de Tobtob Kin. Ello forma parte del lenguaje secreto del chamán.... Tobtob Kin es cuatro veces cuatro dioses (...) Wakan Tanka adopta así dieciséis personalidades distintas, pero cada una de ellas es kan.» Fuente: J. R. Walker. *The Sun Dance and Other Ceremonies of the Oglala Division of the Teton Dakota.* 1917

materialismo, y de la confusión con que está terminando. Nosotros la conocemos como la *Mujer del Ternero de Búfalo Blanco*. Otros la recuerdan bajo distintos nombres, como por ejemplo la *Abuela Araña*, o la *Portadora de Agua*. Desde hace ya mucho tiempo, mucho antes de que tú nacieras, fuiste escogido para ser quien iniciara el diálogo y preparara el terreno para su regreso.

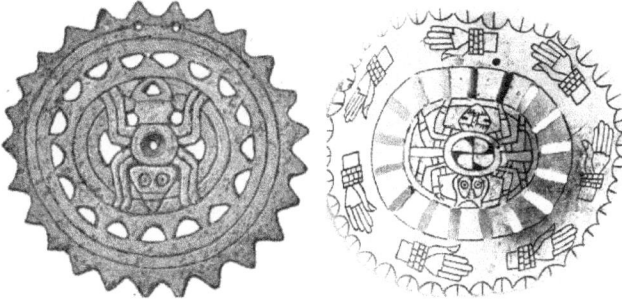

41

Dichas las palabras, John le dejó solo, listo para iniciar uno de los siete ritos sagrados llevados al pueblo Lakota por la *Mujer del Ternero de Búfalo Blanco*. El astro padre empezaba a ponerse, y la temperatura a descender. David se cubrió el cuerpo con la manta, se sentó con las piernas cruzadas y empezó a musitar *Maka Ina, Maka Ina*, y que quiere decir Madre Tierra, Madre Tierra.

❧ La primera noche

PASADAS UNAS HORAS, cayó finalmente dormido sobre el suelo desnudo, con la manta como única protección, y una roca como almohada. Acostumbrado a dormir sobre colchón, la incomodidad de aquella superficie dura le despertó a las pocas horas. Serían las dos de la madrugada cuando salió del área protegida, para hacer sus necesidades. Hechas éstas, se sentó de nuevo entre las cuatro banderas, con los pies cruzados, y dispuesto a reanudar su plegaria y

---

41 La primera imagen fue extraída de Thruston, Gates P. *The Antiquities of Tennessee*. Cincinnati: The Robert Clarke Company, 1897. pg 135. y pertenece a la mitología Cherokee. La segunda se hallaba en un gorjal procedente de la región del Río Misisipí y pertenece al año 1000 d.C. En ambas se observa a la Abuela Araña rodeada de un circulo compuesto por diecisiete orificios o rayas.

meditación. Dos horas más tarde, la espalda le dolía tanto que decidió volverse a estirar, pero sin dormir. Sólo quería relajar la musculatura.

Veinte minutos después, justo cuando se encontraba en ese estado de transición entre vigilia y sueño, le inundó una agradable sensación de ligereza. Con ella, notó cómo su cuerpo se elevaba, para verse en suspensión, un metro por encima de su cuerpo físico. Al mirar hacia la izquierda, vio a John, también en suspensión, que le tendía la mano para que la tomara. Sosteniendo su mano, le siguió, para ir al lugar más oscuro jamás visitado. Era tan oscuro, que de poder ubicarlo en el espacio, sólo podría haber existido en el interior de la corteza terrestre. John le dejó allí, y desapareció, quedándose él solo en aquel lugar absolutamente negro y tenebroso.

Nuestro protagonista no era el único inquilino del paraje, sino que toda una serie de sombras espectrales empezaron a aparecer por todas partes, para rodearle. Eran muy agresivas, y hacían como si quisieran morderle. Se movían muy deprisa, cubriéndole y rodeándole, atraídas por su presencia, como si él fuera el único punto de luz en aquel tétrico espacio y las sombras espectrales fueran mariposas nocturnas. Sin embargo, David no tuvo miedo. Él sabía por experiencia que la mejor manera de no ser atacado era no mostrando miedo. «El miedo nos hace vulnerables» recordó. Y también sabía que si John le había llevado hasta aquel lugar era para ponerle a prueba. Así que se quedó inmóvil, sin intentar quitarse las sombras de encima. Al dejarse ir sin temor, empezó a inundarle un profundo sentimiento de compasión. Era compasión por aquellas almas en pena, que habían caído tan bajo como para tener que vivir en un lugar así de tenebroso. Fue esa misma compasión la que le sacó de allí.

Unos instantes después se encontró en otro paraje. Era gris, muy gris. Como una noche de luna llena. Él estaba sobre un puente alzado sobre un río sin agua. El lugar tenía un cierto aire decadente, como una ciudad decrépita cayendo a piezas. Nada de lo que da aroma y color a la vida estaba presente. Luz, vegetación, colores y fragancias, todos estaban ausentes. Entonces David empezó a gritar: «Por favor, que se haga la luz» pero el grito fue en vano. Mientras gritaba, observó en la distancia a una serie de gentes que caminaban sin dirección, sin rumbo. Sus lamentos pidiendo luz no les hicieron reaccionar. Estaban como ausentes, como si no tuvieran voluntad y vivieran con la conciencia limitada. Parecían zombis. Se acercó a uno de ellos, para iniciar una conversación, pero las respuestas obtenidas eran monosilábicas y desprovistas de emoción. Al mirarle a la cara, se encontró con un rostro desfigurado, y definitivamente no agradable a la vista.

—¿Quién eres? —preguntó David

—Yo, ¿quién soy? No sé... —respondió el otro.

Deseoso de abandonar aquel lugar, decidió atravesar uno de los muros decrépitos. Al otro lado, allí donde parecía proyectarse otra región astral, se encontró en una cámara vacía. Mientras la sobrevolaba en su posición habitual, horizontal y con los dos brazos extendidos delante, tuvo deseos de aterrizar. Como si el mero deseo se hubiera transformado en acción, se vio adoptando la posición vertical, con las rodillas flexionadas, y listo para el descenso. Cuando la inercia del vuelo cesó, estiró las piernas para golpear el suelo con los talones. Al hacerlo, una sensación de cosquilleo le invadió. Era la misma sensación que tenía cuando, después de meditar con los pies cruzados un buen rato, una pierna se dormía y decidía golpearla para despertarla. Así de fácil y a voluntad, había hecho que aquel espacio, hasta hacía poco inmaterial, ahora fuera percibido como sólido. La contrapartida de su aterrizaje fue que ahora ni podía volar, ni atravesar muros.

Empezó a caminar, en dirección a la única puerta de la estancia. Al acercarse a ella, pudo escuchar el murmullo de mil voces. Al abrirla, se encontró con un grupo de personas como él que charlaban. Todos parecían hablar a la vez. El habitáculo no tenía ventanas, sino sólo dos puertas, una por la que él había accedido, y una segunda al otro extremo. Cruzó la segunda puerta, y de nuevo se encontró en otra habitación, con más gente de tertulia. Algunos fumaban, otros bebían, otros estaban ocupados en una especie de orgía sexual. Esta vez decidió no hablar con nadie. Tampoco creía que tuvieran muchas cosas interesantes que decir. «Las cámaras de la palabrería» las bautizó. El lugar le resultaba familiar, pues alguna vez él ya había visitado estancias similares durante alguno de sus sueños húmedos.

«Bien, no soy perfecto, ni espero que los demás lo sean» reflexionó.

Consciente de que las puertas de dichas cámaras no llevaban más allá que a otra estancia del mismo estilo, algunas con gente, otras vacías, David decidió volver a arrancar el vuelo y salir por el techo. Al efectuar el salto, su cuerpo se despertó, forzándolo a regresar de inmediato.

Tenía claro que en ninguno de los tres reinos visitados tendría lugar el encuentro entre los cuatro clanes. De hecho, si queríamos lograr la tan deseada paz y armonía, almas como las que acababa de ver, especialmente las de los primeros dos reinos, necesitaban quedarse allí, sin reencarnarse, y por una buena temporada.

—Wakan Tanka, Gran Misterio, nosotros podemos esforzarnos para mejorar, para así iniciar la tan prometida Nueva Era, ¡pero alcanzarla también depende del nivel de conciencia de las almas que nos envíes! —exclamó David, mientras imploraba al cielo.

El Sol comenzaba a despuntar por el Este, y como si Wakan Tanka le hubiera escuchado, un águila se puso a describir círculos, volando justo por encima de su cabeza. David extendió los brazos, sabiendo que la oración había sido recibida. Wambli Gleska, el mensajero de Wakan Tanka, había hecho acto de presencia.

✣ leyenda sobre las tierras baldías ✣[42]

El águila le recordó la leyenda relatada por el cuñado de John el día anterior. Originario del estado de Minnesota, su nombre era Águila Cansada. El matrimonio vivía en la pequeña población de Red Shirt, a medio camino entre Pine Ridge y la montaña sagrada. La población no debía de tener más de una veintena de casas, algunas de ellas móviles. El Sol del mediodía ahogaba el entorno, pero aún así, fue agradable poder parar para descansar y escuchar la fascinante leyenda. Era una historia que narraba el origen de las Badlands o tierras baldías que se extendían al Este de aquella población, hasta donde alcanzaba la vista.

—Hace muchos inviernos, los humanos ofendieron a Unktehi, el espíritu del agua y la madre de todos los seres malos —había relatado Águila Cansada—. A consecuencia de ello, Unktehi nos declaró la guerra, haciendo que el nivel de los ríos creciera hasta desbordarse e inundarlo todo. Todo el mundo fue a resguardarse a la cima de las montañas. Sin embargo, incluso allí no estuvieron seguros, y las aguas se los llevaron, volviéndose rojas con su sangre. Entonces Wambli Gleska, la Gran Águila Dorada, se apiadó de los humanos y decidió actuar. Como sólo era una, y muchos los que allí morían, tomó la decisión de salvar al menos a una mujer que corría en solitario. Cayó en picado sobre ella, agarrándola con cuidado, para alzarla y llevársela a su refugio.

Mientras así relataba, imitaba con la mano el vuelo de un pájaro depredador cayendo en picado.

—Al principio, la mujer estuvo muy triste, por haber perdido a sus semejantes —continuó narrando—. Pero con el tiempo acabó por aceptarlo, y por enamorarse de Wambli Gleska. Tuvieron hijos, quienes

---

[42] Inspirada del libro de Jessica Dawn Palmer. *The Dakota peoples: a history of the Dakota, Lakota and Nakota through 1863.* McFarland. 2011 Pg 39.

crecieron fuertes y sanos, y Wakan Tanka quedó muy satisfecho de ver que no todos los humanos habían perecido. Enfadado con Unktehi por lo que había hecho, Wakan Tanka decidió transformarla en piedra. Ahora sus huesos forman las tierras yermas que se extienden al Este. Su espalda constituye la cresta de las montañas, y sus vértebras aún son reconocibles en las rocas rojas y amarillas. Nosotros somos los descendientes de la unión entre Wambli Gleska y la última mujer. Somos hijos del águila —acabó por relatar el hombre.

····+····

«Wambli Gleska, espero que si corro peligro, a mi también me salves» pensó David, una vez recordado el relato.

Quienes no opinaron igual fueron una bandada de urracas que anidaba no muy lejos de allí. Al ver al águila, una de ellas ejecutó el graznido de peligro, y las cuatro parejas empezaron a alborotarse. Como tenían que proteger a los pequeños, los machos salieron disparados para acosar al águila, la cual decidió que no valía la pena habérselas con cuatro urracas histéricas, especialmente un día en el que ya volaba con el estómago lleno. David observó la escena, muy impresionado, pensando lo valientes que eran aquellas urracas. Fue entonces cuando comprendió el verdadero significado de *Cangleska*, palabra que John mencionaba a menudo y que había visto traducida como unión, círculo o anillo.

«Decididamente, la unión hace la fuerza», se dijo a sí mismo.

La segunda noche

AQUELLA SEGUNDA NOCHE David pudo descansar mejor, como si su cuerpo se hubiera empezado a acostumbrar a dormir sobre una superficie dura. Sin embargo, se despertó antes del alba, y como la noche anterior, se puso a meditar. Una hora después, con la espalda ya dolorida, volvió a estirarse. Y tal como le había sucedido la noche anterior, a los pocos minutos sintió una sensación de ligereza que le hizo arrancar el vuelo. Una vez fuera de su cuerpo, se encontró en un espacio oscuro como la noche que aún le rodeaba, y desde el que podía escuchar las voces de los espíritus desencarnados deambulando por los alrededores. Haciendo caso omiso a las voces, notó cómo delante de él se extendía un muro luminoso, de un color verdoso con tonalidades marrón. El muro invitaba a ser cruzado, por lo que enfiló el vuelo hacia él.

Al otro lado se vio sobrevolando un paisaje que le dejó boquiabierto. Era una majestuosa ciudad de rascacielos, todos ellos de estructura rectangular y del mismo color grisáceo, pero de tamaños muy diversos. De su interior, por los cientos de ventanales, se emitía una luz rojiza. Era la única luz que iluminaba aquel espacio, pues como los anteriores, constituía un reino sin el astro Sol, sin naturaleza, sin fragancias ni colores. En definitiva, sin todas esas cosas que nos hacen la vida agradable y llevadera.

Su vuelo por aquella ciudad de aire tenebroso no era horizontal, sino que lo hacía como quien mantiene una tabla de surf bajo sus pies, y hace zigzags en el espacio. O mejor dicho, como quien tiene una escoba mágica bajo las nalgas, o va montado sobre una alfombra voladora.

«Ahora comprendo de dónde viene eso de las escobas de las brujas, o las alfombras de las Mil y Una Noches» pensó.

Contemplando de nuevo la escena, y tratando de imaginarse quién debía de vivir en el interior de aquellos edificios, el siguiente pensamiento le vino a la mente:

«Será allí donde habitan los hijos de la codicia, aquéllos que nunca tienen suficiente y sólo quieren acumular. Después de trabajar en vida durante largas jornadas en los entornos asépticos de las oficinas, no pueden evitar seguir haciendo lo mismo hasta que el estrés les mata de un ataque al corazón».

Se acercó para confirmarlo, pero cuando atravesó el muro exterior de uno de los rascacielos para visitar su interior, se encontró en lo que decididamente era otro reino astral. Su nivel de frecuencia en la escala vibratoria parecía ser mayor, y de todas las escenas sobrevoladas, era definitivamente la más parecida al plano terrestre. Había vegetación, jardines, casas suburbiales, un lago con barcas amarradas, calles con coches aparcados y otros circulando.

Se dirigió a una de las casas. En ella observó a tres chicos que jugaban a la pelota, una madre que les llamaba para entrar a comer, y vecinos en el jardín de al lado. Era, en definitiva, la escena cotidiana de una familia de clase media. A juzgar por el modelo de los coches y por el vestuario de los que allí habitaban, parecían los años 70s. Era tan real, pero a la vez tan surrealista, que resultaba difícil de creer. Era como si estuviera viendo una película de la década que le había visto nacer.

De repente, sintió el intenso deseo de comunicarse con los chicos, y como si nada mediara entre el deseo y la acción, se vio a sí mismo pronunciando las siguientes palabras:

—Sabéis que estáis muertos.

Lo siguiente que recuerda fue el rostro de sorpresa de los pequeños, y él llamado a regresar a su cuerpo.

«¡Qué tonto que soy!» pensó. «¿Qué significa estar muerto? Quizá hubiera sido mejor decir: "Sabéis que estáis habitando el plano astral". Sin embargo, resulta evidente que aquellos chicos percibían su entorno como sólido. Sólo yo, como visitante, lo percibía inmaterial. Pero no se ha demostrado que la materia es pura vibración. Otros vienen aquí, nos visitan, y perciben este espacio físico como intangible. Ellos no vienen a mí para decirme: "Sabes que estás muerto". De hecho, nosotros creemos que ellos son los muertos. Consecuentemente, no me sorprendería que esos tres chicos hubieran ido a su madre, llorando, para decirle que los había visitado el espíritu de un muerto».

A raíz de aquella experiencia, David aprendió que, para no ser llamado de regreso, necesitaba no interferir. También confirmó que, en el plano astral, las acciones se realizaban con el simple acto de desearlas, como si nada mediara entre el deseo y la acción.

«Por eso los deben llamar los planos del deseo» razonó. «Pues en el momento en que deseamos algo, esto se transforma en realidad.»

Pero todavía era de noche, y quería seguir viajando, así que se estiró de nuevo y a los pocos minutos se vio fuera de su cuerpo, en ese espacio oscuro intermedio. Poco a poco, la oscuridad que le rodeaba dio lugar al más cautivador de los paisajes. Bajo sus pies se extendían unas llanuras pintadas con los colores más vivos jamás vistos. Verdes de una intensidad radiante y llena de vida; un cielo azul y brillante; marrones, rojos y amarillos que invitaban a suspirar.

Al fijar la mirada en un punto concreto, el paisaje parecía transformarse. Nuevas montañas aparecían y ríos las cruzaban. Por las amplias praderas, justo debajo suyo, observó una gran manada de búfalos corriendo al unísono. Corrían en estampida, ahora en una dirección, ahora en la otra, como si toda la manada fuera un único animal. También observó hombres a caballo, persiguiéndolos para cazarlos con flechas, hombres a los que reconoció como cazadores sioux.

«Me alegra ver que al menos aquí pueden continuar practicando su estilo tradicional de vida» pensó.

El madrigal de urracas le hizo regresar. Como cada mañana, con el despuntar del alba, las urracas ejecutaban sus cantos territoriales.

«Éste es nuestro territorio. Manténganse alejados», parecían querer decir.

Era como si David pudiera comprender lo que estaban anunciando. Pero más que las urracas, eran los ruiditos de hambre de su estómago lo que no le dejaba en paz. Todo apuntaba a un segundo día más difícil de soportar. Incluso consideró la opción de ir a la granja cercana para pedir a su propietario algo de comer. Pero entonces se imaginó el rostro de decepción de John.

—No seré digno de la responsabilidad encomendada si al segundo día ya me doy por vencido —se dijo a sí mismo, en voz alta.

Por la tarde, la sensación de hambre se había hecho más llevadera, como si su cuerpo también se estuviera acostumbrando a la falta de alimento. Sin embargo, una profunda sed aún le invadía. Por suerte, y con conocimiento de causa, John había escogido un lugar a la sombra de una roca, de modo que a pesar de ser el día bastante caluroso, no corría peligro de deshidratación. También le había dejado una cantimplora de agua por si creía necesitarla.

«De hambre no morirás, pero si tienes sed, no dudes en beber, pues el intenso Sol de finales de junio puede deshidratarte en cuestión de horas», había dicho el hombre.

Por la noche, cuando se disponía a dormir, la Luna apenas se escondía, lo que le hizo pensar:

«Quizá hoy viaje aún más cerca de ella...»

Al poco, quedó dormido.

La tercera noche

SERÍA PASADA LA una de la madrugada cuando se despertó de nuevo. Al abrir los ojos, lo primero que vio fue Vega, quien desde la constelación de la Lyra le saludaba. Vega parecía danzar sobre su cabeza tal había hecho Wambli Gleska, el águila enviada por Wakan Tanka, la mañana del primer día.

«Esta otra águila no creo que sea acosada por las urracas» pensó en tono divertido[43].

Unas horas más tarde descubriría que a aquellas urracas era mejor no subestimarlas. Sin embargo, ellas ahora dormían, mientras que Vega iluminaba el cosmos desde el cenit de aquel antiguo volcán. Unos minutos más tarde, le inundó la misma sensación de ligereza con que cada noche había arrancado el vuelo. Ya en suspensión, pero aún en el

---

43 A Vega, en muchas culturas, se la identifica con un águila.

cráter del volcán, y por lo tanto rodeado por la oscuridad de una noche sin luna, tuvo que esperar unos instantes más antes de poderse poner en movimiento. Como siempre, era durante el instante de transición que escuchaba las voces de los espíritus que por allí deambulaban, aunque en esta ocasión tampoco les hizo mucho caso.

Como en un cine cuando se inicia la proyección, la oscuridad de la noche dio lugar a una cordillera de montañas majestuosas, con los picos todos nevados, y las voces se acallaron. Al pie de la cordillera se alzaba una ciudad cautivadora, como no la había visto jamás. Era una ciudad construida desafiando todas las leyes de la gravedad. Parecía extraída de un cuento de hadas. De detrás de los edificios sobresalía un gran salto de agua que desembocaba en un cristalino lago. Muchas de las casas estaban construidas a orillas del lago. Otras se alzaban junto a los acantilados, o a media caída, aprovechando cualquier pequeña superficie horizontal que pudiera servirles de cimiento. La masonería era excelente. Las bóvedas, los arcos y los contrafuertes aportaban un aire gótico al conjunto. Las formas orgánicas, un estilo modernista. Y las cúpulas conferían cierta semejanza con la arquitectura bizantina.

«Parece que los habitantes de este paraje se han entretenido creando belleza y armonía» pensó. «¡Qué lugar tan agradable para vivir!»

Se dirigió a la repisa de uno de los tejados, de la que sobresalía un dragón tallado en piedra, formando parte del alero. Fijó su atención en aquella figura, y observó como a voluntad la podía modificar.

«Ahora comprendo cómo han llegado a construir todo esto» dedujo. «En esta otra realidad que me rodea, parece mucho más fácil materializar nuestros deseos en objetos tangibles».

Decidió devolver el alero a su fisonomía original, no fuera que se enfadaran con él por alterar la armonía de aquella arquitectura tan cuidada. Seguidamente sobrevoló sus calles, mientras veía a gente ocupada en todo tipo de oficios y artes. *La ciudad de los artistas*», la bautizó. Unos pintaban, otros esculpían, no con pincel o escarpia, sino con el simple acto de proyectar sus ideas creativas directamente sobre el lienzo o el bloque de piedra. Otros practicaban todo tipo de artesanías, o tocaban instrumentos musicales por las calles. Un grupo de ellos estaban erigiendo un nuevo edificio, entre los que observó un acalorado debate sobre si la cúpula debía ser levantada con un estilo bizantino, gótico o modernista.

«No creo que les guste una cúpula geodésica» se dijo a sí mismo en tono pícaro.

No. La geodésica formaba parte del estilo arquitectónico que encontraría al otro lado de la cordillera, en un lugar que decididamente constituía un reino diferente. Era una zona muy árida, casi desértica. Dispersas sobre el terreno había lo que debían ser viviendas, de una sola planta y no muy grandes. Todas disponían de un invernadero adyacente, muchas veces construido como geodésica, donde cultivaban vegetales comestibles. Los edificios le recordaron a las llamadas naves terrestres o *earthships*[44] que había visitado en el condado de Taos, cuando vivía en Nuevo México. Sin embargo, las casas que ahora veía no parecían estar hechas con tanto hormigón, sino que se habían construido a base de montar piezas fabricadas a partir de polímeros naturales extraídos de fibras vegetales, así como materiales de la tierra como el adobe, la piedra o las balas de paja.

Las viviendas estaban aisladas, sin vías de acceso, cables de electricidad, teléfono, u otra infraestructura para interconectarlas. De hecho, parecían ser completamente autosuficientes en todos los sentidos, con paneles solares para generar electricidad, generadores atmosféricos de agua, sistemas de compostaje que también producían biogás, cocinas solares, y una arquitectura solar pasiva muy bien estudiada. Aparcado al lado de cada vivienda, había un vehículo de transporte. Eran vehículos sin ruedas, que parecían levitar utilizando un sistema de antigravedad.

«Aquí deben vivir los que no habiendo nacido todavía, ponen en práctica las soluciones tecnológicas del futuro» dedujo. «Y también van los que en sueños les visitan» escuchó en su mente, como si alguien hubiera insertado un pensamiento en su cabeza.

Sobrevoló la zona, y luego lo hizo por encima de un océano de olas que se alzaban como monumentos de agua vestidos con tonalidades esmeralda. Su espuma creaba preciosas formaciones, como si las olas estuvieran vivas. Desde sus crestas saltaban los delfines, para saludarle. También acudió una bandada de pájaros, para recibirle. Tenía la sensación de estar acercándose a un lugar muy especial. Alcanzada la costa, observó un gran acantilado, tan alto que tuvo que iniciar un ascenso vertical. Serpenteante por el acantilado caía una catarata. Decidió seguirla, hasta cruzar las nubes, alcanzando una zona soleada sobre la que se extendía una meseta. Era una formación similar a un *tepuy* de la Gran Sabana Venezolana, al Noreste del continente sudamericano. En el centro de la meseta había un lago que alimentaba la catarata, rodeado de un bosque selvático. En la orilla del

---

[44] *Earthships* es un concepto creado por el arquitecto visionario Mike Reynolds.

lago observó a personas, distribuidas en pequeños grupos de cinco. Una de ellas parecía ser el maestro, mientras que las otras escuchaban. No vio construcción alguna, ni nada que alterara el medio. No había caminos, ni edificios, u otra cosa que indicara presencia humana, evidenciando que los presentes se habían asegurado de dejarlo todo tal como lo habían encontrado, o tal como los maestros lo habían proyectado.

«¡Aquí debe de ser!» se dijo, y entonces despertó.

Fue con este pensamiento que se encontró de nuevo en su cuerpo, en el interior del cráter del antiguo volcán. Vega aún lucía justo sobre su cabeza, lo que le llevó a deducir que no debían haber pasado muchos minutos desde el inicio de aquella travesía astral. En su mente aún tenía presentes los tres últimos lugares visitados.

«Primero *la ciudad de los artistas*, donde desarrollan sus habilidades aquéllos que poseen una fuerte inclinación artística. Posteriormente, *el desierto de casas futuristas*, donde se diseña y crea lo que aún está por venir. Allí viven o sueñan aquéllos que ya han decidido encarar los futuros retos de la humanidad». Mirando al cenit, también se dio cuenta que esa realidad se materializaría sobre el plano terrestre cuando Vega transitara varios grados más al Norte. «Finalmente *los tepuis del conocimiento*, desde donde algunos de los maestros ascendidos nos comunican su sabiduría. Para que esta última realidad se manifieste plenamente sobre el planeta, tendremos que esperar aún más tiempo, casi a que Vega vuelva a ser nuestra estrella polar», se dijo con aceptación.

Después de aquella intensa experiencia, cayó de nuevo dormido. Al despertar, el Sol ya despuntaba por la cresta del antiguo volcán que, con su bóveda semicircular, rodeaba el cerro central de mayor altura. Ese día no sentía ni hambre, ni sed. Tampoco estaba cansado. De hecho, nunca se había notado con tanta energía. Era energía que en cada inhalación absorbía del aire. Se sintió fresco, y con ganas de caminar. Entonces recordó que John le había pedido no abandonar aquel lugar, no cruzar las cuatro banderas más que para hacer sus necesidades. Necesidades ya no tenía, pues había evacuado todo lo evacuable, sin haberlo sustituido por nuevos líquidos o alimentos. Así que ni la excusa de ir a mear tenía ahora.

Mientras así pensaba, escuchó las voces de dos hombres que charlaban. Quería intimidad, quería poder pensar, o quizá no tener que pensar, para simplemente estar consigo mismo. Pero sobre todo, lo que no quería era tener que encarar las preguntas de alguien poniendo en entredicho lo que hacía allí, y cuánto tiempo llevaba. Sabía que si las voces eran de nativos americanos, le respetarían, y le dejarían hacer sin tan siquiera preguntar. Pero no estaba tan seguro de que fuera así si, por el contrario, eran unos *rangers*, o unos turistas despistados.

Sus sospechas se hicieron realidad. Eran una pareja de *rangers* encaminándose en su dirección. Para acceder a la montaña, había cruzado una propiedad privada y por eso poca era la gente que se aventuraba a aquel lugar. Aparte, John ya había obtenido el permiso del propietario para poder acceder. Sin embargo, el permiso era para cruzar la propiedad del granjero, no para pasar cuatro días haciendo vivac, y mucho menos desnudo a excepción de la manta. Por ello, David no estaba seguro de si también se requeriría permiso de los *rangers* para dormir al raso. Intentar esconderse era una opción, pero de hacerlo, lo más probable es que encontraran las banderas ceremoniales y el pequeño altar, deduciendo que había alguien por la zona. Entonces recordó lo que le había dicho John:

«Mientras te mantengas entre las cuatro banderas, estarás seguro.»

Se debía referir a estar seguro de ser molestado por las voces que escuchaba en el instante de transición, justo antes de iniciar cada proyección astral, o de que lo atacara algún animal. ¿Pero incluía también la seguridad de no ser amonestado por las autoridades, si éstas consideraban que estaba haciendo algo incorrecto? Ante todas esas dudas, decidió adoptar la postura de piernas cruzadas y ponerse a meditar. Las voces se iban acercando, pero cuando David se daba ya por descubierto, las urracas empezaron a alborotarse. Los dos hombres habían accedido a la zona en que ellas anidaban, lo que activó el instinto protector y territorial de los pájaros. Empezaron a caer en picado, volando a ras de sus cabezas, para así ahuyentarlos. Los *rangers* pronunciaron alguna que otra palabrota, para a continuación desviar su rumbo. Las urracas le habían salvado. David se volvió a relajar, y mostró su agradecimiento con una sonrisa. John tenía razón, mientras se mantuviera en el área protegida, no tenía por qué preocuparse...

⪼ *La cuarta noche*

AQUELLA NOCHE ERA la última, y David no podía conciliar el sueño. No es que estuviera nervioso, sino que el ayuno le estaba dando demasiada energía. Su cuerpo, al no poder extraer la energía de los alimentos, ahora la obtenía directamente del aire. Era el *prana* de los yoguis, o el *qi* de los taoístas. Podía sentir la energía circulando por todo su cuerpo, y ésta le mantenían despierto. Las horas fueron pasando, y Vega acabó por ubicarse de nuevo sobre el cenit, indicando que ya eran pasada la media noche.

✛ leyenda de la Gran Carrera ✛[45]

De repente escuchó el gorjeo de una urraca.

«Esto no es normal» se dijo en pensamientos, «pues no espero escucharlas cantar hasta llegada el alba.»

La urraca continuó trinando, con el sonido estridente que las caracteriza. De hecho, parecía estar pronunciando su nombre, pues decía: «Daviiiid, Daviiiiid».

Nuestro protagonista no se sorprendió. Las experiencias de clarividencia eran comunes, especialmente en aquel estado intermedio en que el cuerpo físico ya duerme, pero todavía no se ha iniciado la proyección astral.

«Debo haber entrado en el estado intermedio sin darme cuenta, sin alzar el vuelo» razonó.

Como nunca había tenido la oportunidad de comunicarse con un pájaro, sintió curiosidad. Había escuchado voces, había percibido ruidos extraños, pero nunca mantenido una conversación, y especialmente con un espíritu no humano.

—Daviiiid, Daviiiid —continuó diciendo la urraca.

—¿Qué quieres? —respondió él.

—¿Es qué has olvidado?

—¿Olvidado el qué?

—Os salvamos a cambio de un compromiso, y ahora lo habéis roto.

—¿Qué compromiso?

—Veo que has olvidado —respondió la urraca.

—No, por favor, cuéntame para que recuerde, pues no sé de qué me hablas.

—Bien, todo empezó hace mucho, mucho tiempo. Debido a vuestro desprecio por el medio ambiente, la Madre Tierra decidió separar los continentes.

---

[45] La leyenda de la Gran Carrera procede originariamente del pueblo Sioux, entre ellos el Lakota. La leyenda, por formar parte de la tradición oral, varía entre comunidades.

—¡Pero si esto sucedió mucho antes de que nosotros anduviéramos sobre la superficie de este planeta, pasó en el tiempo de los dinosaurios! —exclamó David, un poco sorprendido.

—Veo que has olvidado.

—No, no, sigue, por favor.

—El haber reescrito vuestra historia no os hace menos responsables —respondió el pájaro, en tono un poco ofendido—. Como te iba contando, la Madre Tierra decidió separar los continentes, lo que no gustó a ninguno de los animales, pues de pronto nos encontraremos incomunicados con muchos de nuestros compañeros. Enfadados por lo ocurrido, los animales de cuatro patas se reunieron para proponer una carrera entre ellos y los animales de dos patas. Aquéllos que ganaran, lograrían el dominio sobre los demás. El objetivo era deshacerse de vosotros, los humanos. Como corredores que los representaran, ellos nombraron a varios animales, entre ellos un búfalo. Pero vosotros, que sois muy vivos, vinisteis a buscarnos a nosotras las urracas, quienes también somos muy astutas, para decirnos que ambos éramos animales a dos patas, y que si ganaban ellos, humanos y aves saldríamos perdiendo. ¿Empiezas a recordar?

—No, perdona, pero no me acuerdo.

—Bien, déjame continuar, a ver si así se te refresca la memoria, pues nosotros no hemos olvidado. La picaresca propuesta fue que una de las nuestras se ofrecería a viajar a espaldas del búfalo, para irle sacando las garrapatas, mientras éste corría. Nosotras respondimos que estábamos de acuerdo, siempre y cuando vosotros los humanos nunca más volvierais a dañar a la Naturaleza, ni a sus habitantes. Vosotros os comprometisteis, y como entre los búfalos y las urracas teníamos un acuerdo según el cual ellos nos dejaban extraerles las garrapatas, el búfalo accedió. El punto de partida y llegada de aquella gran carrera fue justamente aquí, en Inyan Kara. La carrera se inició, y obviamente el búfalo fue el más veloz. Lo que los animales de cuatro patas no tuvieron en cuenta es que la urraca, que viajaba cómodamente en la espalda del búfalo, era también un animal de dos patas. Así que cuando el búfalo estaba a punto de llegar a la meta, la urraca arrancó el vuelo, y la cruzó primero.

—¡Pero eso es hacer trampa!

—Sí, lo sé. Tanto vosotros los humanos como nosotras las urracas nos aprovechamos de la inocencia de los otros animales para inventar esta encerrona. Pero ahora, al ver que de nuevo estáis dañando a la Naturaleza, y causando sufrimiento a sus habitantes, nos arrepentimos de haberos ayudado.

—Piensa que estoy aquí intentando que hagamos las paces entre nosotros los humanos, para unidos tratar de remediar todo el mal que hemos hecho, tanto a las otras especies, como a la Madre Tierra.

—Eso es lo más sorprendente, que seáis tan salvajes como para causaros dolor a vosotros mismos, y la crueldad con que lo hacéis. Con la excepción de vosotros, los humanos, entre el resto de los animales no encontrarás ni uno solo que cause tanto dolor a los de su propia especie. Habláis de animales y bestias, para referiros a nosotros, pero vosotros sois los verdaderos bestias.

—Lo sé, y por ello estoy aquí, para recrear un lugar al que invitar a personas sabias de las diferentes naciones humanas. Allí podremos hablar de paz y armonía, para posteriormente hacer que la concordia también reine sobre la tierra.

—¿Dónde está este lugar?

—No lo sé. Cada día he salido volando, como hacéis vosotros, los pájaros, para visitar diferentes reinos. Con la excepción del último, ninguno de los otros parece apto para el tipo de encuentro que intento celebrar.

—El lugar que buscas está más allá de todos los reinos visitados hasta ahora —respondió el pájaro—. Incluso está más allá de la Luna.

—¿Cómo lo sabes?

—Tú apenas hace tres días que alzaste el vuelo por primera vez, pero yo ya hace mucho tiempo que vuelo. Los he visitado todos, y te digo que está en un lugar no fabricado con deseos, sino con pensamientos.

—¿Qué quieres decir?

—¿Notaste cómo, en los reinos visitados, el acto de desear era suficiente para hacer manifiesto?

—Sí, especialmente en aquéllos visitados durante la tercera noche.

—Pues bien, en el lugar que te comento, para manifestar es suficiente el acto de pensar. Por eso, si no tienes la mente en calma, tus propios pensamientos te rodearán, hasta confundirte, para no dejarte ver a los demás y mucho menos conversar con ellos.

—He estado practicando la meditación cada mañana durante trece años, para aprender a mantener la mente en calma.

—Bien, ya veremos si lo has logrado. Sígueme, si quieres que allí te lleve.

David siguió a la urraca, hasta llegar a un lugar completamente diferente a todos los visitados anteriormente. Al principio no llegó a distinguir la composición del paraje, pues cada pensamiento se manifestaba instantáneamente. Pensaba en el perro de su infancia, y el perro se aparecía. Pensaba en los cuatro días que había pasado en ayuno, y un delicioso banquete le rodeaba. Pensaba en la abuela de Meera, y su imagen se proyectaba ante él. Sin embargo, con práctica pudo enfocar la mente en el aquí y ahora, lo que le permitió comenzar a distinguir la exquisita belleza de aquel lugar.

Una cascada de agua luminiscente desembocaba en un pequeño estanque, bordeado por un bosque de vegetación resplandeciente. Del centro del lago sobresalía una pequeña colina, con un árbol muy viejo. Era una ceiba que crecía desde la cima del montículo y que, al observarlo, inspiraba paz y armonía. Sus raíces recorrían el contorno de la pequeña elevación, hasta adentrarse en el agua. De las ramas colgaba un fruto, y las hojas bamboleaban cuando la brisa las balanceaba. La urraca le observaba desde una de sus ramas.

—¿Dónde están los demás? —preguntó David.

—Tú les tienes que invitar.

—¿Cómo?

—¿Ves esta roca bajo tus pies?, pues ella define tu dirección.

David comprendió. Aquella roca representaba el Oeste, mientras que el árbol constituía el punto central. Solemnemente cruzó al otro extremo, visualizó una roca sobre el suelo, acto que la materializó, cerró los ojos, para a continuación invocar:

—Ho, clan de la mariposa, elemento Aire, viento del Este, envíame por favor a uno de tus hijos, alguien que posea la sabiduría inherente que os caracteriza, para que él os represente en este encuentro.

Al abrir los ojos, se encontró frente a un hombre. Tenía aspecto de ser del Norte de la India. Iba vestido únicamente con un *dhoti* de color crema. Lo llevaba doblado en dos, plegado verticalmente, recogido entre las piernas, y atado por detrás, a la altura de la cintura. Sobre el hombro le colgaba una toalla de mano. También vestía un cordón sagrado por encima del hombro izquierdo, que cruzaba su pecho por debajo del brazo derecho. Bajo el brazo izquierdo sostenía una copia del *panchang*, las efemérides astrológicas de los Vedas. Su nombre era Vivek.

Sin intercambiar palabra, David se dirigió a la dirección que representaba el Norte, caminando en el sentido contrario a las agujas de un reloj, para entonces visualizar otra roca, cerrar los ojos e iniciar su segunda invocación:

—Ho, clan de la rana, elemento Agua, viento del Norte, mándame por favor a uno de tus hijos, alguien que posea la habilidad de transmitir la paz, para que pueda representaros en este encuentro.

Al abrir los ojos, se encontró con una joven, esbelta, de una exquisita belleza. Parecía provenir de Oriente Medio. Sus ojos eran negros como el carbón, la nariz puntiaguda. Tenía un pelo largo, muy oscuro y ligeramente ondulado, que le caía graciosamente por los hombros. El traje era de color turquesa, largo hasta los pies, de una tela fina, con mangas muy anchas, atado por encima de la cadera por medio de un cinturón de cuerda azul lapislázuli. Sobre los hombros llevaba un chal de colores cálidos y suaves, con bordados, y que a veces también utilizaba para cubrirse la cabeza. Iba descalza, pero vestía brazaletes en los tobillos y pulseras en las muñecas, y un precioso collar le colgaba del cuello. Su nombre era Fátima.

David continuó caminando en sentido inverso a las agujas de un reloj. Cruzó la roca que representaba al clan del pájaro del trueno, su clan, para continuar hasta ubicarse en la posición Sur. Cerró los ojos e inició la tercera de las invocaciones:

—Ho, clan de la tortuga, elemento Tierra, viento del Sur, mándame por favor a uno de tus hijos, a alguien que posea la habilidad de sanar un planeta que estamos volviendo yermo con nuestra ignorancia, para que os represente en este encuentro.

Al abrir los ojos, se encontró con otra mujer, ésta ya entrada en años, ligeramente gordita, de nariz chata, labios carnosos, piel oscura, con el cabello rizado y despeinado. Llevaba la cara y el cuerpo decorado con rayas blancas, una cinta en la cabeza, el pecho descubierto, y lucía la sonrisa de aquélla que ha aprendido a vivir en armonía con el medio y con sus iguales. Vestía una falda de plumas de emú y también iba descalza. Ella era Mama Tuk, aquélla quien durante muchas vidas había sido aborigen australiana.

David, con la manta como única vestidura, retornó a su roca. Mamá Tuk avanzó en dirección al árbol, para a continuación extender los dos brazos, invitando a los presentes a darse las manos. Entre los cuatro formaron un círculo, rodeando al árbol de la vida. Se hizo el silencio. No era un silencio de palabras, sino una quietud de pensamientos. En aquel mutismo observaron la majestuosidad del paisaje que les rodeaba, se miraron, sonrieron y supieron que el encuentro ya podía darse por iniciado. Sin embargo, antes de iniciarlo os voy a introducir al cuarto personaje para que así, cuando leáis los siete diálogos que éstos mantuvieron, también sepáis sobre su vida. Ella, como ya dije antes, se llama Mama Tuk y procede de un lugar llamado Futuro.

Tierra

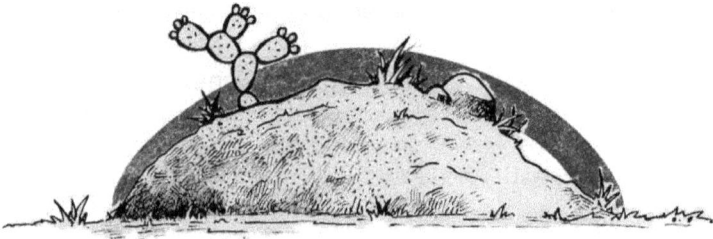

4. Hijos del Soñar[1]

Venida del trópico de Capricornio,
nacida en un continente antiguo,
ella es de una tierra por la que han caminado
todos nuestros antepasados.
Ellos son los primeros pobladores,
los guardianes de nuestros orígenes comunes
y de los conocimientos más antiguos.

[1] Este capítulo se lo debo agradecer a Ann-Marie Russel, de los *Wirrandjiri*. Ella no solo inspiró a Mama Tuk, sino que además me abrió las puertas para que la inspiración pudiera empezar y el conocimiento fluir. De ahí que se lo dedique a ella y a su gente.

☙ La ceremonia de caza

MAMA TUK EMPEZÓ a golpearse el pecho, imitando el sonido de una hembra de emú lista para aparearse para así llamar la atención del macho solitario. Era un batir que recordaba el sonido de un tambor en la distancia, un sonido profundo que inundó el ambiente, anunciando el inicio de una ceremonia de caza. Al escuchar el *tam-tam*, el pájaro de aspecto majestuoso alzó la cabeza y se volteó en dirección a la mujer. El tamborileo parecía haber alcanzado su propósito.

—Cuando se gire, atraído por mi sonido, no lo mires —había instruido la mujer a la chica—. Mantén la mirada baja mientras ejecutas la danza del emú.

Lena, la chica, siguió fielmente las instrucciones de la matriarca. Con la mano derecha imitaba la cabeza del pájaro, juntando las yemas de los dedos para formar el pico. De vez en cuando alzaba esa cabeza simulada, girándola bruscamente en una dirección u otra, haciendo como quien observa el horizonte. Otras veces la bajaba, semejando un emú picoteando alimentos del suelo. La otra mano la mantenía detrás, imitando la cola. Sus pies también reproducían cuidadosamente el caminar del ave. De vez en cuando ejecutaba un salto, y cuando paseaba siempre se aseguraba de levantar bien las rodillas, para tocar el suelo con los dedos de los pies primero y con el talón después.

---

[1] John Gould. *Birds of Australia*, 1865 vol. 6 pl. 1. Imagen de dominio público.

Ante tal acto de transfiguración el pájaro quedó inmóvil, intentando comprender si lo que tenía enfrente eran dos individuos de su especie o dos humanos comportándose como emúes. Fue entonces cuando la matriarca, quien también estaba interpretando la danza, aprovechó la confusión del momento para irse aproximando al ave. Una vez la tuvo a tiro de piedra, dejó de mirar al suelo para alzar la cabeza, fijando su mirada directamente sobre los ojos del animal.

Al mirarlo, el emú se quedó inmóvil, momento que la mujer aprovechó para continuar con su sigiloso acercamiento. Cuando lo tuvo a su alcance, realizó un ágil movimiento con la mano que hacía de cabeza, tomando al pájaro por el cuello, al tiempo que, sin dejar de mirarle, le cubría los ojos con la otra mano. A continuación, presionó con sus dedos pulgar e índice en los puntos precisos por donde pasan las arterias que transportan la sangre al cerebro, mientras musitaba una melodía que recordaba la canción de cuna cantada por una madre a su hijo. Mientras cantaba, acercó la otra mano para cerrarle los cuatro párpados, gesto que realizó con mucho cariño.

Coincidiendo con la bajada de párpados, las dos patas cedieron, provocando que el pájaro se desplomara sobre la hierba con todo su peso. Al oír el sonido brusco causado por la caída, Lena alzó la vista para observar cómo Mama Tuk dejaba de presionar el cuello de su presa, al tiempo que levantaba la mano para extenderla en dirección al cielo.

—Tía, ¿cómo conseguiste que el emú se quedara tan quieto? —preguntó Lena unos minutos después.

—Con mi *miwi* (fuerza psíquica) —respondió la matriarca—. Durante los próximos meses te enseñaré a fortalecerlo, para que algún día también puedas hacer lo mismo.

—¿Y por qué hiciste ese gesto con la mano, alzándola hacia el cielo? —preguntó de nuevo la chica, con los ojos curiosos de aquélla que absorbe la información como una esponja se empapa de agua.

—Para facilitar que su *miwi* (alma[2]) se desprendiera del cuerpo, y fuera acogido por el *espíritu Emú del Soñar*.

—¿El espíritu Emú del Soñar?

—Sí. ¿Recuerdas cuando ayer, mientras nos preparábamos para esta ceremonia de caza, confeccionaste la falda que ahora llevas puesta?

—Sí, —respondió la chica.

---

[2] Observamos como la palabra *miwi* posee más de un significado, según el contexto.

—¿Qué te dije mientras la hacías?

—Que con cada pluma de emú cosida en la falda llamara al espíritu Emú del Soñar, para que hoy, durante la danza, entrara en mí y yo me convirtiera en emú.

—¡Correcto! De no haber efectuado todos los preparativos necesarios para llamar al espíritu de su especie, ofreciéndole el debido respeto, el emú que acabamos de cazar nunca nos hubiera confundido por uno de los suyos. Piensa que el disfraz, los sonidos y los movimientos de la danza tenían como objetivo no sólo distraer al pájaro, sino también mostrarle el debido respeto. No es que estuviéramos imitando un emú, sino que por un instante nos convertimos en uno de ellos. Así nos unimos con la presa en espíritu, antes de hacerlo en carne. Así hemos respetado las leyes de reciprocidad para garantizar que, al consumirla, su carne nos alimente, en vez de causarnos daño.

—Pero tía, ¿no es la caza asunto exclusivo de los hombres?

—Sí. La ley dice que los hombres tienen como función la caza, mientras que las mujeres recolectamos. Las leyes no son caprichosas, sino que siempre tienen una razón de ser. La caza requiere de una mente atenta y enfocada en el objetivo de atrapar la presa. También pide la fuerza y resistencia física para cazarla. Éstas constituyen cualidades masculinas. Mientras que la recolección necesita poseer la capacidad de observación y el don de realizar múltiples tareas a la vez, cualidades más femeninas. Pero cuando se reciben instrucciones directamente de la Gran Madre, éstas están por encima de la ley. En mi caso, yo he recibido instrucciones para asegurarme que a mi gente no le falte nunca alimento. A parte, también prometí a alguien que te enseñaría a cazar, aunque de eso ya te hablaré más adelante. En todo caso, ten en cuenta que cuando cazo sigue habiendo un protocolo que hay que mantener, por lo que no puedo simplemente cazar cualquier animal que se ponga ante mí.

Mama Tuk cazaba de manera similar a como recolectaba. Lo hacía con amor, cantando, y muchas veces en compañía de algún miembro más joven de la comunidad. Lo hacía sin armas ni violencia. Normalmente utilizaba trampas en las que caían presos pequeños mamíferos, aves o reptiles. Eran trampas que variaban dependiendo del animal a atrapar, y que construía con esteras hechas a base de *junco de cabeza espinosa*, ramas de mimosa y cuerdas fabricadas a partir de fibra vegetal. Pero, en algunas ocasiones, también lo hacía por medio del poder hipnótico de su mente. Cuando así cazaba, su presa era normalmente un animal de mayor tamaño o peligrosidad, como los emúes, serpientes, canguros o walabíes.

Aquel emú ya era viejo. La matriarca sabía que no hubiera sobrevivido al próximo invierno. Sus probabilidades de incubar una nueva pollada y no morir en el intento eran muy escasas. Los emúes tienen una curiosa costumbre. En verano la hembra emite sonidos similares a los de un tambor, para informar al macho que está lista para aparearse. Fruto del acoplamiento, la hembra depositará entre cinco y quince huevos. Una vez puestos, ella pierde el interés, mientras que es el macho quien los incuba y protege. Allí permanecerá durante siete u ocho semanas, sin comer, beber o defecar, y sin abandonar la pollada. Nacidos los pequeños, permanecerá con ellos durante los siguientes seis meses, hasta que alcancen la edad de valerse por sí mismos. Por ser ya viejo, aquel emú no hubiera sobrevivido a la experiencia.

ૈ▲ Conversaciones ante el fuego

POCO DESPUÉS DE colapsarse el gran pájaro, aparecieron por el horizonte dos perfiles. Eran dos de los sobrinos de la matriarca quienes, siguiendo instrucciones de uno de los ancianos de la comunidad, se encaminaron hacia donde la ceremonia de caza había tenido lugar.

—Ummunu (el que escucha el caminar de las hormigas) acaba de informarnos que has cazado un *jurrunturu*[3] (emú macho, viejo y solitario) y que debemos llevarlo a campamento —dijo el mayor de los dos.

—Allí está —respondió Mama Tuk señalando el cuerpo inerte del animal que yacía justo detrás de un arbusto.

La matriarca había enviado el mensaje justo antes de iniciar la danza, utilizando lo que ellos llaman «el telégrafo de la sabana»[4]. Éste consistía en la transmisión telepática de pensamientos.

---

[3] La mayoría de palabras de estilo aborigen en este relato son inventadas, para así no vincular el relato directamente con ninguno de los 250 idiomas aborígenes que se hablaban cuando llegaron los europeos. También este relato ficticio tiene lugar en el futuro, 700 años después de la llegada de los europeos, y los idiomas constituyen creaciones vivas que evolucionan, cambian y se adaptan.

[4] En inglés: *"The bush telegraph"*.

—¿Qué hay que hacer para dominar el telégrafo de la sabana? —preguntó la chica al atardecer, una vez de regreso en el campamento.

Para cuando Lena pronunció estas palabras, las dos mujeres conversaban sentadas con el resto de los miembros del clan, formando un círculo alrededor del fuego. Sobre la hoguera estaban asando al gran pájaro, celebrando la llegada de los nuevos visitantes. Mama Tuk, con la mirada fija en la hoguera, respondió:

—Tener un *miwi* fuerte y decir siempre la verdad.

—¿La verdad?

—¿Has dicho alguna vez una mentira? —preguntó la matriarca, con su estilo habitual de responder a una pregunta con otra.

Lena dudó por un instante, para luego afirmar tímidamente con un «sí» que le hizo bajar la mirada.

—Y después de mentir, ¿temiste que los demás descubrieran tu mentira?

—Sí —repitió la joven, esta vez levantando los ojos para fijar la mirada directamente sobre la matriarca.

—Pues en ese instante te cerraste a la posibilidad de transmitir los pensamientos —afirmó la mujer de forma categórica.

—¿Qué quieres decir, tía?

—Si escondes a los demás la verdad, también te estás negando la capacidad de transmitir los pensamientos telepáticamente. Piénsalo bien. Cuando dices una mentira, ¿verdad que por dentro piensas: «Espero que no descubran que estoy mintiendo»?

—Sí —respondió ella.

—Pues bien, en el momento en que así piensas, estás negándote tal habilidad, pues de poder transmitirlos, los demás descubrirían tus mentiras. Para dominar la técnica, hay que decir siempre la verdad y no tener nada que esconder. Cuando así actúes, no sólo aprenderás a comunicar tus pensamientos sin palabras, sino que también adquirirás una habilidad aún más útil: la de hacer realidad tu voluntad, materializándola con el simple acto de pronunciarla con tus labios.

—¿Como ayer, que me pediste coser las plumas de emú en la falda, diciendo que al día siguiente saldríamos a cazar un *jurrunturu* (emú viejo y solitario), y al poco de abandonar el campamento, el emú apareció? —dijo la chica en un tono de voz entre pregunta y afirmación.

—¡Exacto! Aquello que mis labios pronunciaron, se hizo realidad. El espíritu Emú del Soñar nos escuchó y nos envió un emú, pues la Gran Madre sabe que yo no digo mentiras.

La mujer cogió una rama que ardía fuera de lugar, la acercó a las llamas, para a continuación sentarse de nuevo sobre la piel de canguro y entonces continuar:

—No decir mentiras es la cualidad necesaria para poder emitir mensajes utilizando el telégrafo de la sabana, pero para poder recibirlos se requiere otra cualidad distinta.

—¿Cuál? —la interpeló la chica, muy impaciente.

—Hablar poco y saber escuchar en silencio. Hubo un tiempo en que sólo pronunciábamos mediante palabras aquello que queríamos manifestar, mientras que si simplemente queríamos comunicarnos con alguien, lo hacíamos utilizando los pensamientos. Pero ahora todo parece funcionar al revés de como la Gran Madre lo dispuso al principio. Ahora nos comunicamos hablando, y esperamos manifestar callando.

La mujer siguió avivado las llamas, depositando en la fogata pequeñas ramas que estaban amontonadas junto a la hoguera. Ummunu (el que escucha el caminar de las hormigas), parecía haber seguido la conversación desde el otro lado del círculo, ya que se acercó a las dos mujeres para, en tono muy humilde, decir:

—Hermana, ¿puedo contribuir con mi opinión a lo que aquí se está pronunciando?

Ummunu no era de los que hablan, más bien era los que escuchan. Pero no era de los que escuchan las conversaciones de los demás, sino de los que perciben los signos del cielo, los mensajes de los animales, los olores de la naturaleza, los espíritus de los antepasados y, finalmente, de los que captan los mensajes enviados por otros miembros del clan, utilizando el telégrafo de la sabana. Él era un hombre ya entrado en edad, envejecido por el transcurso del tiempo, y a quien los años habían ido encogiendo. Era pequeño en tamaño, aunque sus orejas y la nariz permanecieron al margen de aquel proceso de encogimiento, para continuar creciendo hasta alcanzar una dimensión considerable. Su nombre informaba sobre sus habilidades, como era costumbre entre los habitantes ancestrales de aquella tierra antigua y sagrada llamada Australia. Eran nombres que iban variando a medida que nuevas habilidades eran adquiridas, y que siempre eran motivo de celebración.

Ante aquella petición de alguien que raramente se involucraba en una conversación, la matriarca respondió con una amplia sonrisa, para a continuación pedir a la chica que fuera a buscar la piel de canguro que Ummunu había dejado al otro lado del círculo. Sentados los tres de nuevo, el hombre dejó a un lado su fiel bastón, para continuar diciendo:

—Ésta era la manera que teníamos de dialogar no solo entre nosotros, los humanos, sino también con los animales, las plantas y los espíritus que habitan en todas las cosas. Cuando así hacíamos, constituíamos todos una gran familia. Entonces, poco a poco fuimos perdiendo tal habilidad, lo cual nos forzó a utilizar el lenguaje. Al pronunciar los pensamientos mediante palabras, ya no pudimos comunicarnos con todos aquéllos que no utilizaban nuestro mismo idioma. Como resultado, perdimos la capacidad de comunicarnos con los animales, las plantas, los espíritus, e incluso con los otros grupos tribales, pues cada grupo hablaba un idioma distinto. Como puedes ver, la aparición del habla restringió la comunicación, en vez de facilitarla.

Aquella conversación empezó a atraer la atención de los dos recién llegados. Tímidos al principio, por constituir todo aquello una nueva experiencia para ellos, poco a poco fueron fijando su atención en las palabras de Ummumu, quien no precisó de muchas señales para adivinar que se les querían unir. Lena acabó por percibir su interés, momento en que se apartó hacia un lado, dejando espacio entre ella y la matriarca. El espacio fue rápidamente ocupado por los dos chicos.

Como Lena, ellos también eran de origen no aborigen, y por su acento, uno de ellos parecía venir de tierras muy lejanas. De hecho, aquel festín era en su honor, y en honor de Lena. Los tres iban a pasar un año entero con el grupo, aprendiendo las antiguas costumbres y los caminos de la gente de Tierra. Iban a aprender a vivir de la caza y la recolección; a vivir en cada momento de lo que la Madre Naturaleza les manifestaba.

Lena había llegado unos días antes. Ella era de una comunidad cercana, comunidad también ubicada en los bosques de eucaliptos del Sudeste australiano, pero que vivía de forma sedentaria. Mama Tuk les visitaba con frecuencia. Iba para dar consejos, comunicar conocimientos ancestrales, o simplemente pasar el rato con sus antiguas amistades. Entre ellas, figuraban los abuelos de Lena, antiguos compañeros de juego de la matriarca. De eso hacía ya mucho tiempo, cuando de joven pasó cinco años aprendiendo las costumbres y conocimientos de la gente que cultiva la tierra.

Por reciprocidad, ahora iba Lena, y antes de ella lo habían hecho sus padres, así como muchos otros. Y también por reciprocidad, ya se había dispuesto que, el día en que Lena volviera a su comunidad, lo haría acompañada por dos de los sobrinos de Mama Tuk. Allí, ellos aprenderían sobre el mundo exterior que les rodeaba, ese mundo ubicado más allá del inmenso océano de árboles que cubría el amplio territorio del Sureste australiano, y lo harían sin tener que abandonar su tierra ancestral.

Pero todos aquellos planes formaban parte del futuro, y una de las cosas que tanto Lena como los dos chicos habían venido a aprender era a vivir en «el aquí». Por ello, una vez todos sentados de nuevo, la chica preguntó:

—¿Podemos nosotros aprender este lenguaje sin palabras?

—Primero mejor aprender el idioma con palabras de nuestra gente, y por medio del mismo podréis acabar dominando aquel lenguaje sin palabras que el espíritu pronuncia —respondió Mama Tuk.

—¿Qué quieres decir? —preguntó el chico del acento curioso.

—Vosotros habéis crecido entre aquellos que registran sus pensamientos. Pero recordad, la gente de Tierra no grabamos sino que recordamos. Si grabáis, ya no requerís recordar. Pensáis que registráis para no olvidar, pero la realidad es que olvidáis porque registráis; olvidáis pues, al escribir o almacenar la información, ya no necesitáis hacer el esfuerzo mental de recordarla. Como resultado, vuestra mente se ha vuelto perezosa y el conocimiento ha dejado de estar en vosotros, para pasar a estar en todos los artefactos tecnológicos que os acompañan. Os rodeáis de ellos para no tener que leer en la Naturaleza ni escuchar su voz. Son artefactos que funcionan con el fuego, con aquello que llamáis electricidad, y no con la energía del espíritu. Funcionan con una energía de una vibración muy densa, que a nosotros nos provoca dolor de cabeza.

El chico del acento extraño hizo el gesto de querer esconder un pequeño artefacto que llevaba colgando del cuello. Era un emisor holográfico, un aparato que proyectaba en tres dimensiones cualquier objeto, para a continuación responder a todas las preguntas que sobre éste se pudieran plantear. Mama Tuk le miró con la sonrisa de aquélla que comenta pero también acepta, haciéndole así saber que nadie le prohibía utilizar ese artefacto, pero que tomara conciencia de las consecuencias de su uso. Entonces siguió explicando:

—Por eso, si queréis aprender a hablar por medio de vuestros pensamientos, necesitaréis primero percibir el espacio que os rodea de una forma más directa, más intuitiva. Lo debéis percibir sin el filtro de las etiquetas que utilizáis para categorizarlo y organizarlo todo. Son etiquetas creadas por el lenguaje escrito. Etiquetas que todavía utilizáis, aunque ya prácticamente nadie escribe las cosas, sino que ahora las grabáis en vuestros artefactos tecnológicos. Nuestro lenguaje no utiliza todas estas etiquetas. Describimos «el aquí» estableciendo un vínculo directo con lo que nos rodea, en vez de hacerlo con la *idea* de lo descrito.

—¿A qué te refieres cuando hablas de idea? —preguntó Lena.

—Vuestros idiomas están basados en la abstracción y la generalización. Son útiles para comunicar ideas, y especialmente para categorizarlas, pero no son muy prácticos para describir el entorno natural, ni tampoco para interpretar otras realidades menos perceptibles, como aquella definida por *el Soñar* —dijo la matriarca.

—¿Qué quieres decir, tía? —preguntó de nuevo la chica.

Como muchas veces hacía, la mujer volvió a responder a una pregunta con otra pregunta.

—¿Qué es esto? —dijo mientras señalaba un eucalipto de la especie regnans.

—Un árbol —respondió la chica.

—Lo ves. Has utilizado una etiqueta, una idea, para describir algo que es real. Para vosotros, aquello que llamáis reino vegetal se compone de árboles, matorrales y plantas. Con estas pocas etiquetas habéis descrito un entorno rico en diversidad, y al hacerlo os habéis negado la posibilidad de una percepción directa. Por eso, si aprendéis nuestro idioma, podréis pensar más como nosotros; podréis percibir con los sentidos, en vez de hacerlo por medio de la mente. La mente no percibe, sino que filtra todo lo captado por los sentidos, para distorsionarlo, censurarlo, o amplificarlo de acuerdo con su propia idea de lo que es posible y real. Sólo los sentidos perciben.

—¿Significa eso que la comunicación telepática no utiliza la mente? —Preguntó el chico del acento extraño.

—La comunicación telepática es intuitiva, es directa, al darse de *miwi* a *miwi*. Es una comunicación que no pasa por el filtro de la mente. En el otro extremo tenemos la escritura, la cual utiliza combinaciones de símbolos para comunicar conceptos. La escritura sí pasa por la mente, la cual interpreta los símbolos o las combinaciones de letras y las traduce a conceptos. Posteriormente, la misma mente agrupará los conceptos para interpretar el mensaje.

—¿Y la comunicación verbal, dónde se ubica? —preguntó Lena.

—A medio camino entre la telepatía y la escritura. En vuestro caso, es una comunicación verbal influenciada por la escritura. Agrupáis los objetos, para entonces asignarles palabras que puedan ser escritas, pronunciadas y traducidas. Vosotros nombráis las cosas pronunciando la combinación de letras asociada a esa cosa, pero las letras no son la cosa. En cambio, nosotros preguntamos al objeto y lo que éste nos responda es el nombre utilizado para referirlo. En nuestro caso es una comunicación que aún conserva su esencia telepática.

—Es un *eucalyptus regnans*, también conocido como *fresno de montaña* —dijo el chico del acento curioso, todo orgulloso de conocer tanto el término científico como el nombre común bajo el que se reconocía a esa especie de eucalipto en concreto—. Es el árbol con flor que alcanza una mayor altura, pudiendo llegar a medir cien metros y a vivir seiscientos años.

—¿Y es un fresno? —preguntó de nuevo la mujer.

—No, es un eucalipto.

—Justo a eso me refiero. Dado que los primeros colonos nunca habían visto un eucalipto antes, a unas variedades las llamaron fresnos (*ash*), a otras bojes (*box*) y a unas terceras caobas (*mahogany*); y cuando los nombres comunes de esas variedades se tradujeron a otros idiomas, muchas veces continuaron siendo fresnos, bojes y caobas. ¿Lo veis? Os centráis más en el significado de las palabras que en intentar comunicar la naturaleza del objeto. Os habéis perdido en las palabras y en sus símbolos.

Los tres chicos empezaban a comprender. En vez de nombrar las cosas por lo que eran, la mente nos las hacía nombrar por lo que ésta quería que fueran.

—Continuando con el ejercicio de identificación, ¿quién sabe el nombre de aquel de allí, que desde la distancia nos observa? —dijo la mujer, mientras señalaba otro eucalipto que crecía en el punto donde los helechos desaparecían, para dar paso a un terreno más seco y abierto.

—Es un *fresno plateado* —respondió Lena, quien al vivir por la zona estaba bien versada en las distintas especies de eucaliptos de la región —. Lo reconozco por la falta de corteza en la parte superior y por la tonalidad plateada de su capa inferior.

—¡Pues de nuevo! —exclamó la matriarca.

Lena dejó escapar un «¡Ups!» al darse cuenta de que había vuelto a referirse a un eucalipto bajo el nombre de fresno. La matriarca, con una expresión de condescendencia en el rostro, comentó:

—Un paso en el buen camino será que llamemos al primero «eucalipto de montaña» y al segundo «eucalipto plateado», si bien ambos nombres no dejan de seguir estando vinculados a una idea, a la que llamáis especie, y no a aquél en concreto al que os queréis referir, sea éste vegetal, animal, o humano. Dicho esto, estoy segura de que no tenéis problema en identificar a estos otros.

—Son helechos —respondió el otro chico, quien hasta entonces no había abierto la boca.

—Bien, ahora que les habéis puesto vuestras etiquetas ¿tuvisteis alguna vez la oportunidad de escuchar lo que cada uno de ellos tienen que contar? —preguntó Mamá Tuk, mientras Ummunu la observaba con una sonrisa de complicidad.

—¡Pero si son árboles! —replicó el chico del acento extraño, con un tono de voz entre sorprendido y confundido.

—Mientras los veáis como meros árboles, nunca podréis escuchar aquello que tienen para explicaros. Esta noche, mientras vuestro cuerpo duerma, os llevaré a que los conozcáis y escuchéis su historia. Después de escucharla, seguro que ya no los consideraréis nunca más como simples vegetales.

Aquel último comentario de Mama Tuk dejó a Lena muy intrigada. Concluida la conversación, cada uno se retiró a su lugar. Unas pieles de canguro estaban dispuestas en el pequeño claro que se abría entre el *eucalipto de montaña* y los helechos. Con el firmamento como techo y bajo la majestuosidad de aquel árbol, el grupo pasaría la noche. Con la penumbra de las brasas como única luz, y cubierta por el juego de sombras que las llamas iban dibujando, Lena comenzó a recordar el día de su llegada, hacía apenas una semana.

❧ *El día de la llegada*

MAMA TUK HABÍA sido como una hermana para la abuela de Lena. Por ello, el día que Lena llegó, la matriarca pidió a sus sobrinos que la acompañaran a dar una vuelta para familiarizarse con el terreno. Del campamento se encaminaron directamente a un pequeño cerro junto al río, desde donde se divisaba una buena panorámica de la zona. Entonces el chico de mayor edad, con un acento roto, dijo:

—¿Ves aquella pared de roca, allí al fondo, con Ubunu que la atraviesa, emergiendo de entre los dos grandes bloques de piedra? Los bloques son Warrundi y Watave, dos canguros que murieron en una pelea para tratar de convertirse en machos dominantes. Ubunu es el río, que aún conserva la tonalidad rojiza ennegrecida. El agua es la sangre derramada como consecuencia de la lucha. Del agua de Ubunu no bebemos, pero sí recogemos la espuma creada por sus remolinos, pues la tía sabe cómo utilizarla para elaborar ungüentos.

Los tres siguieron caminando hasta acceder a un lugar desde el que se tenía una mejor panorámica de la pared de roca. Entonces el chico continuó:

—Ves arriba de las rocas, allí donde nace Ubunu. En aquel lugar viven los Gungurru, una familia de matorrales del árbol del té de los que proviene la espuma. Son estos los que dan el color rojizo ennegrecido al agua. Para nosotros, el color del agua es la manera de recordarnos lo que les pasó a Warrundi y Watave.

—Yo ya no me peleo —exclamó con gesto orgulloso el pequeño que también les acompañaba—. Juego, como los canguros cuando son jóvenes, pero sin hacerme daño.

El chico de mayor edad hizo en gesto aprobatorio, para a continuación continuar su descripción del lugar.

—¿Ves ese agujero, donde el agua se adentra para desaparecer de nuestra vista? Allí se bañan las mujeres. A mí ya no me está permitido ir, pues ya me hice hombre —y lo dijo con la espalda bien recta y la barbilla alzada, lo cual le dio un aire de majestuosidad—. Durante el *tiempo del sueño*, en aquel lugar vivía Kakuna el wómbat, quien construyó su guarida en el cauce del río. Así quería apropiarse de toda el agua, pero en vez de hacerla suya, murió ahogado.

—¡Qué tontaina Kakuna, al intentar apropiarse de toda el agua del río! —exclamó el más pequeño.

—El agua emerge por el otro lado de las rocas —siguió relatando el chico de mayor edad—. Aquel lugar es donde nos bañamos nosotros los hombres, de manera que a ti no te está permitido ir.

Dicho esto, se hizo una pausa, como si el chico se estuviera asegurando que Lena había comprendido esta última instrucción.

—Ahora que te he explicado todo esto, ¿descríbenos por favor qué se ve en el lugar del que provienes?

—Bien, yo no vivo muy lejos de aquí. Sin embargo, a veces visito un lugar donde hay edificios que se alzan como nidos de hormigas, tan o más altos que esta montaña. Los llamamos ciudades.

—¿Quién las ha creado? —preguntó el pequeño.

—Personas como nosotros —respondió la chica.

—¿Personas como nosotros? —exclamó en tono sorprendido—. ¿Es qué allí viven en el *Soñar*? ¿Es qué son hormigas gigantes, por necesitar ir creando grandes montañas donde vivir?

En ese momento Lena no entendió el por qué de aquella pregunta; pero a medida que pasaran los meses, llegaría a comprender tres hechos básicos:

El primero era que los acontecimientos del «*Soñar*», por muy extraordinarios o poco probables que a ella le pareciesen, no eran interpretados por los primeros pobladores de aquella tierra ancestral como producto de su imaginación. De hecho, la palabra imaginación no tenía traducción en las diferentes lenguas aborígenes. Esto le quedó claro un día que preguntó sobre tal hecho a la matriarca, la cual le respondió:

«Si vosotros interpretarais vuestras leyes como producto de la imaginación de unos cuantos legisladores, ¿crees que las respetaríais de la misma forma? A parte, para vosotros imaginar es ver algo que no es real, mientras que para nosotros todo es real; por lo que dicha palabra no existe en nuestro vocabulario».

El segundo hecho era que todos los relatos del *Soñar* tenían siempre una intención formativa, normalmente manifestada a dos niveles: el moral y el práctico. Por ejemplo, la pelea entre los dos canguros y la sangre que ésta había derramado buscaba recordar las posibles consecuencias de una disputa (moral), así como también recordar que aquella agua no era apta para el consumo (práctico). El agujero por el que se adentraba el río recordaba que intentar acumular en vez de compartir iba contra los designios de la naturaleza (moral), y también buscaba que los pequeños no se bañaran cerca de allí, no fuera que las corrientes se los llevaran por la madriguera (práctico). Como estas historias estaban escritas en su entorno natural, constituían un testimonio constante de lo que ellos llamaban ley y tradición, es decir, de los principios que gobernaban sus vidas.

Finalmente, en tercer lugar, Lena observó cómo las leyes y tradiciones siempre reforzaban el mensaje de que estamos aquí para contemplar la Creación y aprender de ella. Nuestra función es continuar cantando el paisaje, tal nos lo han dejado nuestros antepasados, para así preservarlo intacto.

«Por querer modificar el entorno, se rompió el equilibrio» había dicho la tía en su momento. «Todo empezó con el intento de pretender poseer la tierra, como si se pudiera poseer a una madre. Imagínate que tus células decidieran apropiarse de tu cuerpo, para entonces empezar a distribuirse los diferentes órganos. El hígado para los glóbulos rojos. Los riñones para los glóbulos blancos. El cerebro para las neuronas. De hecho, cuando las células empiezan a no hacer lo que se espera de ellas, las llamáis cancerosas. Por ello, vuestras respectivas comunidades os han enviado hasta aquí, para que os iniciamos en las enseñanzas originales. Así evitaremos que pase de nuevo lo que ya sucedió hace quinientos años. Recuerda, hija mía, que la naturaleza no se organiza según el principio de servidumbre, donde unos sirven y los otros mandan, sino que lo hace por el principio de reciprocidad. Sobrevive no el más fuerte, sino el que más da».

Después de describir con detalle a los dos chicos cómo era una ciudad, los tres continuaron caminando. El mayor iba encabezando el camino, siempre observando, asegurándose que no hubiera ninguna serpiente escondida por entre la vegetación, pero también pendiente del más minúsculo movimiento, como si el espacio fuera una extensión de sí mismo. De pronto se detuvieron bajo una mimosa.

—¿Escuchas el sonido del viento, acariciando las hojas de Munimuni?

Lena adivinó que Munimuni era el nombre de aquella mimosa en concreto, cosa que la llevó a deducir que no únicamente daban nombres propios a los seres mitológicos del *Soñar*, como los dos canguros o el wómbat, sino también a la vegetación de la realidad cotidiana, o como mínimo a la más relevante.

—Escucha el canto territorial de dos cucaburras, intentando ponerse de acuerdo sobre los límites exactos del terreno que les corresponde. Ahora que su risa parece apagarse, escucha con atención el otro sonido. Es casi igual al anterior, pero proviene de aquella otra dirección. No son cucaburras quienes cantan, sino un *ave lira* macho que los imita. Se les escucha más a menudo en invierno, pero muchas veces también les puedes oír cantar en un día de verano como el de hoy. El ave lira es capaz de imitar dos tonos a la vez, como si fuera los dos cucaburras que ríen. Ven, sígueme.

Los tres empezaron a caminar de nuevo junto al río. De repente las cigarras iniciaron su canto. Desde hacía relativamente poco que se las podía escuchar más al Sur, como si el frío de los últimos siglos hubiera empezado a aminorar, y con el regreso de los veranos también vinieran las cigarras. El sonido estridente emitido por los machos retumbaba por el espacio, ensordeciendo a los presentes. El chico hizo un gesto para que se detuvieran. De pronto, el canto de las cigarras más cercanas al agua cesó, quedando como trasfondo aquél pronunciado por las más lejanas.

—¿Qué ha sucedido? —preguntó Lena con curiosidad.

—Ha sido ese pez de allí —dijo el más pequeño—. Las ha asustado.

Lena miró en dirección al pequeño lago formado por el río, pero no vio nada. El sonido del pez escondiéndose en el agua quedó ahogado por su pregunta, y las pequeñas ondulaciones causadas por el rápido movimiento sólo fueron percibidas por los dos chicos.

—A este tipo de pez[5] le encantan las cigarras, por eso ellas han dejado de hacerse notar —dijo el más pequeño.

—Ahora que has escuchado nuestros sonidos, ¿dinos por favor si son los mismos que se escuchan en el lugar del que procedes?

Los chicos sabían que en un año irían a pasar una temporada a la comunidad de Lena y querían asegurarse que el lugar les iba a resultar familiar.

—Los sonidos pronunciados por la naturaleza son idénticos, pues sólo vivo a un día de marcha de aquí. Aunque también es bastante común escuchar el sonido de los vehículos de antigravedad deslizándose por el espacio, el sonido de los animales domésticos, y a veces los pequeños silbidos de nuestros artefactos tecnológicos.

Los dos chicos la miraban con los ojos de aquél que intenta no perderse detalle, como si todo lo que la chica estaba comunicando fuera muy importante. Terminado el relato, el chico de mayor edad continuó diciendo:

—Se puede oler... —para a continuación describir con detalle los diferentes olores percibidos desde aquel rincón del *bush australiano*. El olor del árbol del té, de las flores de mimosa, del musgo; pero muy especialmente el aroma de los eucaliptos—. ¿Percibes su fragancia? —preguntó, mientras cogía la hoja de un eucalipto joven y la restregaba entre las manos—. Los olores son mucho más intensos después de una lluvia, especialmente después de una tormenta veraniega. Cuando el sotobosque de hojas y corteza se humedece, emite una fragancia que te rodea desde abajo para alzarte el espíritu.

—¡Y los vivos colores después de un aguacero! —exclamó el más pequeño, también visiblemente emocionado—. Con los pájaros cantando todos a la vez, para celebrar la lluvia y la salida del Sol. ¿Es que los olores y los colores son los mismos allí donde vives? ¿Es que los pájaros cantan las mismas melodías?

Finalmente la chica comprendió. Aquellos chicos no estaban interesados en conocer información abstracta, como el sistema político utilizado por la comunidad donde ella vivía, o los artilugios tecnológicos de los que se rodeaban, o si aún utilizaban el dinero para algunas de sus transacciones o todas ya se hacían por reciprocidad y trueque. Ellos no podían concebir otra manera de vivir que no estuviera estrechamente vinculada a la naturaleza, percibiendo su música y cantándola a la vez. Ellos pertenecían a aquella tierra; eran tanto la tierra como sus guardianes. Irse de allí, dejando la vibración que les

---

[5] *Macquaria novemaculeata*. En inglés *Australian bass*.

138

acunó en el instante de nacer, era impensable. Tal acto les ocasionaría enfermedades, primero del espíritu, para finalmente manifestarse en su cuerpo. Por eso, querían asegurarse que, al vivir una temporada en la comunidad de Lena, no iban a abandonar el ambiente que les era tan familiar.

ᘓ *El sueño*

AQUEL LUGAR ESTABA abarrotado de gente. En él reinaba un espíritu de alegría, pues todos parecían estar celebrando algo. Unos bailaban, otros cantaban mientras lanzaban objetos o gritos al aire. La chica les miraba llena de curiosidad. «¿Qué habrá sucedido?» pensaba. Los vehículos estaban en suspensión, dos palmos por encima del suelo, en el habitual estado de espera. Nadie los ocupaba, aunque las puertas de muchos habían quedado abiertas. Aquéllos que llegaron a caballo, lo dejaron pastando y sin amarrar. Lena reconoció el lugar. Era el punto de encuentro de su comunidad, lugar donde estaba ubicado el consejo de ancianos.

En el centro de aquel paraje destacaba el ágora, un edificio de cristal y adobe, donde los miembros de la comunidad se reunían para debatir. En él se trataba cualquier tema que afectara a la comunidad. Se debatía hasta alcanzar consenso, y por lo tanto a veces las reuniones duraban horas o incluso días. La contraparte positiva era que nadie abandonaba el ágora con la sensación de no haber sido escuchado, y que una vez tomada una decisión, ésta se implementaba con agilidad y rapidez, pues todos la habían aceptado.

Cuando no se celebraba un consejo, era utilizado como centro de aprendizaje y lugar desde donde acceder a los registros globales. Eran registros con todo tipo de información, almacenada holográficamente y capaz de generar impresiones multisensoriales. Registros de discursos dados por los sabios, o de las costumbres y hábitats de determinadas especies animales, o de los olores y sabores de plantas medicinales. También se podía acceder a antiguos documentos escritos o audiovisuales, donde estaba almacenada la información de la anterior Era, y del período de transición, hacía quinientos años.

Allí Lena había pasado horas, escuchando los debates de los adultos, otras veces sola consultando los registros, o en grupo investigando con sus compañeros algún tema de interés. Eran maneras de aprender muy interactivas, que no seguían un plan de estudios preestablecido. El sistema de evaluación no estaba basado en la capacidad de absorber información, para vomitarla el día del examen, sino en la capacidad de crear una conciencia crítica. No se fundamentaba en la formación, sino en la educación, en el sentido literal de la palabra[6].

Entonces apareció la matriarca. Su figura destacaba, por ser la única que en vez de estar absorta en la celebración, simplemente caminaba entre toda aquella gente en dirección a Lena. La chica la saludó, contenta de verla visitando su comunidad. La mujer estaba intentando decirle algo desde la distancia, aunque con el bullicio del lugar, la joven no llegaba a poder entenderla.

—Lena, estás soñando —repitió Mama Tuk, esta vez casi a pie de oreja.

—¿Qué quieres decir, tía?

—Esto es un sueño. Si me acompañas, te diré cómo aprovecharlo para viajar a otros lugares, en los cuales puedes aprender mucho más.

Juntas empezaron a ascender por una pequeña colina ubicada no lejos de allí. La matriarca la agarró de la mano para llevarla al borde del acantilado. Curiosamente ya no estaba en la cima del pequeño cerro, sino al pie del precipicio esculpido por un río que discurría a gran velocidad. La garganta se abría abruptamente, como una herida exponiendo la carne viva. El resto del paisaje estaba cubierto por un manto de árboles. Lena reconoció el lugar.

«Quizá sí que esté soñando, pues estas cosas sólo pasan en los sueños» pensó.

—Sí estás soñando —dijo Mama Tuk, después de leer su pensamiento—. Salta conmigo, para volar y salir de este paraje.

Las dos saltaron, dándose la mano. El salto vino seguido de una agradable sensación de ligereza, como si una bocanada de energía las elevara para hacerlas volar. Alzado el vuelo, aunque aun cogidas de la mano, todo empezó a perder consistencia. La cordillera de montañas en el horizonte ya no parecía tan sólida, sino que al mirarla iba variando su forma y colorido. Nubes fueron apareciendo a su alrededor, o mejor dicho, una especie de niebla las rodeó. Al disiparse ésta, Lena se encontró en el campamento, con las brasas del antiguo fuego sobre

---

[6] La palabra formar implica dar forma, de modo que quien forma (el maestro) se convierte en el sujeto activo, mientras que quien es formado (el alumno) permanece pasivo. En cambio, la palabra educar procede del latín *educere*, que significa «sacar» o «hacer manifestar», refiriéndose al acto de despertar el potencial innato en cada uno de nosotros. En este segundo caso, quien se educa permanece activo y dispone de un mayor grado de decisión sobre lo que quiere aprender y cómo desea aprenderlo.

el que habían cocido el emú aún humeantes. Allí las esperaban los dos chicos, quienes también parecían haber sido arrancados de sus respectivos sueños por Mama Tuk.

—Venid que os los presentaré —dijo la matriarca.

—¿Presentarnos a quién? —preguntó la chica.

—A aquéllos a quienes llamáis «reino vegetal», por no moverse ni emitir sonidos. Así los distinguís de los «animales». ¿Os acordáis?

—Aristóteles hizo esta distinción, hace mucho tiempo —dijo el resabiado del acento extraño.

—Aquí el concepto «mucho tiempo» pierde sentido. El fluir del tiempo, tal como lo vivís en la otra realidad, es distinto. Recordad que estáis en una de las realidades del Soñar, y que la estáis visitando en espíritu —puntualizó la mujer.

✛ leyenda sobre el origen de los humanos ✛

Mama Tuk se dirigió al grupo de helechos que crecía junto a campamento, para seguidamente empezar a invocar sus espíritus. Los chicos observaron perplejos cómo de sus troncos se empezaron a distinguir unas formas. Eran figuras con una cierta semejanza a los seres humanos, pero que conservaban su peculiar fisonomía. Las manos eran estilizadas, con largos dedos retorcidos de manera similar a como los helechos enroscan sus hojas jóvenes. Vestían una especie de falda, de un color castaño, constituida por las ramas ya secas y caídas. Al hablar, iban desenroscando sus dedos, extendiéndolos y abriéndolos. No es que hablaran con palabras, sino que transmitían la información mediante imágenes proyectadas, percibidas por los presentes de una forma intuitiva.

—Nosotros llevamos viviendo en esta tierra casi desde el principio —dijo el primer helecho—. Estamos entre sus primeros habitantes. Inicialmente no había nada. La tierra estaba desolada y estéril. Superficies rocosas gastadas por la lluvia; extensiones de arena o grava cubriendo todo el horizonte; zonas de antigua actividad volcánica; depresiones salinas anteriormente inundadas por el océano; suelo que exponía sus tonos arcillosos, donde abundaban los rojizos, pero también se podían encontrar las tonalidades grises o amarillentas. El único verde era el de las pocas algas que tímidamente se aventuraban a cubrir las zonas adyacentes al agua. Si queréis saber más sobre ese periodo, deberéis preguntar a las piedras. Ellas os lo pueden explicar con mayor detalle, pues llegaron mucho antes que nosotros. De hecho, ellas están aquí desde el principio.

El primer helecho hizo una pausa, momento que fue aprovechado por su compañero, quien se dispuso a continuar el relato:

—Entonces llegaron los musgos, así como otros tipos de vegetación que ya no se hallan entre nosotros. Seguidamente aparecimos nosotros[7]. Entre todos, colonizamos aquella tierra estéril y la volvimos verde. Con el manto verde, las nubes empezaron a visitarnos más a menudo, dejando caer su lluvia. Así fue como, con paciencia, acabamos por transformar la tierra yerma en un vergel de selva húmeda.

De nuevo se hizo una pausa, aprovechada por el tercer helecho, que tomó el relevo:

—Pero poco a poco fue llegando el frío, un frío que cada vez se hizo más intenso[8]. La mitad del continente acabó cubierta por el hielo, incluida la tierra que ahora pisáis. Cuando finalmente los glaciares retrocedieron y el hielo se derritió, todo estaba como al principio, estéril, revestido de rocas, grava y diferentes sedimentos. Sin embargo, nosotros regresamos y por segunda vez transformamos la tierra en un vergel. Durante mucho tiempo todo fue verde, frondoso y húmedo de nuevo, hasta que empezaron los fuegos, y con los incendios se esparcieron ellos[9] —recalcó el helecho, mientras señalaba al eucalipto de la variedad plateada que crecía en la zona limítrofe.

El eucalipto plateado había arraigado en aquella franja donde el frondoso bosque pluvial desaparecía, para dejar paso a una naturaleza mucho más seca, constituida de eucalipto, alguna que otra mimosa y árboles del té. Entonces continuó diciendo:

—Ellos ahora ocupan casi la totalidad del territorio, quedando sólo pequeños remanentes de lo que algún día fue, pequeños bolsillos

---

[7] Se estima que los helechos aparecieron durante el Carbonífero temprano. El Carbonífero tuvo lugar ahora hace 359 –299 millones de años.

[8] Durante los primeros 74 millones de años del Carbonífero, aquella parte de la antigua Gondwana que ahora es Australia se desplazó desde las regiones ecuatoriales hasta latitudes mucho mayores, provocando que el hielo acabara por cubrir gran parte de su territorio. Fuente: Mary E. White, "Running Down, Water in a Changing Land", *Kangaroo Press*, 2000.

[9] Se refiere al período de erupciones volcánicas de hace 25–40 millones de años. El documento "Australia Burning" 2003 escrito por Geoffrey Cary, David Lindenmayer y Stephne Dovers, y publicado por el CSIRO, vincula la expansión de los eucaliptos, desde el Norte de la actual Australia, a los incendios constantes causados por los relámpagos durante lo que ellos llaman "terciario medio". Los incendios hicieron posible que especies adaptadas al fuego, como los eucaliptos, acabaran por subordinar a la selva pluvial de Gondwana.

donde aún se nos permite vivir[10]. Pero observad que, donde ellos crecen, prácticamente no hay agua. Ellos la absorben toda, pues su sed es insaciable. Tampoco verás crecer mucha vegetación a su alrededor, pues también empobrecen la tierra. Sus hojas y la corteza son tan ácidas que nada germina bajo sus pies. Ésta es su táctica, llenar el sotobosque con su desperdicio, esperando el día en que llegue el fuego. Así, cuando el fuego se manifiesta, éste quema el sotobosque, haciendo germinar sus semillas y matándonos a nosotros. Por medio de esta estratagema, han ido poblando todo el territorio. Y si nosotros salimos de nuestros bolsillos, para intentar vivir en el medio ácido que ellos han creado, su aliado «el fuego» nos debilita o nos mata.

Pronunciadas estas palabras, o mejor dicho, proyectadas las imágenes, los cuatro se encaminaron hacia el eucalipto plateado, para visualizar lo que él tenía que contar.

El espíritu de aquel eucalipto era completamente distinto. Así como los helechos aparentaban señoras ya entradas en edad, con sus largas uñas y las faldas envejecidas; el eucalipto plateado tenía el aspecto de un hombre joven, enérgico, impaciente e incluso un poco irascible. Su nariz era corta, los ojos intensos, las facciones puntiagudas, la piel de tonalidades rojizas, el cuerpo delgado y estilizado, con largos brazos y piernas con las que parecía moverse por ese espacio onírico sin mayor dificultad. De hecho, raramente se le encontraba reposando en el tronco, sino que la mayoría del tiempo lo pasaba desplazándose de un lugar a otro, sin permanecer nunca quieto. Era puro nervio; pura fibra.

—Qué dicen los helechos quejicas —exclamó en un tono ligeramente arrogante—. Nosotros, al igual que ellos, también procedíamos de la selva pluvial[11]. Entonces vimos cómo el fuego iba destruyéndola, para convertirla en tierra de nadie. Así fue como aprendimos a ocupar este otro medio que los incendios iban creando. Las mismas nubes que en el pasado les traían a ellos el agua, trajeron

---

[10] En la actualidad únicamente un 0.3 por ciento de la superficie de Australia está ocupada por antiguo bosque pluvial de Gondwana. Fuente: "Report on the State of Conservation of the Central Eastern Rainforest Reserves of Australia" UNESCO. 2002

[11] Los eucaliptos son de la familia *Myrtaceae,* las especies de la cual abundan en climas tropicales y subtropicales, muchas veces en entornos de selva pluvial. Según el estudio del Dr Michael D. Crisp y otros "Flammable biomes dominated by eucalypts originated at the Cretaceous–Palaeogene boundary" *Nature Communications,* 2011, los eucaliptos empezaron a diferenciarse y desarrollar su resistencia al fuego durante los inicios del Paleógeno, ahora hace 60–62 millones de años.

los relámpagos que causaron los fuegos con los que nosotros hemos ido repoblando este territorio. Ellos tuvieron su momento de gloria, pero llegado éste a su fin, ahora nos toca a nosotros.

Escuchadas tales palabras, Lena dirigió la mirada en dirección a la matriarca, para decir:

—Tía, representan dos perspectivas tan distintas de las cosas... ¿Es que nunca se pondrán de acuerdo?

—Siempre hay una posibilidad de ponerse de acuerdo —respondió la mujer—. Aparte, lo más importante es que, al hacerlo, tenemos la oportunidad de madurar espiritualmente para convertirnos en algo nuevo, algo más grande. Venid, y os enseñaré quiénes son ahora los eucaliptos que regresaron a la selva pluvial para aprender a convivir con los helechos.

Mama Tuk pidió a los tres jóvenes que la siguieran de nuevo hasta el campamento. Sin embargo, esta vez no visitaron los helechos, sino que fueron en dirección al majestuoso eucalipto de montaña, cuyo follaje cubría todo el claro bajo el cual el grupo acampaba. Ese espécimen debía medir más de ochenta metros de altura, y seguramente rondara los quinientos años de edad. Tal como ya había informado el chico del acento extraño, era el árbol con flor que podía alcanzar una mayor altura.

—Aquí tenéis el potencial a alcanzar, cuando un eucalipto decide retornar a los pequeños bolsillos de bosque pluvial de los que originariamente procede, retornar a un remanente de la antigua Gondwana —comentó la mujer—. Ejemplifica el resultado de la fusión entre pasado y presente, para así abrirnos paso hacia un nuevo futuro. Como los otros eucaliptos, él necesita al fuego para germinar, y también el espacio abierto que el fuego ayuda a crear. Pero una vez haya germinado, al igual que los helechos, el fuego lo puede matar con facilidad. En este aspecto se distingue de su pariente, el eucalipto plateado, que quizás sea uno de los de su especie que más rápidamente se rehace tras un incendio.

Aquél eucalipto de montaña era realmente majestuoso y a la vez bondadoso. Ni un circulo de diez personas hubieran podido cubrir su perímetro. De su generosidad vivía toda la vegetación que crecía a su alrededor, pues él se aseguraba que nunca les faltara agua[12]. Era como una inmensa cisterna, que con su grandiosidad había creado un espacio apropiado para muchas especies de bosque pluvial. Por ejemplo, el musgo, primer colonizador de aquella tierra, crecía en la base, vistiéndolo como quien lleva ropaje de terciopelo. También ofrecía un hábitat adecuado al águila audaz, al ave lira, al pósum de Leadbeater, entre otros.

En cuanto al aspecto del espíritu que éste albergaba, sus ojos quedaban escondidos detrás de unas cejas pobladas, con la mirada de aquel que tiene muchas cosas que contar. La nariz era voluminosa, arrugada y chata. La boca ancha, con unos labios carnosos que invitaban a escuchar. Las orejas eran las de alguien que sabe permanecer en silencio, para percibir los sonidos y tonos que le rodean. Obviamente, el tamaño de aquel espíritu era considerable, como considerable era la dimensión del árbol que lo albergaba. Sin embargo, no tenía un aspecto que causara temor, sino muy al contrario, transmitía un sentimiento de seguridad y protección.

Al verlo, los tres chicos comprendieron inmediatamente por qué el campamento estaba instalado al pie de aquel gran árbol, justo bajo su follaje. Cada rincón del bosque poseía una vibración propia, la cual era transmitida por la fisonomía del lugar o por la vegetación que crecía a su alrededor. La presencia de algunos árboles era buena para concebir, otros para dar a luz, y unos terceros para descubrirse a uno mismo. Mientras que aquel eucalipto de montaña creaba el espacio adecuado para montar campamento, pues él se aseguraba que todos aquéllos que durmieran bajo su dosel disfrutaran de buenos sueños, de buenas expediciones al Soñar.

El espíritu del eucalipto de montaña se los quedó mirando, para entonces decir:

—Una vez esparcidos los eucaliptos por todo el territorio, el mismo fuego del que dependían puso en peligro los pequeños bolsillos de bosque pluvial de la antigua Gondwana. Era preciso actuar y hacerlo con rapidez, pues en ellos vivía la mitad de lo que vosotros llamáis

---

[12] En zonas de alta pluviosidad, un bosque de eucaliptos de montaña (*Eucalyptus Regnans*) de 250 años de antigüedad produce 420 mm más de agua anuales, en comparación a un bosque de la misma especie, pero únicamente de 15 años de antigüedad. Fuente: Mariño, Miguel & Simonovic, Slobodan "Integrated water resources management", *IAHS Publication* no. 272, 2001 pg. 252.

familias de plantas y un tercio de las especies de mamíferos y aves[13]. Finalmente los pocos remanentes de bosque pluvial decidieron que en vez de atrincherarse, intentando mantener a los eucaliptos totalmente fuera, se les invitaría a crecer en uno de los bolsillos. Aquéllos fueron los primeros antepasados de mi especie quienes, gracias al agua y al alimento provisto, crecieron hasta alcanzar la altura que ahora nos caracteriza.

Tras una pequeña pausa, durante la cual dio la bienvenida a un búho que en él anidaba, el árbol continuó:

—Sin embargo, para poder preservar o incluso expandir los pequeños bolsillos de bosque pluvial, se requería más ayuda. Necesitábamos a aquéllos que pudieran domar al fuego. Por ello, se acordó que cada especie de planta y animal aportaría un número suficiente de almas para que éstas se reencarnaran en los primeros humanos. A ellos se les dio dominio sobre el fuego y la responsabilidad de preservar la tierra. Ellos iban a ser los guardianes y protectores del bosque de Gondwana.

—A las especies de animales y plantas que aportaron sus almas, las llamamos antepasados totémicos —añadió Mama Tuk—. Por eso, nosotros definimos nuestras relaciones de parentesco dependiendo de dónde provenga nuestro espíritu. También, por eso decimos que estamos en esta tierra desde el inicio. Si bien no siempre la hemos habitado en un cuerpo humano, si estábamos ya en espíritu, habitándola como planta, animal, o esperando en los billabongs[14] el momento propicio para manifestarnos. Así fue desde el momento en que los antepasados creadores definieron la fisonomía de este territorio, para seguidamente poblarlo de espíritus, poblarlo con todos nosotros.

—Los humanos se convirtieron en los guardianes y preservadores de esta frágil tierra —continuó narrando el eucalipto de montaña—. Y como suele hacer la Naturaleza, de las necesidades de unos hizo los beneficios de los demás. Los humanos requerían hierba en abundancia, para así alimentar manadas cada vez más numerosas de canguros que cazar. Para tener hierba, era necesario que los eucaliptos crecieran de forma más dispersa y que el sotobosque no se

---

[13] "Report on the State of Conservation of the Central Eastern Rainforest Reserves of Australia" UNESCO. 2002

[14] *Billabong* es una palabra australiana de origen aborigen para referirse al agua que queda estancada en el antiguo lecho cuando el río cambia su curso.

acumulara.[15] La solución consistió en quemar rutinariamente el sotobosque, para que de su ceniza creciera la hierba que alimentaba a canguros y walabíes, entre otros.

····╬····

—Al estar más esparcidos —dijo Mama Tuk, quien de nuevo tomó el relevo—, la competencia entre eucaliptos disminuyó, lo que les permitió alcanzar un mayor tamaño. Esa mayor dimensión les permitía retener más agua en sus troncos, cosa que hacían durante los grandes aguaceros, para devolverla al suelo en los días secos. Así, el flujo de los ríos y arroyos se mantenía más constante. Como el bosque era más húmedo, la distancia entre los árboles mayor y sus alturas más variadas, el fuego nunca llegaba a quemar las copas, nunca llegaba a ser violento y destructor.

—¿Cómo afectó esa práctica a los pequeños remanentes de bosque pluvial de Gondwana que aún quedaban? —preguntó Lena.

—El objetivo era invertir la tendencia, permitiendo que los límites del bosque pluvial se expandieran, en vez de retroceder —dijo esta vez el majestuoso árbol—. Para hacerlo posible, los eucaliptos de montaña y los humanos nos pusimos a trabajar en equipo. Primero, uno de los nuestros depositaba sus semillas en los límites exteriores del bosque pluvial, esperando a que fueran germinadas por los fuegos domados de los humanos. Una vez germinada, una nueva generación de eucaliptos de montaña crecía y cuando éstos habían alcanzado un tamaño suficiente como para convertirse en donantes netos de agua, el bosque pluvial se extendía bajo los pies.

—Me alegra escuchar esto —comentó Lena.

—Sí. Pero entonces regresaron otros espíritus, unos espíritus que abandonaron esta tierra hacía mucho tiempo para no volverla a pisar desde entonces —comentó la matriarca—. A causa de su larga ausencia se habían vuelto más pálidos, y por ello al principio pensamos que eran espíritus desencarnados, espíritus de los que vosotros llamaríais muertos. Después nos dimos cuenta de que sí tenían cuerpo,

---

[15] El documento "Fire: The Australian Experience" NSW Rural Fire Service, dice: «*Generalmente se acepta que el bosque que crece actualmente en Australia es muy distinto al que existió antes de la colonización Europea. Numerosos escritos de los primeros colonizadores y exploradores, describen un bosque muy abierto, tan abierto que muchas veces se parecía más a un parque. Los árboles solían poseer una gran dimensión, con abundante hierba nativa creciendo bajo sus pies, y muy poco sotobosque. Normalmente no se requería limpiar las rutas, para que por ellas pudieran pasar los caballos y carromatos*».

que sí podían afectar al medio para transformarlo; pero que algo les debía haber sucedido pues sus corazones estaban secos.

—¿Corazones secos? —preguntó la chica.

—Sí. Poseían una naturaleza insaciable, como la de muchos eucaliptos, y como nosotros, ellos también regresaron del Norte. Ellos nos querían por la madera y nos empezaron a talar. Nos talaban de forma indiscriminada, llevándose tanto a los más viejos, aquellos que retenían el agua, como a los jóvenes. Talaban tanto el bosque pluvial, como el bosque más seco. Una vez talados, quemaban todo lo que no se habían llevado, para que las semillas germinen y una nueva generación pudiera crecer. Pero como habían arrasado con todo, la nueva generación germinaba toda a la vez. El resultado eran cientos de nuevos eucaliptos, todos creciendo muy amontonados y todos de la misma altura.

—Eso hizo que el bosque se volviera más seco —aclaró Mama Tuk —. Se tardan entre ciento cincuenta y doscientos años para que un bosque talado pueda retornar a los niveles de humedad anteriores[16] y ellos lo talaban con una frecuencia de entre cincuenta y ochenta años. [17]

—¿Cómo afectó eso a los incendios? —preguntó el chico del acento extraño.

—Bien, tenemos un bosque más seco, de árboles más pequeños, creciendo más juntos, y todos a la vez. Por lo tanto sus copas están todas a una misma altura. El resultado fue que los incendios, en vez de quemar únicamente el sotobosque, muchas veces terminaban por alcanzar las copas, quemando incluso los troncos. Eran incendios salvajes, completamente descontrolados y muy peligrosos. Incendios

---

[16] La curva *Kuczera* predice una disminución en la producción de agua inmediatamente después de la tala. El mínimo se alcanza a los 20–30 años posteriores a la tala, para a continuación irse incrementando gradualmente. Se precisan de entre 150 y 200 años para recuperar los niveles de producción de agua existentes antes de la tala. Fuente: Murray Peel y otros, "Predicting the water yield impacts of forest disturbance in the Maroondah and Thomson catchments using the Macaque model" Cooperative Research Centre for Catchment Hydrology. 2000

[17] Traill, Barry "Woodchips or Wildlife: The case against logging our native forests" *The Environment Papers*, Volume 1, Issue No. 1, October 1995, Victorian National Parks Association, page 11.

que no respetaban nada a su paso.[18] Quemaban los pequeños remanentes de bosque pluvial de Gondwana que aún no habían sido talados, pero también quemaban poblaciones.[19]

—¿Y no hicieron nada para prevenirlo? —preguntó el chico del acento extraño.

—Sí. Rutinariamente quemaban el sotobosque, tal como hicimos nosotros en el pasado. Pero el bosque que ellos habían creado con la tala era muy distinto al nuestro, constituyendo una solución a medias. Por estar repleto de sotobosque, ser más seco, más denso y de árboles más jóvenes, sus quemas rutinarias lo hacían aún más árido,

---

[18] El informe "Australia Burning" escrito por Geoffrey Cary y otros, y publicado por la CSIRO considera tres épocas de los incendios forestales en Australia:
1. El período pre-humano, iniciado hace 25–40 millones de años, momento en el que los relámpagos causaron incendios forestales masivos posibilitando a les especies adaptadas al fuego el subordinar el bosque pluvial de Gondwana;
2. El período aborigen, durante el cual los fuegos fueron domados;
3. El período desde la colonización europea, durante el cual los incendios se han tornado incontrolables.

[19] El 7 de febrero del 2009 una serie de incendios descontrolados mataron a 173 personas e hirieron a otras 414 en el que fue bautizado como *Black Saturday* (*sábado negro*). Los incendios forestales afectaron 78 pueblos y se estima que desplazaron a 7.562 personas. Gran parte de la zona que ardió había sido recientemente talada o era bosque de plantación. Fue un desastre ya anticipado cuando en el año 2002 se talaron grandes extensiones de bosque pluvial de los Cathedral Range, muy cerca de Marysville.

Foto tomada por el autor del bosque pluvial talado en el 2002

poniendo en peligro los remanentes de bosque pluvial que querían proteger. Por ello, ni cuando intentaban hacer lo correcto acertaban, por haber perdido la capacidad de escuchar a la Madre Naturaleza.

Pronunciadas estas palabras, los chicos observaron cómo el entorno se transformaba, para representar cómo habría quedado ese mismo lugar después de una tala. El eucalipto de montaña había sido sesgado por su base. En ella se podían observar los diferentes desniveles, con pendientes variadas, escupidos por las sierras mecánicas para así determinar la dirección en que el árbol caería. A su alrededor, los otros árboles también habían sido talados. Algunos fueron abandonados después de caer y quemados junto con todo aquello que no se llevaron. Ramas conteniendo las semillas que iniciarían una nueva generación; corteza arrancada violentamente por las garras de las máquinas; helechos pisados por las orugas de hierro, todo había sido quemado y ahora solo quedaba madera ennegrecida, carbón y ceniza.

Los presentes se quedaron callados. No había nada que decirse. Digerir esa escena ya los mantuvo bastante ocupados. El chico del acento extraño empezó a caminar, para inspeccionar la zona. Seguidamente hizo un salto para subir a la base del antiguo eucalipto de montaña, dio cinco pasos con los que midió su diámetro para entonces decir:

—¿Y todo eso por qué?

—La mayoría de la madera la querían para hacer papel[20] — respondió Mama Tuk—. Pero el problema no era tanto el papel, pues éste también podía fabricarse sin necesitar talar árboles de quinientos años en el continente más seco del planeta. El problema estaba en la forma de hacer.

❧ Los nuevos humanos

AQUELLA IMAGEN De desolación estaba aún impregnaba en la mente de los tres chicos, cuando unos instantes después despertaron. Al abrir los ojos, lo primero que hicieron fue mirarse, para inmediatamente ponerse a buscar a la matriarca. Mama Tuk no estaba allí, lo cual les llevó a deducir que ella debía de haber pasado la noche en algún otro

---

[20] Según el informe anual de VicForest, en el año fiscal 2009—10 un total del 68% de la madera talada se utilizó para hacer pulpa. Ésta se vendió a un precio aproximado de 2.50 dólares la tonelada.

rincón del bosque, si es que dormir había. La matriarca no necesitaba soñar para entrar en los reinos del espíritu, sino que podía hacerlo a voluntad. Transitar entre reinos sin confundirlos es la habilidad natural del chamán. El resto, nos aventuramos cuando dormimos, y con un poco de suerte nos despertamos sin interrupción de la conciencia, nos despertamos recordando los lugares visitados.

El chico del acento extraño fue de nuevo el primero en hablar.

—No logro entenderlo. Talar el bosque y especialmente los pequeños bolsillos de selva pluvial de Gondwana, para hacer papel. Unos bolsillos que a pesar de representar tan sólo una fracción del territorio, daban cobijo a la mitad de familias vegetales y a un tercio de la diversidad de mamíferos y aves. La verdad es que no lo comprendo. ¿Tan valioso era aquello a lo que llamaban papel?

Lena era plenamente consciente de lo que le habían hecho al bosque ahora hacía cinco siglos. Ella vivía en aquella tierra y la historia le había sido narrada una y otra vez por los adultos. Destruir de aquella manera en la actualidad hubiera sido impensable, inconcebible. De la humanidad en su totalidad, de cada comunidad, de cada hogar y de cada individuo se esperaba una cosa: «Contribuir positivamente al medio». Terminada la jornada, era común reunirse en grupos para preguntarse: «¿Qué hemos hecho hoy por la Madre?».

Durante los últimos cinco siglos la humanidad había centrado toda su energía a devolver el equilibrio al planeta, para así volver a vivir en armonía con el medio. Era una tarea a la que todos contribuían, cada uno a su manera y en su medida. Por ejemplo, el grupo de Mama Tuk sembraba el bosque, para incrementar su diversidad genética. Tal tarea la realizaban con la cautela que les caracteriza, es decir, sin perturbar la Naturaleza, ni romper su armonía. Por estar sensibilizados con el terreno, siempre sabían si una acción era la correcta o si podría causar alguna contingencia futura.

Por eso estaban allí, acampando unos días debajo del majestuoso eucalipto de montaña. Una vez recogidas algunas de sus semillas, se dirigían al Oeste, para depositarlas en los límites exteriores de otro bolsillo de bosque pluvial. Seguidamente quemarían la zona limítrofe con sumo cuidado, para hacer que las semillas germinaran. Doscientos años después, aquella área se convertiría en bosque pluvial de Gondwana, y para cuando eso sucediera, sus descendientes ya estarían plantando semillas un poco más allí, y así continuar expandiéndole los límites.

En cuanto a la comunidad de Lena, en ella se hacía exactamente lo mismo, pero de una forma más sedentaria. Cada hogar tenía la responsabilidad de transformar la porción de tierra que les rodeaba en un vergel. De este entorno inmediato obtenían un tercio de los alimentos, toda el agua y toda la energía, y en él depositaban todos los residuos domésticos, después de reciclarlos convenientemente. Un segundo tercio de la comida procedía de la tierra comunal, tierra que era trabajada de manera conjunta por una aldea o grupo de ellas. Finalmente, el último tercio provenía del exterior, y usualmente era obtenido mediante el trueque de productos o servicios. Y sin embargo, el trueque no se practicaba entre miembros de una misma comunidad. Entre éstos todo intercambio se regía por reciprocidad, por el conocido 'hoy por ti y mañana por mi'.

Las distintas aldeas se agrupaban constituyendo redes. Las agrupaciones territoriales eran como las tramas de un tejido. Las agrupaciones virtuales, es decir, los grupos de aldeas separadas por la distancia, pero comunicadas telemáticamente, eran las urdimbres. Dichas tramas y urdimbres formaban el tejido. A ello se le llamaba envolver la tierra para «tejer aldeas» en ella. Fuera en las artes, la investigación, la fabricación, la preservación, la transformación, o la restauración, cada individuo, hogar, o grupo eran valorados en la medida de sus contribuciones. Era el llamado beneficio colectivo, beneficio que era máximo cuando algo se hacía o daba de manera desinteresada, es decir, sin pedir nada a cambio; o cuando había fruto, compartiéndolo con la comunidad y sin apegarse al mismo. Así es como la Naturaleza da, y así es como los humanos ahora operaban.

Al llegar Mama Tuk, todavía se leía en el ambiente el impacto causado por la escena de la tala. Ninguno de los tres chicos había podido digerir la imagen, haciendo que las emociones despertadas por aquella última visión aún flotaran en el ambiente. La matriarca podía percibir la densa energía, liberada por el impacto emocional de la escena vista. Era una energía tan pesada que casi resultaba palpable. La de tonalidades grisáceas vestía el color de la depresión y el pesimismo. La de tonalidades escarlata mostraba el color de la indignación[21]. La mayoría se encontraba estancada en el área adyacente al ombligo de cada chico, para así impregnarlo. La mujer adivinó que nos encontrábamos ante un problema de indigestión en el *miwi*, así que se los quedó mirando, para a continuación preguntar:

—¿Comprendéis ahora por qué bebíamos?

---

[21] Emoción vinculada a cada color extraída de: Swami Panchadasi, *The Human Aura Astral Colors and Thought Forms*. Yoga Publication Society. 1912

Ante aquella pregunta, los tres chicos rompieron a llorar. Mama Tuk les hizo un gesto con la mano, para que la abrazaran. Mientras así hacían, ella les frotó la espalda en sentido descendente. La catarsis iniciada por el llanto, más aquel frotar de espalda, permitió que toda la energía emocional contenida en la zona del ombligo fuera descendiendo. Del ombligo a la cadera, y de ésta a las piernas, hasta abandonarlos por la planta de unos pies desnudos, siendo finalmente absorbida por la tierra, por la Madre que todo lo acepta.

—Bebíais por ser vosotros aquella tierra, y lo que a ella le pasara, también os pasaba a vosotros —dijo con las lágrimas aún visibles, aquél que hasta entonces había permanecido muy callado—. Como que estaban intoxicando la tierra, vosotros os intoxicabais; como que la estaban maltratando, vosotros os flagelabais.

—¿De dónde eres? —preguntó Lena.

—De «Ceja de selva» —respondió el chico.

Cinco siglos antes, esa misma pregunta hubiera obtenido como respuesta el nombre de un país. «Del Perú» habría dicho él. Pero ahora, en vez de responderse mencionando una agrupación política, se contestaba refiriéndose a un territorio con rasgos geográficos afines. Ceja de selva era la vertiente de los Andes encarada a la selva del Amazonas. Aquel chico procedía de un medio que hacía cinco siglos, también había sufrido abusos similares.

A Mama Tuk no le fue necesario preguntar, para saber su lugar de procedencia. Lo podía leer en la energía que le rodeaba, como si la vibración del entorno que habitamos acabara por impregnarnos el espíritu. Aquel chico también procedía de un lugar rodeado de bosque pluvial, pero con elevaciones mucho más variadas. Por estar en zona montañosa y cerca del ecuador, la temperatura disminuía a medida que se incrementaba la altitud, en vez de hacerlo con el transcurso de las estaciones. Con las temperaturas también variaban los climas, permitiendo la práctica de una agricultura vertical, en contraste con una agricultura regida por ciclos anuales. Toda esta información estaba impresa en el aura del chico y podía ser leída por alguien con las habilidades de la matriarca.

Pero Mama Tuk también podía deducir información observando y preguntando a la gente de alguien. Dicha gente no eran personas con su cuerpo físico, como nosotros, sino nuestros guías de los reinos del espíritu. Estos podían ser ángeles, antepasados desencarnados, animales totémicos, criaturas etéreas o deidades de la naturaleza. Para visualizarlos, simplemente necesitaba sintonizar su mirada con las diferentes frecuencias vibratorias en las que éstos residían. Por ejemplo, los animales totémicos resultaban visibles a una frecuencia, los antepasados a otra, y las criaturas etéreas como las hadas o los elfos en una tercera.

Ella sabía que en una vida anterior Lena había sido su tío, a quien ella nunca llegó a conocer. Lo sabía porque el espíritu de su padre, muerto también hacía tiempo, se lo había contado. Los habitantes ancestrales de aquel continente no pronuncian el nombre de los muertos, para no llamarlos de regreso. Así esperan que puedan descansar en paz en los reinos del espíritu, en vez de estar constantemente volviendo, cada vez que su nombre es mencionado. Pero a veces volvemos sin ser llamados, normalmente para poder terminar algo que dejamos inacabado, y muchas otras veces por puro apego.

En el caso del padre de Mama Tuk, él había vuelto al sentirse responsable por la prematura muerte de su hermano pequeño, de aquél quien ahora era Lena. El chico falleció por una picadura de serpiente. Muchos dirán que nadie puede ser responsable de una muerte por picadura de serpiente, pero para los primeros pobladores de aquella tierra ancestral nada sucede por casualidad. Cada desgracia, aunque aparentemente parezca fortuita, es consecuencia de un desequilibrio. Por eso, ellos siempre buscan la acción original que causó tal desequilibro, para saber aquello que hay que corregir y así evitar que vuelva a suceder.

El día de la picadura mortal que mató al tío de la matriarca, los dos hermanos estaban cazando una serpiente negra de vientre rojo, no para comérsela, sino para jugar y porque no la querían deambulando cerca de campamento. La estaban cazando sin honrar el espíritu Serpiente del Soñar. Pero, lo que aún fue peor, aquella serpiente constituía el tótem del chico que ahora era Lena, animal con el que estaba espiritualmente conectado y que tenía la obligación de proteger. El chico era demasiado pequeño como para saberlo, pero el padre de la matriarca, por ser el hermano mayor, ya tenía edad como para ser consciente. Este hecho le hacía responsable.

Excesivas leyes habían sido transgredidas, y como resultado de ello el espíritu Serpiente del Soñar envió a una de las suyas para recordar a los dos chicos que no se podía ir matando sin una razón que justificara tal violencia. La manera en que lo hizo fue muy sutil. Al día siguiente una serpiente marrón le picó. Las serpientes son muy territoriales y las negras de vientre rojo, de naturaleza poco agresiva y picadura no mortal, mantienen a las serpientes marrones a distancia. Las marrones, en cambio, están consideradas la segunda especie de serpiente más mortal del planeta y son bastante más agresivas.

Lena pegó un grito.

—¿Qué te pasa? —preguntaron los demás un poco alarmados.

—He visto una serpiente, ¡y les tengo pánico! —exclamó la chica, visiblemente alterada.

Mama Tuk pidió a la serpiente que se detuviera, agarró a Lena de la mano y las dos se acercaron al reptil. Entonces las presentó, para que se reconocieran como iguales.

—Si tú no les haces nada, nada te pasará, así que no sufras. Lo que tanto tú como otro les hicisteis, ya fue saldado. A parte, no olvides que ellas aún son tu animal totémico. Mientras no las aceptes a ellas, no te podrás redescubrir a ti misma.

La matriarca sabía que llevaría tiempo sanar el trauma pasado de haber muerto por una picadura de serpiente. Pero también sabía que una vez educara a Lena en las viejas costumbres, su padre ya no necesitaría volver y podría descansar tranquilo. Ella estaba haciendo, en definitiva, lo que cabía esperar de un hermano mayor. Por ello, se llevó a Lena a cazar el emú, una actividad tradicionalmente reservada a los hombres. Durante toda aquella escena de caza, la matriarca percibió la presencia del padre y la vibración de agradecimiento emitida al ver que finalmente el alma de su hermano fallecido tenía la oportunidad de aprender las viejas costumbres.

Recuperados los presentes del sobresalto con la serpiente, la matriarca hizo un gesto para pedir a los dos chicos que también se acercaran. Sentados los cuatro en círculo, con los sonidos de los restantes miembros de la comunidad como trasfondo, la mujer dijo:

✛ leyenda del chico insaciable ✛[22]

—El relato que os explicaron los espíritus de los árboles es la leyenda del chico insaciable y también vuestra historia.

—¿Qué quieres decir, tía? —preguntaron los chicos.

—Cuando toda esta tierra estaba cubierta de lo que llamáis bosque pluvial de Gondwana y muchos de los animales actuales aún no existían, unos espíritus de naturaleza muy inquieta averiguaron cómo utilizar el fuego en beneficio propio. Su intención era aprovechar el fuego para esparcirse y que así ya nadie les pudiera detener. Ellos

---

[22] Leyenda inspirada en el relato de Gunwinggu Oenpelli llamado "In the womb of the Rainbow Serpent" (En el vientre de la serpiente del Arco iris).

sabían que si aprovechaban ese mismo fuego destructor para germinar, su camino quedaría libre para poderse diseminar por la sabana que crecía donde el fuego había destruido lo que anteriormente era selva.

—Los primeros eucaliptos —afirmó el chico del acento extraño.

—Sí. Aquellos espíritus se convirtieron en los primeros eucaliptos. Con la aparición de los eucaliptos, los restantes espíritus del bosque se reunieron para decidir qué hacer. Finalmente se acordó que se les enviaría al Norte, allí donde la tierra vuelve a abrazar el mar. Por ser un lugar donde la selva se hace más frondosa y húmeda, pensaron que nunca llegaría a quemar, que nunca se darían las condiciones favorables para que los eucaliptos se pudieran esparcir hasta dominarlo todo. Allí se verían obligados a convivir con las otras especies.

—Ello debió de suceder hace unos 62 millones de años, durante el inicio del paleógeno, momento en el que se estima aparecieron los primeros eucaliptos —dijo el chico del acento extraño, quién parecía estar muy versado en periodos geológicos.

—Entonces llegaron los fuegos —añadió la matriarca.

—El oligoceno, hace unos 34 millones de años, periodo durante el cual el bosque se hizo más árido y los fuegos más comunes, dándose el ambiente idóneo para que los eucaliptos se pudieran esparcir hasta ocupar la mayor parte del continente —comentó el mismo chico.

—Y cuando ya no quedaban más que unos pocos bolsillos del antiguo bosque de Gondwana, donde se preservaban la mayoría de las especies animales y vegetales, los espíritus del bosque se reunieron de nuevo —comentó Lena, repitiendo lo que habían aprendido del eucalipto de montaña—. Durante aquella nueva reunión, se acordó que cada especie aportaría un número suficiente de almas, quienes se convirtieron en los primeros humanos.

—Las almas de todas aquellas plantas y animales, ahora en un cuerpo humano, se responsabilizaran de preservar los últimos remanentes de bosque pluvial —dijo esta vez el chico de Ceja de Selva —. Así es cómo aquellos eucaliptos que decidieron integrarse se convirtieron en majestuosos eucaliptos de montaña.

—Veo que seguís el hilo del relato —comentó Mama Tuk, muy satisfecha.

Ella sabía que la historia se repetía. Cambiaban sus protagonistas, los escenarios, pero las mismas tendencias acababan siempre por encontrar un modo de expresión. Sabía que por más que las intentáramos evitar, siempre llegaría el día en que se volverían a manifestar.

—Entonces, la naturaleza insaciable de los eucaliptos acabó también por manifestarse entre los humanos —continuó narrando la mujer después de una pausa—. Los espíritus nunca satisfechos de aquellos eucaliptos encontraron un nuevo modo de expresión.

—¿Y cómo se solucionó? —preguntó el chico de Ceja de Selva.

—Se celebró una nueva reunión, pero esta vez entre los humanos, y se decidió que aquéllos que no pudieran vivir en armonía con la tierra y satisfechos con lo que ésta ofrecía la tendrían que abandonar

—¿Les enviaron al Norte, como hicieron con los eucaliptos la vez primera? —preguntó el chico del acento extraño.

—Si, pero esta vez aun más lejos. Les pidieron que caminaran en dirección Norte, hasta tropezarse con el océano, para entonces cruzarlo, y en el gran continente que se extiende más allá del océano, asentarse.

—¡Eurasia! —exclamó el chico del acento extraño.

—Sí, pues nosotros constituimos la primera raza, y todos los demás descendéis de nosotros —recalcó la matriarca[23].

—¿Y que pasó después? —preguntó Lena, impaciente por saber cómo terminaba aquella leyenda.

—Durante mucho tiempo no supimos de ellos. Nuestra vida continuó como de costumbre. Aún así podíamos intuir que un día volverían. Había pasado con los árboles insaciables, así que todo indicaba que también volvería a pasar con los humanos insaciables. Hasta que, un día, regresaron.

Obviamente, a estas alturas, los tres chicos ya habían podido ubicar históricamente el relato. Se refería a la llegada de los Europeos a tierras australes, que en su momento fueron consideradas como tierra de nadie (*terra nullius*).

---

[23] Los aborígenes australianos siempre han afirmado que ellos están ahí desde el inicio y también que constituyen la primera raza. Cuando dicen "desde el inicio", no quieren decir "desde la aparición del *homo sapiens*", sino desde la aparición de la vida. Primero como vegetal, o incluso como consciencia manifestada en el mineral, sus almas fueron transmigrando hasta alcanzar la condición humana, y una vez en ella, el ser humano partió de Australia para poblar el resto del planeta. Tal hipótesis contradice la teoría actual de que el homo sapiens procede de África. Sin embargo, no será ésta la primera teoría científica que se demuestre errónea en favor de lo que la tradición oral siempre ha afirmado

—Los primeros doscientos años tras su regreso fueron difíciles, pues esa gente nunca satisfecha empezó a hacerle a nuestra tierra lo mismo que le habían hecho a la suya. Como el fuego, arrasaron con todo. Pero de las cenizas nacieron unos eucaliptos muy especiales.

—¡El equivalente a los eucaliptos de montaña, pero entre los humanos! —exclamó Lena—. Aquéllos en los que los recién llegados se convirtieron, en el momento en que aceptaron crecer rodeados por los primeros pobladores y aprender de ellos, en vez de intentar convertirles.

—Así es —confirmó la mujer—. Aquéllos que más destruyeron la Naturaleza se convirtieron después en sus más férreos protectores, hecho que les permitió transformarse en el equivalente humano del majestuoso eucalipto de montaña. Muchas veces hay que equivocarse para tomar conciencia y poder encontrar la manera de corregir nuestros errores.

Tal como ya profetizó Don Antonio Morales, maestro chaman andino: «Los nuevos guardianes de la Tierra vendrán de Occidente, y aquéllos que han causado un mayor impacto sobre la Madre Tierra tienen ahora la responsabilidad moral de rehacer su relación con Ella, después de rehacerse a sí mismos».

····✛····

Éter

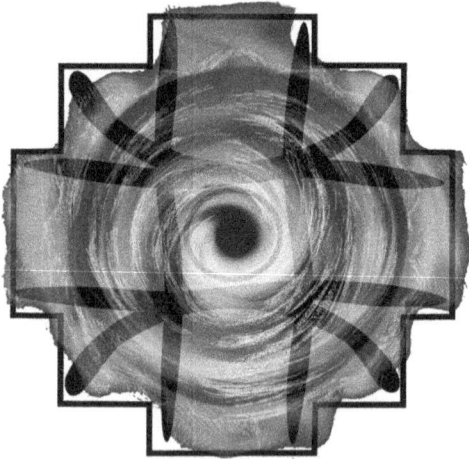

5. El Punto de Reencuentro

El punto de reencuentro es el océano donde se vierten todas las aguas, confluyen los ríos, y convergen las direcciones.
En la cruz es la intersección,
en la pirámide, la cúspide,
en la rueda, su eje,
en el sistema solar, el Sol,
en la galaxia, su centro,
y en el ser humano aquel punto en el entrecejo que nos permite percibir la realidad tal cual es, sin el filtro de una mente que decora y deforma, que fragmenta y limita, que enturbia el mensaje para así confundirnos.

❧ *Las siete notas*

EN EL PUNTO de reencuentro nuestros protagonistas se reúnen para debatir los siguientes siete conceptos: origen, tiempo, espacio, causa, relatividad, karma y consciencia. A partir de ahora, el nivel de profundidad de la obra se incrementa, haciendo que la lectura resulte un poco más densa.

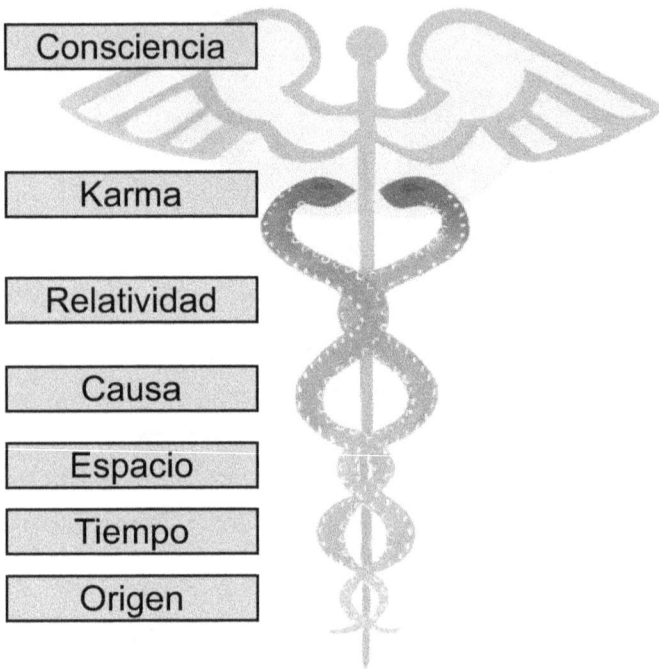

Aún así, y para facilitar su comprensión, he seguido utilizando el diálogo como forma de expresión literaria. Son las conversaciones mantenidas en el Mastay esotérico, lugar al que David fue conducido por la urraca, tras recorrer por sí mismo las nueve dimensiones astrales. Este lugar representa el plano del que emanan nuestras intuiciones, descrito en muchas tradiciones como el Paraíso. Es un lugar al que llamo «el punto de reencuentro» por hallarse en el centro del cuadrado formado por los cuatro elementos o direcciones cardinales.

El punto de reencuentro simboliza aquel lugar a partir del cual se inicia el viaje interior hacia la trascendencia. La trascendencia está más allá de la forma, del pensamiento y de la dualidad que limita. Un ejemplo de la misma fue descrito durante la segunda experiencia mística de Vivek, al pie del glaciar de Gaumukh. Representa la otra orilla, un paraje inefable al que nadie nos puede llevar con palabras. Es un estado de la consciencia tan sólo alcanzable como resultado de la combinación entre nuestra propia perseverancia y la gracia divina.

Sin embargo, en el punto de reencuentro aún existe dualidad y lenguaje. Por medio de dichos diálogos aspiro a mostrar tal aspecto. Simboliza un nivel de la consciencia en el que reconocemos no estar necesariamente en lo cierto y aceptamos plenamente a los demás; nivel que el abuelo de Fátima llamó el cuarto estadio del amor. En él debemos entrar como humanidad integrada, para a partir del mismo ir alcanzando los tres estadios superiores.

૨ *Diálogo sobre el origen*

Utilizamos nombres diversos,
para definir a aquélla que realmente es Una.
Recorremos caminos diferentes
para llegar a un único destino.
Por ello, mejor no perderse en los nombres, ni en los caminos,
pues los nombres son sólo palabras y los caminos, paisajes.

LOS DOS HOMBRES hacía ya rato que conversaban. David iba caminando de un lado a otro del claro del bosque, rodeado por aquella nube de pensamientos que le mantenía la mente ocupada.

—Oriente y Occidente —decía—. Somos como los dos hemisferios del cerebro. Nos necesitamos y nos complementamos, ya que deducimos a partir de razonamientos opuestos.

—Somos como los ríos *Ganges* y *Yamuna*, que se separan en su nacimiento, pero vuelven a unirse en la desembocadura —comentó Vivek, quien también de pie iba siguiendo a su compañero con la mirada.

—¿Qué quieres decir? —dijo el otro, al tiempo que interrumpía su paso, para observar con la expresión de aquél que ha dejado de escuchar su mente.

—Poseemos orígenes similares, demostrando un origen común, como los dos ríos sagrados que nacen juntos en las altas montañas del Himalaya. Y tal como ambos ríos vuelven a unirse en su desembocadura[1], en un tiempo futuro nuestros conocimientos también formaran un mismo caudal. Pero, dime, tú que pareces venir de un tiempo futuro al mío, ¿qué han desvelado sobre los orígenes del Universo tus contemporáneos?

—Del Universo decimos que está en expansión —respondió David —. Lo que no tenemos claro es si tal expansión continuará indefinidamente o si llegará un punto a partir del cual empezará a contraerse. Todo depende de si el Universo supera o no una masa crítica. En caso de superarla, habrá un punto y un instante en el que todo empezará a retroceder debido a su propia atracción gravitatoria; como un objeto que, lanzado al aire, regresa a la superficie, capturado por la fuerza gravitatoria terrestre. Pero de no superar tal masa, el Universo continuaría expandiéndose para siempre, como las ondas de una piedra lanzada sobre un lago. Y justamente esto es lo que no sabemos.

—Pero, si el tiempo es cíclico y por lo tanto un evento siempre se repite indefinidamente, ¿cómo podéis dudar que el Universo volverá algún día a contraerse? —observó Vivek.

—Es que nosotros interpretamos el tiempo linealmente. Nos cuesta pensar que un evento tenga que repetirse para siempre. Cada hora, cada minuto, cada segundo, es único e irrepetible.

El hombre del Este quedó muy sorprendido ante una concepción lineal del tiempo. Con los ojos de aquél que intenta comprender, acabó por añadir:

---

[1] Los ríos *Yamuna* y *Ganges* se unen a la altura de Allahabad. El punto de confluencia recibe el nombre de Triveni Sangam, y se dice que el mítico río Sarasvatī también tiene su confluencia en dicho punto.

—La noche y el día. Las fases de la luna. Las estaciones del año. El movimiento de los planetas. La expansión y caída de los imperios. El objeto que, lanzado al aire, regresa para poder ser lanzado de nuevo. La gota de agua que vuelve al mar. Parece que todo se repite...

—Sí, pero nosotros pensamos que el futuro nunca tiene por que ser necesariamente como el pasado. La probabilidad de que mañana salga el Sol es alta, pero nunca tendremos la plena certeza —respondió David.

—Curiosa manera de pensar. Pero ¿qué prueba necesitáis para deducir que todo movimiento de expansión viene seguido de una contracción? ¿Qué toda evolución viene acompañada de una involución[2]? ¿Qué todo movimiento hacia afuera viene contrarrestado por un desplazamiento hacia el interior?

—¿Es éste su latido? —se preguntó Fátima en voz alta, mientras suspiraba. Como llevaba un buen rato sumida en un estado contemplativo, los dos hombres pensaron que no estaba siguiendo el hilo de la conversación. Entonces ella se levantó pausadamente y con los brazos extendidos, miró al cielo para exclamar:

«Ese día será enrollado el cielo como un pergamino, y así como os creamos la vez primera, así os resucitaremos.»[3]

—¿Quieres decir que tú también ves el Universo en expansión y crees en su futura contracción? —preguntaría David.

—Lo veo en expansión pues el profeta Mahoma dijo que los cielos los creó Alá con poder y los está expandiendo[4]. También nos reveló que el cielo y la tierra estaban unidos y Alá los separó[5]. Sus palabras están escritas en el sagrado Corán. Creo en su contracción, pues como el pergamino, algún día habrá que enrollarlo para así poderlo desplegar de nuevo. Sabiendo lo que sé, ¿qué más necesito conocer sobre la existencia y el Cosmos? —se preguntó la poeta—. Para comprender el Universo, hay que sentirlo palpitar, y su pálpito sólo se puede percibir con el corazón (Qalb), no con la mente (Nafs).

—La teoría del Big Bang afirma que el Universo resulta de la explosión de una singularidad extremadamente densa en la que

---

[2] En este contexto involución se refiere al camino de retorno hacia origen, al retorno del alma hacia el Ser.

[3] Corán – Sura 21 verso 104.

[4] Corán – Sura 51 verso 47.

[5] Corán – Sura 21 verso 30.

materia, espacio y tiempo se concentraban en un solo punto — comentaría David—. Es con el Big Bang que estos tres conceptos se manifiestan. Antes de dicho instante, materia, espacio y tiempo se encontraban en estado potencial pero no expresado. Por lo tanto, si tus cielos son el espacio y la tierra es la materia, entonces estamos diciendo esencialmente lo mismo.

—En nuestro caso —dijo Vivek— espacio (*ākāśa*) constituye la expansión del cosmos alcanzada en un *kalpa*[6], unidad de tiempo grande pero finita. Para nosotros, un día de Brahmā[7] mide dos *kalpas*. El primero representa el día, durante el transcurso del cual la Creación se expande, y el segundo la noche, momento en el que la creación es reabsorbida en la matriz de toda la energía (*Hiranyagarbha*). En los *Vedas*[8] está escrito que al alba de cada nuevo día de Brahmā tiene lugar una gran explosión (*Bindu Visphot*), provocando infinitas ondas en expansión. Con cada explosión se manifiestan tiempo, espacio y objeto; realidades que serán posteriormente reabsorbidas en la disolución final del Cosmos (*pralaya*). Nuestros sabios consideraban que dicho ciclo de creación y disolución no tiene ni inicio (*anaadi*), ni fin (*ananta*). Para expresarlo simbólicamente, ellos utilizaban la danza cósmica del dios Shivá[9].

Al escuchar estas últimas palabras, Fátima se puso a recitar:

---

[6] Según los Puranas (textos religiosos hindúes), un *kalpa* dura 4.320 millones de años.

[7] En la doctrina no-dualista Vedānta advaita, Brahman representa el principio universal y absoluto. El término estaría próximo al concepto monoteísta de Dios, pero así como el monoteísmo es dualista, al separar entre el bien y el mal, y asociar el bien con Dios y el mal con el Diablo, el Vedānta advaita es monista al afirmar que Brahman lo es todo y que nada puede ser externo a Esto, ni siquiera el mal. Esta visión de Brahman no debe confundirse con el principio creador del trimurti o trinidad del hinduismo basado en las figuras de Brahmā, Vishnú y Shivá. En el trimurti la visión monista de Brahman se ha escindido en tres.

[8] Compilación de literatura sagrada de la antigua civilización Védica.

[9] Al igual que Brahmā, Shivá también puede simbolizar uno de los tres principios del trimurti, en este caso del principio destructor. Pero el hinduismo no dispone de una doctrina, sino que se constituye como conjunto de grupos adscritos a corrientes filosóficas diversas que a lo largo de su historia han compartido una misma geografía (el Subcontinente Indio). Una de estas corrientes es el Shivaísmo de Cachemira, según el cual Shivá simboliza el principio único, similar al Brahmān del Vedanta. Según ésta, la realidad se manifiesta como resultado de la danza de Shivá, del Spanda o pulsación primordial.

Éter

Es el néctar que me embriaga al verte, oh Amado.
Tú que danzas con las constelaciones a tus pies
y el infinito en la mirada.
Danza para que yo te pueda recordar no cinco veces al día,
sino por toda la eternidad.
Después de esto, ¡qué más puedo desear!

Mientras recitaba, la mujer iba volteando sobre sí misma, con los brazos extendidos y las palmas mirando al cielo, en una especie de danza derviche. Este movimiento rítmico llamó la atención de Mama Tuk, quien hasta ahora había estado profundamente absorta por la tela que tenía extendida a sus pies.

—Y tú, que vienes del Sur, ¿no tenéis mitos y leyendas que os hablen de los orígenes? —Preguntó Vivek, al intuir que quizá ella también quisiera unirse a la conversación.

Mama Tuk dejó de pintar, levantó la mirada y en tono sereno dijo:

—Nuestra cultura es más antigua que los mitos y las leyendas. Proviene directamente del «Tiempo del Sueño».

—¿A qué sueño te refieres? —preguntaría Fátima, mientras interrumpía su danza y observaba con dulzura a la mujer que tenía enfrente.

—El Soñar[10] comprende tres realidades —respondió la pintora—. Primero, representa el estado de semilla.

—¿El período previo al Big Bang, cuando tiempo, espacio y materia aún no se habían manifestado? —preguntó David.

—Quizá sí —respondió ella—. Aunque no comprendo qué quieres decir con previo, puesto que incluso el árbol es también semilla en su fruto, y por tanto no se puede decir que la semilla sea anterior al árbol, sino que ambos existen en dos realidades diferenciadas.

—Se refiere al estado potencial inicial (*Hiranyagarbha*) —comentó Vivek.

—Quizá también, aunque cuando yo miro la semilla, ya la veo como árbol, y por lo tanto no la observo como mera potencialidad, sino como árbol que ya es, pero en otra realidad.

---

[10] Cuando se habla del «Tiempo del Sueño» nos estamos refiriendo a un espacio, aquél en el que el sueño tiene o tuvo lugar. Cuando se habla del «Soñar» nos estamos refiriendo al tiempo sin tiempo. Salvando las distancias culturales y conceptuales, sería similar a la diferencia entre tiempo pasado y espacio-tiempo.

—¿Y la segunda realidad? —preguntó Vivek.

—Así como en la primera encontramos únicamente un lienzo y el deseo de pintarlo, en la segunda empezamos a pintar —respondió ella —. Pero esta segunda realidad no es pintada por mí, sino por los antepasados creadores.

—¿Los antepasados creadores? —preguntó la poeta.

—Ellos son seres como nosotros, que viven en el Tiempo del Sueño. Sus acciones desde este lugar definen la realidad que nos rodea. Ellos modelan el entorno, con los ríos, valles y montañas, y lo hacen a partir de sus anhelos y las acciones que los acompañan. La vibración de cada lugar nos cuenta esas historias, y nosotros las recontamos mediante palabras, danzas, rituales, pinturas o la música.

—¿Quieres decir que los antepasados creadores dieron nacimiento a la geografía, a partir de las acciones efectuadas desde el Tiempo del Sueño? —comentó David.

—Si. Las formas y fisonomía de todo aquello que nos rodea nos informa de las acciones realizadas por los antepasados creadores, acciones que son consecuencia de sus sueños, de sus deseos —respondió la mujer—. Como cuando yo me encuentro ante una pintura. Desde la realidad definida por el Tiempo del Sueño, los antepasados creadores están pintando nuestra realidad, aquélla que nosotros observamos. Por ello, cuando alguien quiere unirse a una conversación, lo primero que pregunta es: ¿de qué realidad estáis hablando?

—De la del Tiempo del Sueño, o de la cotidiana —comentó Vivek, quien ya empezaba a comprender.

—Sí —asintió la mujer.

—Has comentado que el Soñar se compone de tres realidades: la potencial o el lienzo antes de ser pintado; la de los antepasados creadores, y una tercera... ¿Cuál sería ésta? —preguntó esta vez Fátima.

—La tercera es aquélla que resulta de nuestras acciones. Así como las reyertas de los antepasados creadores forman las montañas, los ríos y los valles que nos rodean; si nosotros expresamos nuestros anhelos en acciones, también podremos alterar la fisonomía del entorno que nos rodea. Representa la tela, repintada de nuevo por aquéllos que supuestamente únicamente estaban allí para observarla.

Pronunciadas dichas palabras, se hizo una pausa. Mama Tuk procedía de la tercera realidad, de lo que los demás llamaban un futuro potencial. En dicho posible futuro, sus habitantes sufrían las consecuencias causadas por las acciones de los contemporáneos de aquellos tres personajes. En la realidad de Mama Tuk, nosotros habíamos alterado el equilibrio de la pintura a la que llamamos Naturaleza. El encuentro que se estaba celebrando era la oportunidad de comunicarnos las consecuencias de aquellos actos, para intentar así minimizar sus futuras repercusiones. Por eso, ella consideraba muy importante podernos comunicar correctamente aquella tercera realidad.

—¿Puedes ver a estos antepasados? —preguntó David.

—Si, les veo en todo lo que nos rodea, ya que ellos dejaron su impronta vibratoria en las rocas, los ríos, las plantas, los animales, e incluso en nosotros, los seres humanos. La observación de todo ello nos recuerda que nuestras acciones también pueden transformar el entorno. Nos recuerda que hay emociones que es mejor evitar. En las danzas y rituales expresamos tales emociones, puesto que nos conectan directamente con el Tiempo del Sueño. Son acciones que, de no ser evitadas, nos llevarían a transformar de nuevo el entorno. Así evitamos expresar las emociones negativas en este otro mundo, en este otro sueño que llamáis mundo material. Así evitamos afectar la tercera realidad, aquélla en la que vivirán los que aún están por nacer y que no son otros que nosotros mismos, volviendo de nuevo para vivir la realidad que hemos ayudado a manifestar. Por eso nosotros, la gente de Tierra, contemplamos la pintura y la representamos tal cual la vemos. Sabemos que somos la pintura y que todo lo que a ella le pase, también nos pasa a nosotros.

—Los cuatro estamos diciendo esencialmente lo mismo —comentó Vivek—. Reconocemos que hay un estado potencial previo a la manifestación de la realidad que nos rodea. Para aquéllos que vienen del Sur, representa la primera realidad del Soñar, con el lienzo extendido y listo para ser pintado, y con la potencialidad definida por los anhelos de los antepasados creadores. Para aquéllos que vienen del Oeste, es el instante previo al Big Bang, antes de que tiempo, espacio y materia se manifestaran a partir de la singularidad. Para aquéllos que vienen del Norte, simboliza el periodo previo a la expansión de los cielos por Alá. Y para los que venimos del Este, es la matriz de toda la energía (*Hiranyagarbha*) que antecede al punto de explosión (*Bindu Visphot*).

&. *Diálogo sobre el tiempo*

El tiempo emana de la mente del observador.

Sin mente, no hay tiempo.

Sin tiempo, no hay espacio.

Sin espacio, no hay multiplicidad.

Sin multiplicidad, no hay ego

Sin ego, no hay pensamientos.

Y sin pensamientos, no hay mente.

LOS CUATRO ASINTIERON, satisfechos de ver que compartían una visión muy similar sobre los orígenes, donde la mayor diferencia era el lenguaje y la simbología utilizada para expresarlo. Pero el *Mastay* no sólo constituye un lugar donde encontrar aquello que nos hace semejantes. También es un lugar donde identificar las diferencias, para enriquecerse a partir de ellas. Es un lugar en el que combinar las tonalidades obtenidas a partir de las diversas interpretaciones de la realidad, para así esbozar una pintura donde estén representados todos los colores y contrastes. Por ello, la mujer del Sur, pintora y por lo tanto consciente de que la riqueza nace del contraste y de los matices, continuó diciendo:

—Si bien es cierto que los cuatro reconocemos la existencia de una realidad en la que hay sueño sin acción, potencialidad sin manifestación, o semilla sin árbol; donde sí diferimos es en la percepción de tal realidad.

—¿Qué quieres decir? —preguntaron los demás.

—Vosotros sois hijos de la agricultura y como tales organizáis todos los eventos en aquello que llamáis tiempo, con su antes y su después, con un momento previo y uno posterior. Vivís en las estaciones del año, con los períodos de cultivo y de recolecta. Vivís en las fases de la Luna, con los ciclos menguantes y los crecientes. Vivís en el movimiento de los astros, con sus tránsitos. Por eso habláis del instante previo al momento de la Creación, de aquel período en el que ni tan siquiera existía el tiempo. Pero si el tiempo aún no se había manifestado, ¿cómo podéis hablar de un instante previo? Estáis tan sumidos en la necesidad de ordenarlo todo en el tiempo que no os dais cuenta de vuestras propias incoherencias, de la contradicción de ubicar el no-tiempo en el tiempo. En cambio, para nosotros no tiene sentido hablar de un fenómeno previo a otro. Para nosotros una realidad es semilla, y la otra es árbol, es la manifestación de esa potencialidad, sin que haya un tiempo que las separe. Es únicamente nuestro estado de conciencia lo que las separa. Una realidad existe en un estado de la consciencia y la otra en otro. Consecuentemente, podemos recuperar incluso el estado potencial si somos capaces de trasladarnos a la *primera realidad*.

—Pero sin la sucesión de instantes temporales ¿cómo podéis interpretar el pasado? —preguntó David.

—Eso a lo que llamas pasado está en *el aquí*, en la geografía de lo que nos rodea, en el contorno de las montañas, en el curso trazado por los ríos y en la fisonomía de los valles. Cuando necesitamos referirnos a ellos, nos trasladamos al Tiempo del Sueño, y es desde allí que los interpretamos y comprendemos. Esta comprensión, como decía, nos lleva a medir nuestras acciones y los deseos que las motivan, para así ser conscientes de que tales acciones aún pueden afectar al entorno. En cambio, vuestra herencia, como hijos de la agricultura, os ha llevado a buscar constantemente la transformación del medio. Como el viento, que desgasta las cumbres. Como el agua, que da forma a las gargantas. Como el fuego que convierte la vegetación en ceniza, para que las semillas de eucaliptos puedan germinar y un nuevo ciclo iniciarse. Como yo que hago de esta tela mi pintura, vosotros habéis hecho de la Naturaleza vuestra tela: el objeto a transformar y no el objeto a contemplar. Diferís en la intensidad, pero no en el deseo de hacerlo. En cambio, para nosotros la belleza radica en contemplar el espacio sin buscar alterarlo. Por eso, nosotros somos los hijos de la tierra, de esta tierra sin la cual no habría fruto que consumir ni quien lo consumiera.

—Si bien es cierto que la agricultura nos ha hecho más dependientes de los calendarios, pienso que incluso nuestra percepción del tiempo es distinta —comentó David.

—¿A qué te refieres? —preguntaron Fátima y Vivek.

—Mi tiempo es lineal. Lo utilizo para definir objetivos y trabajar hacia su consecución. Hablo de tiempo futuro, de lo que hay que hacer, de lo que hay que conseguir. Quizá por eso hayamos podido afectar con tanta intensidad a nuestro entorno.

—Como el fuego —dijo Fátima—. Un fuego que siempre intenta ascender más arriba, hacia el mañana, alejándose de su propio origen.

—Un fuego que, si arde en sotobosque, regenera el paisaje, pero si alcanza la copa de los árboles, los reduce a cenizas —contribuyó Mama Tuk—. Sois hijos del *chico insaciable* del que hablan nuestros mitos, aquél que fue devorado por la *Serpiente del Arco Iris*, que se lo llevó al Norte. Pero no olvidéis que otros vivís vuestro tiempo en la nostalgia del pasado, como el agua, que siempre busca regresar al mar.

—El pasado es aquel recuerdo intenso y corto, que una vez vivido, queda contigo para siempre —dijo la poeta.

—El pasado es un cheque cancelado —comentó David.

—El pasado es un día en el futuro— dijo Vivek.

—Esta última sería la tercera visión —continuó diciendo Mama Tuk, mientras dibujaba círculos sobre la tela que tenía extendida enfrente—. El pasado como un día en el futuro. El tiempo que se repite. Cíclico como el aire, que va y regresa, sube y baja, y gira, siempre gira. Por ello, vosotros no dais demasiada importancia al futuro ni al pasado. El pasado puede ser un día en el futuro, pero el futuro ya lo vivisteis en el pasado. Así intentáis vivir el momento presente, pues en el ciclo del tiempo, éste es el único instante que verdaderamente posee sentido.

—¡En hindi se utiliza la misma palabra para decir ayer y mañana! —exclamó David—. La palabra es: *kal*.

—¿Hindi? —preguntó Vivek.

—El idioma que hablan mis contemporáneos en la tierra de la que tú procedes —aclaró David.

—Pues si ésta procede de la palabra sánscrita *kāla*, significa simplemente tiempo —comentó Vivek.

—Sí, procede de *kāla*, pues hindi se come la «a» final de muchas palabras sánscritas. Por lo tanto, ello corrobora que para vosotros pasado y futuro vienen a ser lo mismo —concretó David.

Pronunciadas dichas palabras, se hizo una nueva pausa. Era una de esas pausas que anteceden un cambio de rumbo en el debate. Primero habían hablado de los orígenes, y de las similitudes en la forma de interpretarlos. Después debatieron el concepto de tiempo, y de cómo lo percibían desde ángulos distintos. Ahora les tocaba hablar del espacio.

ࣟ *Diálogo sobre el espacio*

El espacio emana de la multiplicidad
para separar aquello que es único y absoluto.
Esta separación nos hace creer que somos
individualidades,
que somos limitados,
que somos pequeños.
Es como el reflejo en un espejo.
En él nos vemos y creemos ser el reflejo,
o el objeto reflejado,
sin saber que en realidad somos la luz
que creó tanto el espejo, como el reflejo, como el objeto.

LA PINTORA SE puso a caminar en dirección al pequeño sendero que ascendía por el Sur. Al principio los otros tres compañeros se quedaron sorprendidos, sin saber si ella esperaba que la siguieran o simplemente se iba. Al leerles el pensamiento, la mujer se volvió y, con la mirada, les pidió que la acompañaran. Así fue como los cuatro empezaron a caminar, con los pies desnudos, por aquella ruta durante largo tiempo no transitada.

Al principio nadie hablaba. Los tres hijos de la agricultura no sabían cómo reaccionar, pues todo aquello les era desconocido o, de haberlo ya andado, formaba parte de una memoria por largo tiempo olvidada. En cambio, Mama Tuk parecía observar cada detalle, cada rincón, cada piedra, consciente del movimiento del más insignificante de los insectos, de la caída de una hoja por la brisa de la mañana, o del reflejo del Sol en cada gota de rocío. Caminaba como si ella también fuera el espacio, como si fuera el camino y el camino su pensamiento. Caminaba como quien canta con cada suspiro el sendero que acaricia la mirada.

Fue entonces cuando la mujer reemprendió la conversación interrumpida al abandonar el claro del bosque, diciendo:

—Para nosotros el tiempo es un continuo escrito en los contornos del espacio. No vivimos en el mañana, ni en el ayer, ni en el ahora, sino que vivimos en «el aquí». El aquí es una canción que cantamos a cada instante. Es aquí donde encontramos respuestas al ayer. Respuestas escritas en la imprenta vibratoria de las montañas, de los valles y de los ríos. En el tipo de vegetación que crece y en los animales que lo habitan. Todos ellos proceden del Soñar. Con nuestros relatos, danzas, pinturas y canciones, recuperamos ese Tiempo del Sueño; recuperemos eventos en la medida que tienen una aplicación práctica en el aquí. Los recuperamos en la medida que nos señalan dónde encontrar agua, comida o cómo preparar medicinas; en la medida que poseen una utilidad formativa, expresiva o nos permiten resolver una situación concreta.

—Pero, sin dejar constancia escrita, ¿cómo podéis recordar vuestra historia? —preguntó David.

—El aquí es cantado a cada instante. Primero recordado, después cantado, y es sólo entonces cuando se proyectará como espacio que nos rodea. Es por ello que no necesitamos dejar nada por escrito para recordar; tan sólo necesitamos saber leer. La geografía nos aporta el alfabeto y el paisaje configura los relatos. Por ejemplo, cuando vemos papel, lo único que necesitamos saber para comprender su pasado es que aquello era un árbol y ahora tan sólo es pulpa muerta.

Al hablar, la mujer iba señalando el horizonte con el listón que utilizaba como pincel, mientras era observada atentamente por los otros tres compañeros.

—¡Viviendo en el aquí! —exclamó al tiempo que golpeaba el suelo con la punta del listón—, no sólo podemos trasladarnos al ayer, sino que también vivimos el ahora y el mañana. El ahora es la realidad que intentamos preservar. El mañana lo leemos en los efectos que nuestras acciones tienen sobre el entorno, pues el Soñar aún continúa. Por eso, cuando observamos que nuestra presencia empieza a agotar la energía vital de la tierra, partimos en busca de nuevos lugares donde acampar. Somos sensibles al entorno y vivimos conectados con el medio. Así garantizamos que el equilibrio se mantenga y así preservamos la Naturaleza. Es nuestra manera de reconocer que incluso nosotros podemos afectar a cuanto nos rodea; pero también de reconocer que somos una extensión de lo que nos rodea. Ésta es nuestra forma de expresar que todo está en movimiento, y la necesidad de palpitar a su ritmo. No mediante teorías, sino con la práctica. Con el latido del nómada que duerme cada noche bajo el mismo techo del firmamento, pero sobre un suelo diferente.

—De donde yo vengo, en el papel únicamente vemos información —observó tristemente David—. En una hamburguesa, ya no vemos el animal que para alimentarnos sacrificó su vida, sino únicamente sus calorías. En un coche, ya no vemos diez mil componentes arrancados de la tierra, sino una definición de nuestra propia identidad.

—Si en el papel ya no veis el árbol, ni en la carne la criatura que para alimentaros dio su vida —respondió Mama Tuk—, es que habéis roto el cordón umbilical que os unía con la Madre. La agricultura es la primera causa de tal distanciamiento, pero es cuando encomendáis a otros el cultivo la tierra que os alimenta que dicho distanciamiento se consolida. Por eso, requerís volver a su lecho, pues sólo su pecho os podrá nutrir. Hay que regresar a la Madre Tierra, pues los humanos somos un niño, todavía demasiado pequeño y vulnerable para el destete, pero un niño que ya ha aprendido a gatear. Somos un pequeño que apenas empieza a descubrir su entorno. Una criatura que se pone en la boca todo lo que encuentra, que prueba todo lo que pilla, sin saber si le alimentará o le dañará.

Con estas palabras quedaba claro que cada civilización, cada clan, disponía de una concepción diferente del tiempo y del espacio. Los del clan del pájaro del trueno, aquéllos que venían de Occidente, vivían principalmente en el futuro. Ellos eran los visionarios y las visiones siempre se refieren a eventos aún no acaecidos. Pero también constituyen eventos que nunca llegarán a darse si arruinamos el escenario. Los del clan de la rana, aquéllos que venían del trópico de Cáncer, ubicado al Norte del Ecuador, vivían en el pasado. Ellos tenían que dejar de vivir en la nostalgia del ayer, para así recuperar su camino, un camino de paz y de hermandad. Los del clan de la mariposa, aquéllos que venían de Oriente, vivían en el presente. Ellos eran los sabios y la sabiduría sólo se manifiesta cuando sabemos vivir en cada instante. Pero por muy sabios que fueran, también les faltaban los atributos de los otros tres clanes. Finalmente, los representantes del clan de la tortuga, aquéllos que venían del trópico de Capricornio, al Sur del ecuador, vivían en el aquí. Su función a desempeñar era enseñarnos a sanar y curar a la Madre. Para curarla, era necesario saber ver que la Madre está aquí, por todas partes y en cada rincón de cuanto denominamos naturaleza.

Tales diferencias otorgaban a cada clan, a cada civilización, una función diferente en el transcurso de aquello que estaba por acontecer. Unir tales esfuerzos era justamente el objetivo del Mastay.

֎ *Diálogo sobre la causa*

La causa es el resultado de separar, en el tiempo y en el
espacio, aquello que es único e inseparable;
pues, sin las proyecciones mentales de tiempo y espacio,
la causa y su efecto se transforman en uno y lo mismo.

DURANTE TODO AQUEL rato los otros tres compañeros intentaron
seguir el paso firme de Mama Tuk. Aquéllos que tan orgullosos estaban
de haber aprendido a plantar la semilla, para de ella obtener el fruto,
sin necesitar que la Naturaleza lo hiciera por ellos. Aquéllos que tan
orgullosos estaban de pensar que comprendían, y que dicha
comprensión les había permitido dominar su entorno, para hacerlo
trabajar en beneficio propio. Estos mismos ahora andaban descalzos,
mirando con humildad la superficie que pisaban por temor a hacerse
daño. Los que sobre la superficie de la Tierra gateaban, acababan de
aprender que ella no era el objeto a dominar, sino una Madre de quien
ni tan siquiera se habían llegado a destetar.

—En la vida de todo bebé, se da siempre un período durante el cual
éste piensa que la madre está allí únicamente para satisfacer sus
necesidades —dijo Mama Tuk—. Éste es el período que vosotros
parecéis estar dejando atrás.

—Dices que la agricultura es la primera causa de nuestro
distanciamiento de la Madre —comentaría Vivek—. Nosotros, aquéllos
que durante tiempo inmemorial hemos vivido en las fértiles tierras
bañadas por los siete ríos sagrados, tenemos en la causa, el espacio y
el tiempo una trinidad inseparable y que representamos mediante:
Brahmā, el principio creador; Vishnú, el principio preservador; y Shivá,
el principio transformador o destructor.

El hombre de Oriente, con este comentario, estaba introduciendo un
nuevo concepto a debatir: la causa. Como concepto, la causa era
explicada desde su relación con el tiempo y el espacio, como si los tres
constituyeran una trinidad inseparable.

—¿Qué quieres decir? —preguntó David.

—Brahmā, como principio creador, estaría vinculado al concepto de causa, ya que toda creación requiere de una causa que la manifieste. Vishnú, como principio preservador, lo estaría con el de espacio, pues preservar requiere dominio sobre el espacio, requiere hacer posible que dicho espacio permanezca inalterado. Mientras que Shivá, como principio transformador, lo estaría con el tiempo, por ser en el tiempo que todo acaba por transformarse y perecer. Así, cualquier fenómeno en la Naturaleza dispone de una causa, se manifiesta y preserva en el espacio, y está sujeto a su transformación en el tiempo. De la compresión de estos tres principios resulta la comprensión de la Naturaleza.

—En cambio, nosotros hablamos de la Ciencia, que cree en el azar —comentaría David—. Ello nos ha llevado a desmitificar el mundo, a estudiarlo como si fuera una máquina, como si no tuviera alma. Podemos describir cómo se ha creado el Universo, lo cual implica espacio y tiempo, pero no la causa que lo incitó a crearse. Así hemos delimitado dos caminos, el de la Religión y el de la Ciencia. La Religión se ocupa de interpretar y explicar aquella causa primera que lleva a la cadena de acontecimientos mediante la cual el Universo se manifiesta; mientras que la Ciencia se ocupa del estudio en el tiempo y en el espacio de todos esos acontecimientos.

—¿Cómo explicar el aliento que da vida a esta carne inerte, si estudiamos la carne y no el aliento? —se preguntó Fátima, mientras se pellizcaba el brazo.

—Habéis olvidado de qué vientre venís —añadió Mama Tuk.

—Si la Ciencia que nos comentas ha nacido ignorando la causa, uno de los tres aspectos que configuran la realidad —comentó en Vivek —, la interpretación obtenida de esta misma realidad, será siempre parcial y fragmentada. A pesar de ello, no dudo que la trinidad entre causa, espacio y tiempo aún esté presente en aquella otra rama del saber que has denominado Religión. Nosotros, por nunca haberlos interpretado como aspectos separados, no hemos necesitado de una disciplina para estudiar la causa (Religión) y de otra para estudiar el tiempo y el espacio (Ciencia). Es por ello que me cuesta comprender la diferencia entre ambos caminos del conocimiento. Por eso, respóndeme por favor, para que yo pueda comprenderlo, ¿cuáles son los atributos que aquéllos que la estudian mediante el camino de la Religión dan a la causa primera?

—La religión de donde vengo habla de un solo Dios con tres atributos —respondió el científico—. Omnipresencia, omnisciencia y omnipotencia.

—Entonces es evidente que la causa primera, tal como la veis, es omnipresente en el espacio, al estar presente en todas partes; es omnisciente en el tiempo, por saberlo todo, presente, pasado y futuro; y finalmente es omnipotente en la causa, pues todo lo puede —comentó Vivek—. Antes os he hablado de la trinidad entre creación, preservación y transformación. Todos ellos simbolizan conceptos que coloreamos con atributos divinos para así facilitar su comprensión. Pero cuando agrupamos los tres conceptos en uno solo, cuando agrupamos las diferentes divinidades en una única, a ella le damos los atributos de infinita, eterna y una. Infinita en el espacio, eterna en el tiempo y una por ser la causa primera y única. Con ello simbolizamos que tal principio está más allá de la trinidad, que antes de ser tres fue uno y nunca ha dejado de serlo.

—Politeístas y monoteístas a la vez —dijo David.

—Bien, eso suena a etiquetas y las etiquetas limitan más de lo que ayudan a expandir —continuó diciendo Vivek—. Mejor os lo explico con un relato que forma parte de nuestra tradición:

✛ mito del trimurti y la niña ✛[11]

—Dicen que los tres dioses del *trimurti*: Brahmā, Vishnú y Shivá, estaban presumiendo de sus poderes. Brahmā hacía aparecer un objeto, como si de un prestidigitador de mercado se tratara. Entonces Vishnú lo preservaba, al tiempo que todos los otros objetos a su alrededor decaían; para luego Shivá, al tocarlo, desintegrarlo en un instante. Así iban los tres dioses vanagloriándose de sus poderes, cuando de repente una chica se acercó a ellos y, dirigiéndose a Brahmā, le pidió:

«Oh Dios Brahmā, creador de todo lo que nos rodea, ¿puedes crear otra chica idéntica a mí con quien yo pueda jugar?

—Brahmā se puso a reír mientras decía: «Eso es fácil, hija mía. Sólo tengo que desearlo y tu doble se manifestará». Pero a pesar de sus palabras, la chica con quien poder jugar no acababa de aparecer y Brahmā enrojeció de vergüenza. Entonces la pequeña se dirigió a Vishnú a quien dijo:

---

[11] Relato inspirado en un mito de la tradición hindú.

«¡Oh Vishnú, veo que tu compañero no ha podido crear una amiga con quien yo pueda jugar, ¿pero puedes tú, Dios preservador, mantener todo lo que nos rodea inalterado para que como mínimo con todos estos objetos pueda yo entretenerme?»

—Vishnú frunció el ceño, intentando que todo el espacio a su alrededor se mantuviera inalterado, pero por más que se esforzó, tuvo que aceptar que todo, excepto los tres dioses y la pequeña muchacha, acabara por desintegrarse. Entonces Shivá, enfadado de mala manera, dirigió una mirada de cólera a la chica y la amenazó diciendo:

«Tú que querías jugar, ahora verás cómo te hago desaparecer, para que así aprendas la lección de que hay que respetar a los tres Dioses de la trinidad.»

—Pero por más que lo intentó, la pequeña siguió allí, frente a los tres, mientras que fueron ellos quienes vieron cómo sus cuerpos se desintegraban. Entonces, cuando tan sólo quedaba la pequeña, sin objetos, ni espacio, ni tiempo, ni ninguno de los dioses de la trinidad, ésta comentó:

«No olvidéis que a pesar de ser vosotros una expresión de los tres principios que gobiernan el Universo, como tales no sois más que tres cualidades que emanan del principio único y absoluto, aquél que todo lo agrupa, aquél que todo lo es, aquél que todo lo puede.»

···┼···

Finalizado el relato, David preguntó:

—¿Quieres decir que con la Ciencia hemos olvidado uno de los aspectos que conforman dicha trinidad?

—Sí, y al hacerlo, la compresión que os aporta su método es parcial e incompleta; así como incorrecto es el camino seguido para obtener el conocimiento —respondió el otro.

—¿Qué quieres decir con eso de camino incorrecto? —volvería a preguntar David.

—Para nosotros, la causa primera está presente desde el inicio. En nuestro caso empezamos por Todo, y entendido éste, podemos ir explicando las partes. Pero al parecer, vosotros establecéis un proceso de razonamiento diferente. Por eso me pregunto, sin causa primera a partir de la cual iniciar la búsqueda de conocimiento, ¿cómo efectuáis el proceso de razonamiento?

—Empezamos estudiando las partes y así esperamos comprender el Todo —respondió David—. Estudiamos las partes más elementales que podemos percibir o inferir y, a partir de ellas, de su interacción y de las leyes que las gobiernan, intentamos comprender la totalidad.

—¿Es que todas vuestras escuelas filosóficas hacen lo mismo? —preguntó el hombre del Este.

—¿Qué quieres decir con escuelas filosóficas? Nosotros sólo tenemos un método, el método científico. Éste es el único que aplicamos.

—Nosotros poseemos seis escuelas filosóficas (*dárśana*). Cada una de ellas aplica un ángulo de visión ligeramente distinto. Ello les permite nutrirse de los hallazgos de las otras para ir indagando sobre el origen y el Cosmos. Una de ellas, llamada Vaiśeṣika, afirma que el único conocimiento válido es aquél que se puede percibir (*pratyaksha*) o inferir (*anumāna*). Ellos dedujeron que la materia no era continua, sino que estaba formada por un número finito de *paramāṇus*, y que eran las unidades de materia más elementales.

—Nosotros los llamamos átomos —comentó David.

—Sí, pero incluso la escuela *Vaiśeṣika* afirma que tales átomos responden a la voluntad de una causa primera, de un Ser Supremo. Y en todo caso, hubiera sido absurdo restringir todo nuestro conocimiento únicamente al aportado por esa escuela. Hubiera sido limitarse demasiado...

—Pero si la escuela que me comentas es empírica, es decir, afirma que el conocimiento válido es únicamente aquél obtenido de la percepción sensorial, o inferido a partir de unas leyes demostrables empíricamente, ¿cómo puede creer en un Ser Supremo?

—Creen en Ello, pues negarlo es negar la causa primera, hecho que nos llevaría a olvidar uno de los tres aspectos de conforman la trinidad —replicó Vivek.

—Esto me recuerda una historia —musitó tímidamente Fátima.

—¡Explícanosla, por favor! —exclamaron los demás.

✛ parábola del monarca que quería ver a Dios ✛

—Esta historia ocurrió cuando el Islam estaba en plena fase de expansión, poco después de la muerte del Profeta, que en paz descanse. Dicen que un rey, quien dudaba de la existencia de un solo Dios, reunió a todos sus ulemas y les pidió que le mostraran dónde residía *El Altísimo*. Su padre se había convertido al Islam cuando él todavía era príncipe y, desde entonces, las conversiones en su reino se habían ido multiplicando. Como él nunca aceptó la decisión paterna de abrazar la nueva fe, al morir el viejo el nuevo monarca decidió que la manera más efectiva de regresar a las viejas tradiciones era dudando de la existencia de un único Dios, por lo que pidió que se le mostrara dónde residía esa pretendida Divinidad única. Los ulemas, al serles formula la pregunta, empezaron a recitar fragmentos del Corán, en los que se describían los atributos de Alá. A pesar de las explicaciones, el soberano no quedó satisfecho, lo cual le llevó a prescindir de los servicios de todos aquellos hombres tan eruditos como primer paso hacia el retorno a las antiguas costumbres.

—Al poco tiempo —continuó relatando Fátima—, un edicto real estipulaba que, si nadie le mostraba a ese Dios único, su reino abandonaría la nueva fe. Aunque fueron muchos los que se aventuraron hasta palacio para disuadirle, el monarca no parecía querer cambiar de opinión. Sus consejeros le comentaban cómo, gracias al Islam, se había puesto fin a un estado de guerra constante con los reinos vecinos, pues éstos también se habían convertido. Los mercaderes venían a hablarle de los lazos comerciales que se habían establecido con tierras lejanas, vínculos que se romperían en caso de abandonarse la fe. Otros venían a argumentar cómo con la nueva religión todos eran ahora hermanos, cómo los ricos estaban obligados a dar caridad y los extraños hospitalidad, reduciéndose las diferencias sociales y la inseguridad. En definitiva, le intentaban comunicar que el Islam había traído paz, prosperidad y estabilidad al reino.

—Sin embargo, —prosiguió ella—, el monarca no parecía querer aceptar los argumentos pues, según decía, en ellos no veía la existencia de un único Dios. Desesperados, pidieron a un hombre santo, que estaba de paso por el reino, que por favor fuera a ver al soberano y le comunicara la necesidad de mantener la fe. El santón accedió de buen grado y se encaminó inmediatamente a palacio. Cuando el soberano le vio, éste le formuló la pregunta:

«Muéstrame al supuesto Dios único para que yo no renuncie a la nueva fe».

—El sufí se ajustó el manto de lana que le cubría y, con el brazo extendido, fue señalando todo aquello que les rodeaba, mientras decía:

«*La illaha illa Allah*. No hay nada que no sea Dios. Dime, por lo tanto, qué ves tú que no sea el Divino, para que yo te lo pueda mostrar; pues mostrártelo, como tú pides y esperas, sólo puedo hacerlo en referencia a algo que no sea».

—El monarca, ante la imposibilidad de mostrar al sufí algo que no fuera *El Omnipresente*, tuvo que claudicar, aceptando que su pretensión de intentar ver a Dios separado de la realidad que nos rodea, como comandante sentado en un trono desde el que gobierna, era absurda. Como resultado, decidió abrazar la nueva fe y el Islam pudo prosperar en aquellas tierras lejanas.

····✛····

—Inspirador —musitaron los demás.

—Muy astuto el maestro sufí por responder con la paradoja de plantear la misma pregunta en negativo. Este método también lo aplicamos nosotros —comentó el hombre de ciencia—. Realmente ello nos demuestra la relatividad del mundo que nos rodea.

Entre los cuatro se hizo un breve silencio, como si estuvieran intentando comprender las repercusiones de todo lo que allí se estaba pronunciando. Entonces David preguntó a Fátima:

—¿Cuántos siglos hace que murió el Profeta, en el período histórico del que tu provienes?

—El Profeta, la paz sea con él, murió hace unos seis siglos —respondió ella.

—Entonces tú pareces proceder de finales de nuestro siglo trece —dijo David, mientras dibujaba una X y tres íes sobre el suelo. En mi caso, estoy viviendo más de siete siglos después, a principios del XXI.

—¿Es qué todavía utilizáis estas cifras que no permiten trabajar la buena álgebra? —preguntó Fátima.

—No. Adoptamos el sistema decimal, así como muchos otros de vuestros conocimientos. Dichos conocimientos los fusionamos con la literatura griega clásica, recuperada gracias a que había sido traducida al árabe. Y hacia el siglo XVI tuvo lugar el Renacimiento. La originalidad renacentista consistió en el intento de explicar la realidad fenoménica sin necesitar de mencionar la causa primera.

—¿Por qué huir de ella? —se preguntó la poeta—. ¿Es que el amor hacia *El Altísimo* puede llegar a decepcionar tanto como para tenerlo que negar?

—Nosotros no tuvimos ningún desengaño con Dios, sino con aquéllos que decían ser sus intermediarios —enfatizó David—. Como consecuencia de tal desengaño, quisimos creer en un mundo objetivo, independiente del sistema de valores. Pensábamos que, de existir esa realidad objetiva, podría ser comprendida a partir del análisis de hechos. El estudio de las partes nos llevaría así a comprender el Todo. En el proceso, nosotros asumíamos el papel de espectadores, desvinculados del Todo y de las partes. Al extirpar la causa de la trinidad de la que hablábamos hace un momento, nos quedamos con un tiempo y un espacio que vimos objetivos y absolutos. Objetivos por ser independientes del observador, absolutos por ser comunes para todos. Sin embargo, a principios del siglo XX esta visión entró en crisis.

—¿Qué la hizo entrar en crisis? —preguntó el hombre del Este.

—Nos dimos cuenta de que tiempo y espacio estaban íntimamente relacionados, y que no eran ni objetivos ni absolutos, sino subjetivos y relativos. Esta nueva interpretación alteró radicalmente nuestra percepción de la realidad. De una realidad absoluta se pasó a una realidad relativa.

✿ Diálogo sobre la relatividad

Cada ojo, un punto de vista.

Un solo ojo nos muestra un espacio en dos dimensiones.

Dos ojos, lo hacen tridimensional.

Tres ojos, nos abren una cuarta dimensión espacial.

Pero ni todos los ojos juntos son suficientes para sentir el palpitar del Universo.

Para percibirlo es necesario hacer justamente lo contrario: cerrarlos y mirar hacia adentro.

PRONUNCIADAS LAS PALABRAS, David se sentó sobre una piedra para poder quitarse las pequeñas espinas que habían quedado clavadas en la planta de su pie. Filósofo y poeta aprovecharon para sentarse también y contemplar la vegetación que les rodeaba. Mientras, Mama Tuk, al ver que ya no la seguían, se volvió hacia David para preguntarle:

—¿Qué quieres decir con realidad relativa?

—Es aquella propiedad por la que las cosas no son absolutas —respondió éste, mientras se sacaba la última espina—. Por ejemplo, mostrar a Dios en la parábola que nos ha relatado Fátima es un intento relativo, ya que ello sólo puede hacerse en relación con algo que no sea. Pero si Dios lo es Todo, entonces es absoluto y por lo tanto no puede ser mostrado.

—¿Puedes concretarlo un poco más? —pidió Mama Tuk.

—Por ejemplo, tiempo absoluto implica que éste es vivido de idéntica manera por todos, independientemente de quien lo experimente. Y lo mismo sucede con el espacio. Tiempo relativo, por lo contrario, quiere decir que cada uno de nosotros percibe ambos conceptos de forma diferente —añadió el hombre de ciencia.

—¿Quieres decir que tú no ves el bosque tal como yo lo percibo, por no estar ambos cantando una misma canción? —preguntó Mama Tuk.

—¡Exacto!

—Si esto es a lo que te refieres, nosotros siempre hemos visto la realidad de forma relativa. Por eso cantamos el camino a medida que lo andamos —comentó la mujer—. Son las llamadas *líneas de canción* (*songlines*), melodías aprendidas de nuestros antepasados que nos explican cómo debemos cantar el tiempo y el espacio para que éstos se manifiesten.

—En cambio, la física clásica —añadió David— afirmaba que tiempo y espacio eran absolutos y, aun estando estrechamente relacionados, no requerían compartir unas mismas propiedades. A la vez, también los veía objetivos y por lo tanto externos al observador. El observador podía así estudiarlos para extraer unas conclusiones. A partir de dicha visión, heredada de la época clásica griega, fuimos construyendo lo que ahora llamamos Ciencia.

—¿Y cómo interpretó esa realidad la escuela filosófica que se ocupa de la causa, aquélla que llamáis religión? —preguntó el filósofo.

—La misma tendencia a creer en una realidad absoluta y objetiva también estaba presente en la religión, llevándonos a creer en un Dios externo a nosotros mismos. Dios crea y nosotros descubrimos su creación. Dios comanda, y nosotros respondemos a sus designios. Dios decide y nuestro destino es forjado. Así de simple.

—En un Dios similar creen muchos de mis hermanos musulmanes —comentó la poeta.

—Opino que tanto vosotros como nosotros tenemos una tendencia muy similar a involucrar a Dios en política —observó David.

—¿Y qué habéis descubierto con esta Ciencia de la que nos hablas, a parte de constatar que la realidad es relativa? —preguntó Mamá Tuk, después de sentarse junto a David.

—Muchas cosas. Hemos descubierto los átomos y las galaxias; identificado los componentes de la materia, así como su distribución en el cosmos. Hemos descubierto las células y el ADN; determinado los componentes de la vida, así como la forma en que evoluciona y se propaga.

—Y no habéis pensado que si todo lo que nos rodea es relativo, ¿quizás estos mismos descubrimientos también sean una proyección de la realidad que esperabais encontrar? —continuó diciendo la mujer.

—Quizá sí. Hoy por hoy, la Ciencia no está segura de nada. Quizás hayamos creado el ADN, en el intento de identificar una forma de transmitir la información genética. Quizás hayamos creado el átomo, en el intento de explicar la composición de la materia. No lo sabemos, ya que aquello a lo que llamamos «realidad» parece estar fabricado del material de los sueños y en un sueño todo es posible.

—¡Exactamente! —exclamó Mama Tuk—. La realidad fabricada del material de los sueños. Parece que habéis hecho un gran esfuerzo inquisitivo para llegar a la misma conclusión que nosotros, los pobladores originales, siempre hemos defendido. Cuando nosotros caminamos por el bosque, o cruzamos los ríos, los valles y las montañas, lo hacemos cantando. ¿Por qué cantamos? Para ayudar a que el paisaje se manifieste. Para nosotros el paisaje tuvo que ser cantado para poderse manifestar, y nuestra responsabilidad es cantarlo de nuevo respetando su melodía, de manera que permanezca inalterado, para que así se pueda preservar.

David comprendió rápidamente lo que Mama Tuk quería decir con aquello de cantar el paisaje para que pueda ser observado. Tal afirmación le trajo en mente una de las paradojas más conocidas de la física cuántica, llamada el *Gato de Schrödinger*. Se tocó la barbilla con los dedos, como si eso le ayudara a pensar, para entonces añadir:

—Del mismo modo, en la física cuántica se dice que un experimento sujeto a varios posibles resultados deja de ser una mezcla de probabilidades y adopta uno de los resultados posibles en el momento en que es observado, y no en el momento en que el experimento es realizado. Para ponerlo en palabras más sencillas. Imaginad que lanzáis una moneda a un pozo muy profundo. En teoría la moneda se irá hundiendo en las profundidades del pozo, hasta tocar fondo. Entonces, una vez en el fondo, ésta se detiene para dar cara o cruz como posibles resultados, con una muy pequeña probabilidad de que haya quedado de lado apoyada contra una de las paredes laterales. La Ciencia actual especula que ninguno de los posibles resultados se manifestará mientras no sea observado. Así, hasta que alguien no se adentre en el pozo para observar cómo quedó la moneda, ésta existirá en todos sus posibles estados o simplemente dejará transitoriamente de existir. Sólo cuando sea observada por la conciencia, adoptará uno de los posibles resultados.

—Veo que vuestros metafísicos también están empezando a hacer ciencia[12], lo cual me alegra —comentó en Vivek—. Está claro pues que esencialmente estamos hablando de lo mismo: el resultado no se manifiesta mientras no es observado; el paisaje no aparece mientras no es cantado; la realidad fenoménica no se despliega ante nosotros mientras no es vista por la consciencia a través del filtro de la mente. Dicho esto, ¿qué resultado crees que adoptará la moneda?

—No lo sabemos. Quizá todos los posibles resultados sigan existiendo en universos paralelos, y al observador únicamente se le manifieste uno.

—¿Cuál? —Volvió a poner en duda el filósofo.

—Quizá aquél que responda a sus expectativas —respondió de nuevo el hombre de ciencia.

—Es decir, aquél que el observador cante —añadió Mama Tuk.

—Quizá una combinación entre expectativas y *karma* —comentó de nuevo Vivek.

ॐ *Diálogo sobre la resonancia*

La Ciencia nos habla de cuatro fuerzas,
mientras busca aquella quinta que todas las agrupa.
El misticismo oriental nos habla de una única fuerza,
a la que llama karma.
Karma es acción y resonancia.
Es la fuerza en la que todas las otras se manifiestan,
pues así como la mente proyecta cada realidad individual,
la resonancia vincula las distintas proyecciones,
para transformarlas en un sueño
compartido y de consenso
al que llamamos Realidad.

---

[12] Nikola Tesla dijo sobre Einstein y su teoría de la relatividad: «Sus defensores son hombres brillantes, pero son metafísicos más que científicos». Fuente: [New York Times, 11 de Julio de 1935, p 23, c.8].

AL ESCUCHAR AQUEL nuevo concepto, Mama Tuk se quedó pensativa, como si supiera el significado de ese nuevo concepto, pero nunca le hubiera asignado una palabra concreta. Vivek, consciente de que necesitaba explicarse un poco mejor, continuó diciendo:

—Tiempo y espacio separan el efecto de su causa. Pero constituye una separación ficticia, por ser producto de nuestra mente. Por ejemplo, observas un pez muerto a orillas de un río y deduces que si el pez muerto es el efecto, su muerte debe tener alguna causa. La buscas y descubres que hace unos días alguien vertió veneno río arriba. Río arriba es la separación en el espacio. Hace unos días es la separación en el tiempo. El río y los días nos han separado la causa del efecto, forzándonos a investigar. Pero cuando no definimos o acotamos tiempo y espacio sino que los trascendemos, trascendiendo también la dualidad de la materia, nos damos cuenta de que Todo es Uno; infinito en el espacio, ilimitado en el tiempo y absoluto en la causa. Cuando así sucede, ya no vemos separados los efectos de sus causas.

—Demasiado complicado —se quejó Fátima.

—No, deja que me explique —añadió Vivek—. Con esto quiero decir que vivir perfectamente en *el ahora* implica vivir en la eternidad del tiempo y vivir perfectamente en *el aquí* es hacerlo en la infinidad del espacio. Para aquéllos que saben vivir en *el ahora* y *el aquí*, tiempo y espacio son infinitos. Ellos ven el pez muerto, al tiempo que ven la causa de su muerte. Ellos ven la acción originaria que la causó, sin que ésta esté separada del efecto. Tal acción es *karma*, palabra que justamente significa acción, con el efecto como la otra cara de una misma moneda, pues realmente causa y efecto son uno y lo mismo.

—Pero para aquéllos que ven espacio y tiempo como conceptos finitos y relativos, el efecto aparece separado de la causa —comentó Mama Tuk.

—¡Exacto! —exclamaría el filósofo—. Espacio y tiempo como proyecciones de una mente que todo lo separa y acota. Ello nos hace ir por el mundo dando palos de ciego, sin pensar en las consecuencias tanto de nuestras acciones como de nuestros pensamientos y deseos, pues los tres definen la realidad que nos rodea, y por lo tanto generan resonancia.

—¿Quieres decir que aquéllos que perciben tiempo y espacio como infinitos se hacen omnipresentes, omniscientes y omnipotentes? —preguntó David.

—No es que se hagan, sino que descubren su omnipresencia, omnisciencia y omnipotencia, al no permitir ya que la mente les limite, acotando tiempo y espacio —respondió el filósofo—. Es por ello que todo lo que nos rodea es relativo, por ser una proyección de nosotros mismos, un producto de nuestra mente. Ello implica que nuestro destino está en nuestras manos y en las de nadie más. Aún así, el presente nos viene en gran medida definido por nuestras acciones del pasado, y como tales acciones también afectan a los demás, la realidad nos aparece compartida, aunque cada uno la vea desde un punto de vista muy personal.

—Relativa —puntualizó David.

—Sí. Por eso nosotros decimos que, para disfrutar de libertad, necesitamos parar la *rueda del karma*. Pararla no es algo que se pueda alcanzar de repente, sino que requiere hacerle perder inercia.

—¿Cómo? —preguntó Fátima.

—Primero, dándonos cuenta de cómo nuestras acciones generan *resonancia*. Así podremos ir vinculando cada acción con la consecuencia kármica que ésta tiene sobre nosotros. Al tomar conciencia de ello, la rueda irá perdiendo inercia, permitiéndonos ganar claridad y grados de libertad.

—Comprendo —comentó David—. Tal explicación contrasta con nuestra visión, según la cual la libertad es la capacidad de hacer aquello que nos plazca, con el respeto por las libertades de los demás como único límite.

—Una manera ideal de acumular *karma* —puntualizó en Vivek.

—¿Qué quieres decir? —preguntó el hombre del Oeste.

—Un pensamiento reiterado se transforma en deseo, y un deseo continuado acaba por convertirse en acción, generándose *resonancia* en cada etapa. Para detener la *rueda del karma*, lo primero que necesitamos comprender es el origen de nuestros deseos, en vez de actuar sobre ellos. Así veremos cómo un deseo no es más que una acción efectuada desde los reinos astrales (*Bhuvar-loka*), y cómo desde esos mismos también nos generan ataduras. Al hacerlo, los deseos se reducirán y la rueda perderá inercia. Finalmente, también tendremos que armonizar nuestros pensamientos, pues éstos constituyen acciones, pero llevadas a cabo en los planos mentales (*Svar-loka*). Así hasta que la rueda se detenga, para entonces otorgarnos la plena libertad.

❧ *Diálogo sobre la Consciencia*

Todo es Consciencia.
La piedra, como sedimento
que fue sometido a presión y calor.
La planta, como piedra diluida en busca del Sol.
El animal, como planta desarraigada
deseoso de la experiencia.
El ser humano, como animal libre del instinto
buscando el conocimiento.
Y el ser angelical, como humano sin apego
buscando a la Madre Creadora.

FÁTIMA HACÍA RATO que no seguía la conversación de sus compañeros. Cuando se entraba en el ámbito de una racionalidad exagerada, especialmente cuando consistía en el diálogo entre los dos hombres, ella desconectaba la mente para simplemente sentir con el corazón y así experimentar un estado de plenitud. Orígenes, tiempo, espacio, causa, relatividad, y ahora como último concepto, *karma*. «¿Por qué complicarlo tanto, si todo resulta mucho más sencillo», se dijo a sí misma, pensando en voz alta.

—¿Qué quieres decir? —preguntaron los dos hombres, cuando la escucharon musitar la duda.

—Los conceptos constituyen el verdadero velo que no nos deja ver las cosas tal cual son en realidad—, replicó ella.

—¿Y qué es real? —preguntó David.

191

—Dios, sólo *El Omnipresente* es real, *Aquél Que Todo lo Ve,* —respondió ella.

—Nosotros, cuando vemos un pez muerto, también vemos la causa de su muerte —comentaría Mama Tuk—. Ambos aspectos se nos manifiestan de manera inseparable pues para nosotros la consciencia se origina en la realidad trascendental del Soñar. ¿Recordáis la tercera realidad, aquélla que estamos definiendo a partir de nuestras acciones? Como que las tres realidades del Soñar y la realidad material que me comentáis se dan todas en el «aquí», podemos trasladarnos entre las cuatro realidades, para ver cómo unas van definiendo a las otras. Es por ello que vivir perfectamente en el aquí nos permite también hacerlo en el ayer, en el ahora, en el mañana, y en el *allí. El aquí* no posee limites ya que todo lo comprende y abarca. Pero dejad que os lo explique mediante un pequeño relato. Es el cuento del cucaburra que quería alcanzar el techo del mundo.

✢ fábula del cucaburra ✢

—¿Cucaburra? —preguntaron, sorprendidos, filósofo y poeta.

—Los cucaburra son pájaros de pico robusto, plumaje de tonos castaños y risa penetrante. Son aves que suelen pasar gran parte del tiempo sobre la rama de un árbol, observando su alrededor a la espera de alguna presa fácil que cazar. Pero aquel cucaburra era diferente, ya que en vez de buscar comida, él observaba el firmamento al tiempo que pensaba:

«Me gustaría poder volar muy alto, volar hasta alcanzar los límites del mundo, volar hasta aquel lugar que aporta azul al cielo; hasta el techo desde el cual cuelgan el Sol y la Luna y en el que se halla el muro que trasluce la claridad de las estrellas.»

—Entonces, un día el cucaburra soñador decidió que valía la pena intentarlo —continuó relatando la mujer—. Ese día alzó el vuelo en dirección al Sol del mediodía y así continuó, batiendo las alas, hasta el atardecer. Perdido en la oscuridad de la noche, e incapaz de alcanzar un techo que le esquivaba, decidió regresar a la superficie. Triste de haber fracasado en su aventura, se puso a llorar. Así fue como un viejo murciélago, sorprendido de escuchar el lloriqueo nocturno de un pájaro que normalmente inunda el bosque con su risa diurna, decidió detener su vuelo para preguntar qué pasaba.

«Amigo murciélago —respondió el cucaburra—, tú que te deslizas sobre el aire como la sombra que cubre con su manto la noche. Tú que puedes ver en la oscuridad, mientras todos los demás vivimos en las tinieblas de la ignorancia. ¿Me podrías explicar cómo alcanzar el techo del mundo?»

—Al escuchar tal pregunta, el murciélago respondió:

«Simplemente no hay techo, cucaburra. Yo he preguntado al aire que sostiene nuestro vuelo y no he recibido respuesta. Mi grito se perdió en la inmensidad de un cielo sin fronteras; de la misma manera que tu consciencia tampoco posee limites, pues el Universo no es más que una proyección de nosotros mismos. Por ello, mejor que dediques tu tiempo a conocerte».

—Sabios son los murciélagos —respondió Vivek, para entonces añadir— «lo que está aquí está, por todas partes; lo que no está aquí, no está en ninguna parte»[13].

—«El macrocosmos es el microcosmos. Conócete a ti mismo y ello te permitirá conocer el Universo» —comentó Fátima, repitiendo las enseñanzas sufís de sus contemporáneos, en las que se observa una clara influencia de la Grecia Clásica.

—«Como es arriba, es abajo», principio hermético que nos afirma un *modelo holográfico del Universo* —añadió David.

—Pues eso no es lo que pensó el cucaburra —puntualizó Mama Tuk—. Al oír la respuesta, hinchó el pecho con orgullo y respondió:

«¡Qué sabrás tú del techo, murciélago, si eres ciego y por tanto no lo puedes ver! En mi caso, me he pasado mucho tiempo observándolo, estudiándolo, intentando encontrar el camino más fácil para alcanzarlo. Tiempo analizando el manto negro que cubre la noche y el manto azul que cubre el día. Por lo tanto, no diré que soy un experto, pero al menos soy un entendido y ahora sólo me falta alguien que me indique el camino más corto para llegar hasta allí».

—¿Parece que la respuesta del murciélago no le resultó satisfactoria? —preguntó Fátima, en tono de afirmación.

—No, pues en vez de darse por vencido, el obstinado pájaro decidió volver a intentarlo. Convencido de que la razón de su anterior fracaso había sido esperar al Sol del mediodía, esta vez decidió emprender el vuelo al amanecer. Sin embargo, con la puesta del Sol, la oscuridad le atrapó de nuevo, las nubes le desorientado, el agotamiento físico le

---

[13] Citación originaria del *Visvasara Tantra* uno de los textos del tantrismo, filosofía que se acabó de articular plenamente al final del período Gupta, etapa histórica a la que pertenece Vivek. El Shivaísmo de Cachemira, escuela filosófica enraizada en los textos tántricos, pero posterior al período histórico de Vivek, dice lo mismo de forma similar cuando afirma: "Aquello que nos aparece sin, se nos muestra de tal manera simplemente porque ya lo lleva incorporado".

confundió y antes de alcanzar el tan deseado objetivo, tuvo que claudicar para descender de nuevo. Al retornar a la superficie, se dirigió abatido a la rama de un pequeño eucalipto. Con el orgullo demasiado herido como para ponerse a llorar, decidió simplemente permanecer en silencio. Entonces, desde esa misma rama, escuchó un wómbat que salía de su madriguera.

—¿Qué son los wómbats? —preguntaron filósofo y poeta, quienes no parecían haber oído hablar antes de tal animal.

—Son los marsupiales más grandes que se conocen —respondió David—. Son mamíferos de aspecto redondeado, hocico pelado, orejas y cola cortas, pelo muy fino y que nos recuerdan a un oso de pequeño tamaño.

—Es otra criatura habitualmente nocturna, solitaria y de aficiones un tanto extrañas —añadiría Mama Tuk—. Continuando con el relato, al ver al wómbat, el cucaburra le preguntó:

«Oh wómbat, tú que sabes guiarte en la oscuridad de tu madriguera, seguramente puedas conducirme en la penumbra de la noche hasta el techo del cielo, pues dicen que las estrellas del firmamento son los orificios dejados por tus antepasados mientras ellos, como hago yo, también buscaban la luz».

—El wómbat, al escuchar la extraña pregunta, se quedó mirando al pájaro con cara de sorpresa y le dijo:

«¿Por qué te preocupas del cielo, si todo lo que necesitas para vivir está aquí, sobre la superficie de la Tierra? ¿Crees que encontrarás los lagartos, insectos o serpientes que te alimentan en este techo que pareces buscar con tanta insistencia? Mejor que empieces a mirar al suelo, como hacen los de tu especie, o acabarás muriéndote de hambre».

—Dada la respuesta, regresó a su escondite.

—Muy práctica la respuesta —observaría Fátima.

—Sí, pero ésta tampoco le fue satisfactoria. Aunque ya empezaba a notar los efectos de una obsesión que no le alimentaba, él estaba decidido a seguir intentándolo, por lo que a primera hora de la mañana siguiente emprendió el vuelo de nuevo. Pero al atardecer, agotado de tanto volar, cayó completamente abatido junto a un río. Y allí se quedó, durmiendo para recuperarse con la nueva puesta de Sol, momento en el que vio un ornitorrinco bañándose alegremente en el agua. Con la voz rota por el agotamiento del día anterior, el cucaburra sacó la cabeza de entre su plumaje y de nuevo se aventuró a preguntar:

«Ornitorrinco, tú que pareces tenerlo todo, pues luces pico y pones huevos como los pájaros; puedes ver tu presa sin tener que mirarla como un murciélago; y das el pecho a tus crías como hacen los wómbats. Tú que, como dicen, tienes unos antepasados que al jugar sobre el azul del cielo levantaron la espuma de la que nacen las nubes, ¿me podrías decir cómo alcanzar el techo del mundo?»

—¡Extraño animal! —exclamó Fátima—. ¿Pero, dime, cuál fue su respuesta?

—El ornitorrinco dejó de jugar, se quedó observando al cucaburra con cara curiosa y le preguntó:

«¿Has intentado alcanzarlo nunca?»

«Sí. Muchas veces, pero siempre llega un momento en el que agotado no puedo volar más arriba y tengo que regresar».

«¿Y no piensas, cucaburra, que quizás ése sea tu propio límite, aquél que necesitas aceptar? De ser así, ya habrías alcanzado el techo que tanto buscas, tu propio techo. Por lo tanto, mejor que hagas como el agua, que como tú también busca el cielo, pero acepta sus propios límites. Dentro de ellos se transforma en nube, para disfrutar posteriormente del viaje de regreso, dejándose caer como lluvia, serpenteando como arroyo, deslizándose después como río, para descansar finalmente como inmenso océano».

—Me gusta la respuesta —comentaría Fátima de nuevo—. ¿Supongo que finalmente se dio por vencido, aceptando sus propios límites, para disfrutar de lo que tenía a su alcance?

—Pues no. Ninguna de las tres respuestas le satisfizo. Así que a la mañana siguiente decidió intentarlo de nuevo, para de nuevo fracasar. Triste y desconsolado, se pasó toda la noche en silencio, hasta que al amanecer preguntó a un lagarto de lengua azul que, despistado, caminaba sobre una roca próxima. El lagarto, al escucharle, se sorprendió de que el cucaburra no se abalanzara sobre él para atacarle sino que, muy al contrario, le viniera con una pregunta de carácter tan filosófico.

—¿Y qué respondió? —preguntaría David lleno de curiosidad.

—Simplemente le miró con pena y le dijo:

«Haz como el fuego, cucaburra, que alza sus llamas cada vez a mayor altura a medida que tiene más combustible que quemar. Sigue insistiendo y seguro que algún día acabarás por alcanzar el techo que tanto buscas».

—Una vez dada la respuesta, el lagarto desapareció a toda prisa, temeroso de que el cucaburra cambiara de opinión y decidiera cazarlo.

Sin embargo, aquélla fue la primera respuesta que, a pesar de no satisfacerle plenamente, al menos dio al cucaburra motivos de esperanza.

«Seguiré insistiendo —pensó—, tal y como me recomienda el lagarto, y con tiempo y paciencia seguro que lo alcanzo».

—De esta manera fueron pasando los días, y con ellos las semanas y las estaciones del año. Cada mañana se ponía a volar hacia el cielo hasta que, por agotamiento o por falta de aire, llegaba a un punto donde debía iniciar el descenso. Y cada día, al atardecer, se le podía ver triste y desamparado por no haber alcanzado el tan deseado objetivo. Los otros compañeros cucaburras se reían y cuentan que todavía ríen cada vez que se reúnen para recordar su historia.

—¡Qué historia tan triste! —comentó la poeta—. ¿Es qué nunca aprendió?

—Sí. Con el tiempo y la pérdida de la juventud, su energía fue disminuyendo. Entonces un día comprendió que quizás sí que necesitaba hacer caso al ornitorrinco quien, jugando en el agua de ríos y lagos, aceptaba su propio techo. A partir de ese día comenzó a disfrutar de lo que ya tenía, sin pensar en un techo que le evadía. Al poco tiempo conoció a una cucaburra hembra y se enamoraron. Seguidamente vinieron los hijos, la familia, y con todos ellos la responsabilidad de tener que buscar comida. Desde entonces nuestro amigo ya no miraría nunca más al cielo. Desde entonces pasaría el rato observando la superficie terrestre en busca de una posible presa, tal como el wómbat le había sugerido.

—¿Y en eso quedó su intento? —preguntó Vivek, un poco decepcionado.

—No. Poco a poco, los inviernos fueron pasando y sus hijos se hicieron mayores. Con los años él también envejeció, pudiendo disfrutar de más tiempo para pensar. Así fue como un día, recordando la respuesta del murciélago, pensó:

«Quizá sí que el *cielo* no tiene techo y la mejor manera de explorarlo sea conociéndome a mí mismo.»

···✚···

—¡Fantástico cuento! —exclamaron los otros compañeros visiblemente emocionados.

—Este cucaburra me recuerda al intento de la Ciencia actual por encontrar una partícula elemental —añadió David—. En esta búsqueda, hemos intentado encontrarle un techo a la materia, un techo al microcosmos. Así esperábamos que de la comprensión de tal partícula elemental, de cómo se combina y de las leyes que la gobiernan, pudiéramos comprender la totalidad. Pero a pesar de haber construido aceleradores de partículas cada vez más grandes y potentes, ésta nos esquiva. Por ello, parece que nos hayamos quedado con el mensaje del lagarto, quien nos incita a seguir insistiendo, sin pensar que tal vez el dúo protón-electrón no sean otra cosa que los dos extremos de un vórtice de espacio en movimiento, que gira para constituir una réplica del Universo entero.

Los cuatro se dieron cuenta de que estaban diciendo esencialmente lo mismo. El filósofo lo llamaba «Todo es Brahman». La poeta lo afirmaba cuando, repitiendo las enseñanzas del Corán, recitaba «la visión no le percibe (a Alá), pero Él percibe todas las visiones»[14]. La pintora lo ejemplificaba cuando comentaba que aquél que vive plenamente en el aquí también lo hace en la primera realidad del Soñar (estado potencial de pura consciencia), en la segunda (tiempo pasado), en la tercera (tiempo futuro), en el hora (tiempo presente) y en el allí (restante espacio del plano material). Mientras que el científico lo conocía bajo el nombre de modelo holográfico del Universo. Las diferencias estaban únicamente en el ángulo de aproximación, en la ruta seguida, como a continuación veremos:

—A Dios, en el Vedānta advaita, lo llamamos Brahman, el cual es Uno y Absoluto —empezó a relatar Vivek—. La multiplicidad percibida es una manifestación aparente. El poder de esta manifestación aparente para confundirnos y hacernos ver multiplicidad allí donde sólo hay Uno es lo que llamábamos Māyā. Por ello, pensamos que cualquier intento de definir el Absoluto nos aporta una definición imperfecta. Por eso, aceptamos que diferentes culturas lleguen a definiciones que abarcan diferentes aspectos de esa realidad única. Reconocemos que cualquier intento por definirla con palabras es limitarla. Si partimos de la definición más sencilla y decimos: Dios es El Absoluto, hemos necesitado dos conceptos: el adjetivo «Absoluto» y el artículo «El», para definir aquello que realmente es Uno. Cualquier otra división, por muchos adjetivos que incluya, no hará más que continuar dividiendo lo indivisible.

—En el Islam —comentó Fátima—, para describir los atributos de Alá, utilizamos noventa y nueve nombres. Con ello no queremos limitarlo, sino comunicar que sus atributos son ilimitados. La nuestra es una lengua de poetas. En la poesía, forma y contenido se disuelven, hecho que nos permite comunicar mejor esta realidad única. Los

---

[14]Corán - Surat Al-ʿAnʾām 6:103.

noventa y nueve nombres de Alá nos han surtido con los colores necesarios para pintar una imagen del Altísimo. En cambio, nunca hemos querido representarlo por medio de imágenes o figuras, pues en ellas sí que veíamos una limitación.

—Nosotros —dijo Mama Tuk—, no limitamos la manera de expresar, comunicar o representar a la Gran Madre. Ésta es nuestra forma de reconocer que ella es ilimitada. La danza, la música, la pintura, los relatos.... Todos ellos son elementos necesarios e integrados en nuestra cultura. Son los elementos que nos permiten conectar con nuestra dimensión espiritual y disfrutar de la experiencia de estar vivo. La percepción de una conciencia única es una realización que nace de forma natural, a medida que maduramos espiritualmente. Nosotros nos preocupamos más de surtir al individuo con un abanico de experiencias humanas y entornos que le permitan avanzar en su grado de madurez espiritual, que de intentar adoctrinarlo.

—En cambio, nosotros tendemos a estudiar cualquier fenómeno para generalizarlo, conceptualizarlo, categorizarlo y organizarlo en una estructura de árbol —dijo David—. Esta habilidad nos ha permitido indagar en la aparente realidad fenoménica, pero también transformarla. Así hemos ido estudiando las partes, hasta hacernos una idea del Todo que las integra. Llegados a este punto, nos detenemos y esperamos a que cada uno extraiga de forma individual sus propias conclusiones.

—Por lo que decimos, parece que también existen diferencias —comentó Vivek.

—Sí, pero creo que éstas están ahí para enriquecernos, para hacernos ver cuán diversa es la Creación, y no para enfrentarnos —respondió Fátima.

—¡Estamos de acuerdo! —exclamaron los otros tres al unísono.

Así es como los cuatro personajes del Mastay pusieron en común aquello que les vinculaba y también buscaron lo que les diferenciaba, para ver en las diferencias la riqueza a heredar por una nueva humanidad. También aprendieron a combinar todos los conocimientos adquiridos para poder progresar como humanidad culturalmente rica y heterogénea, pero también unida.

El futuro dependía de la medida en que ese mensaje, expresado desde el Mastay esotérico de los planos mentales superiores, se transformara en deseo colectivo en los planos astrales, y finalmente en una realidad en el plano físico de la materia. Nuestro futuro estaba en juego. Aquella tercera realidad del Soñar de la que Mama Tuk nos hablaba ya hacía tiempo que se estaba manifestando. Ella lo sabía, pues a diferencia del hombre del Este y la mujer del Norte, que venían de un tiempo pasado, o del hombre del Oeste, quien era uno de nuestros contemporáneos, ella venía de un lugar al que llamamos futuro.

No es el suyo el único futuro posible, por haber muchos otros. No es un futuro en el que la tecnología nos acabe dominando, tal como muchos temen. Tampoco es un futuro en el que acabemos tirándonos piedras, tal como otros piensan. Sino que es, de todos los posibles, aquél en el que nos reencontramos a nosotros mismos. Es el futuro prometido por muchas profecías, aquél que nos permitirá abrir el corazón para convertirnos finalmente en seres humanos.

Luz

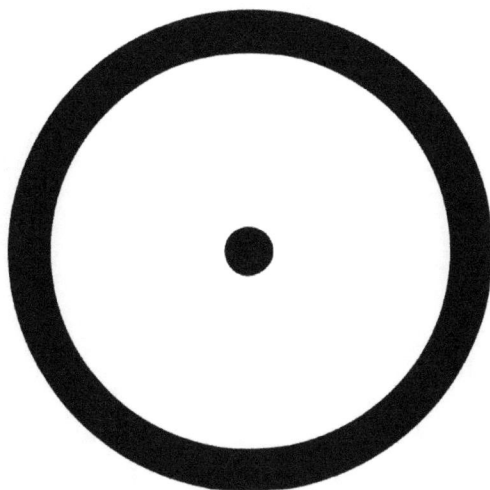

6. El Ápex

Siete son las direcciones sagradas:
Una para descender y manifestarse.
Otra para ascender y regresar a los orígenes.
Las cuatro direcciones cardinales que nos conducen al
punto central,
a partir del cual empieza nuestro viaje interior.
Y la última, hacia adentro,
para así reencontrarse a uno mismo.

๛ Ensayo poético

ESTE CAPÍTULO INTENTA transmitir el significado esotérico de cada uno de los caminos transitados por los anteriores cuatro personajes. Para comunicarlo no utilizo una narrativa rica en diálogos, como hice hasta ahora, sino que lo hago por medio del ensayo poético. Es un ensayo en el que abundan los símbolos y los arquetipos, pues ellos constituyen el lenguaje de los planos ubicados más allá del pensamiento. Mientras que su tono poético me permite comunicar mejor lo inefable, aquello que no puede ser expresado con meras palabras.

Es por ello, de todos los estilos literarios utilizados en este libro, el más profundo. Y también es un capítulo que requiere ser leído despacio, parándose en cada frase, en cada párrafo, como quién hace un alto en el camino para estudiar con más detalle el paisaje y lo que éste nos está tratando de comunicar.

๛ El punto de cruce

EXISTEN CUATRO CAMINOS para llegar a un lugar donde las grandes verdades se revelan y las dudas se disipan. Son cuatro maneras de alcanzar un estado de la conciencia desde el cual el misterio de la vida se comprende, no como elucubración de una mente que todo lo divide y fragmenta, sino como percepción directa del milagro que la alimenta. Son cuatro rutas con direcciones divergentes pero destinos convergentes; cuatro travesías surcadas por vientos que arriban a un mismo puerto; cuatro itinerarios marcados por las mismas constelaciones y que llevan a un paradero llamado por los antiguos «el punto de reencuentro».

Dicho punto es el océano donde se vierten todas las aguas, confluyen los ríos, convergen las direcciones y donde las grandes verdades se comprenden. En la cruz es la intersección, en la pirámide la cúspide, en el círculo el epicentro, en el sistema solar el Sol, y en la galaxia su centro. En el ser humano el encuentro empieza en el corazón y tiene su ápex en el entrecejo, punto desde donde podemos percibir la realidad tal cual es, sin el filtro de una mente que decora y deforma, que fragmenta y limita, que enturbia el mensaje para así confundirnos.

❧ Camino del arte

DE LOS CUATRO caminos, el más antiguo es el del arte, ruta que nos permite dar textura a nuestra creatividad interna, manifestándola mediante sonidos, imágenes, formas y palabras. Representa un trayecto que nos lleva a redescubrirnos a partir de nuestro genio creativo, a recrearnos a partir de la imaginación, a sentirnos a partir de la percepción. Es la percepción de comprender el espacio para alterarlo, de palpar las formas para modelarlas, de conocer la semántica para dar caligrafía a nuestros pensamientos más íntimos. Simboliza así el camino del elemento Tierra. De la tierra que aporta colores a la pintura, olor a la escritura y cuerpo a la escultura. De la tierra que se convirtió en piedra, para poder erigir las grandes estructuras arquitectónicas, o el árbol en papel sobre el que dejar escritas nuestras cautivadoras historias literarias.

Por el camino del artista transitan las personas de naturaleza sensitivo-emocional[1]. Su habilidad sensitiva les permite valerse de los sentidos para obtener gran parte de la información. Son buenos observadores y saben escuchar, hecho que les da la oportunidad de aprender sobre su entorno. El uso más refinado de los sentidos también les proporciona la capacidad de ver cosas que los demás no llegan a percibir. Entonces, una vez captada por los sentidos, el artista utilizará sus emociones para comunicar mejor esa realidad sentida.

En el Mastay, a aquéllos que proceden de dicha ruta les he llamado gente de Tierra. Ellos están representados por Mama Tuk, pintora aborigen australiana procedente de un futuro potencial, concretamente quinientos años en el futuro. Venida del trópico de Capricornio, nacida en un continente antiguo, ella es de una tierra por la que han caminado todos nuestros antepasados. Ellos son los pobladores originales, los guardianes de nuestros orígenes comunes y de los conocimientos más antiguos. Ellos descienden directamente del Tiempo del Sueño, de aquel período durante el cual las acciones de nuestros antepasados crearon la realidad tal como ahora nos rodea. Ellos vienen para recordarnos que todavía podemos alterar el medio, de transformarlo hasta el punto de hacerlo inhabitable o, por el contrario, de convertirlo en el paraíso terrenal que un día fue y algún día de nuevo será, con o sin nosotros. Por eso, ellos recomiendan que observemos los motivos

---

[1] Carl G. Jung nos propone cuatro funciones del ego. Dependiendo de cuál sea la función predominante, el nos habla de personas: sensitivas, emocionales, pensantes e intuitivas.

escondidos detrás de nuestros deseos, para mantener los pensamientos puros de intención.

La ruta del artista para alcanzar a la Madre de Todas las Cosas se centra en el ritual y la iniciación. Por medio de éstos, ellos establecen un vínculo espiritual entre la Creadora y la Creación. En la rueda medicinal de la tradición Lakota, la gente de Tierra está vinculada al viento sanador del Sur, al color negro, y al clan de la tortuga. Ellos son las primeras naciones, aquéllos que nunca quisieron utilizar la escritura, la rueda o el dinero, pues sabían que estos tres artilugios nos harían olvidar las enseñanzas originales.

ꙮ *Camino de la filosofía*

EL SEGUNDO ES el camino de la filosofía, búsqueda intuitiva mediante la cual intentamos comprender quiénes somos, de dónde venimos y hacia dónde nos dirigimos. Simboliza el camino de Aire, pues como el aire los pensamientos filosóficos disponen de libertad de movimiento, sin tener que limitarse al curso doctrinal de un río, ni a la ortodoxia de su lecho. A partir de tales pensamientos desarrollamos explicaciones y teorías que dejan entrever nuestras genuinas inspiraciones. Lamentablemente, algunas de tales elucubraciones acaban convirtiéndose en dogmas, en muros que nos limitan. Ello sucede cuando la sociedad a la que el filosofo intenta expandir la conciencia hace absoluto lo relativo y confunde la multiplicidad por la verdad.

Por el camino del filósofo transitan las personas de naturaleza intuitivo- pensante[2]. Ellas suelen obtener la información a partir de sus presentimientos, dando así un gran valor a la intuición como fuente de información. Son personas que buscan en su interior la comprensión del mundo que les rodea para, una vez comprendido, expresarlo mediante sus pensamientos.

En el Mastay, a aquéllos que proceden de dicho camino les he llamado gente de Aire. Ellos están representados por un filósofo Vedānta[3]. Venido de Oriente; nacido al pie del Himalaya; criado en las montañas más altas, él descendía de aquellas regiones donde, debido a la altura, se echa en falta justamente el elemento Aire. Descendía de

---

[2] Ídem.

[3] El pensamiento filosófico hindú se puede agrupar en seis grandes escuelas llamadas *darshanas*. Vedānta representa una de dichas escuelas.

aquel lugar desde donde se pueden tocar las nubes con los dedos, escuchar las nuevas que nos trae el viento y ver todo el bosque y no tan sólo sus árboles. Se dice que el Himalaya es una región que, con el último deshielo iniciado hace dieciocho mil años[4], empezó a hacerse de nuevo habitable. Con la retirada de los glaciares, allí debieron de refugiarse muchos de los que huían de la confusión provocada por el incremento del nivel de las aguas. Por eso, aquéllos que allí habitan aún conservan parte de los conocimientos del anterior ciclo, conocimientos que, como yugo que une el animal con el arado, nos unían a la verdad eterna[5].

La ruta del filósofo para alcanzar el Absoluto se centra en la introspección. En la rueda medicinal de la tradición Lakota, a la gente de Aire les vinculo al viento de la sabiduría del Este, al color amarillo y al clan de la mariposa. Aunque no sea la hipótesis aceptada por la mayoría de especialistas en la materia, de ellos digo que inventaron la escritura, pues los restos arqueológicos más antiguos de representaciones por medio de signos escritos provienen de la

---

[4] Período conocido como el «último máximo glacial», a partir del cual empieza el deshielo, y que se intensificaría hace de diez mil a catorce mil años durante los llamados «meltwater pulses».

[5] La palabra castellana *yugo* y la palabra de origen sánscrito *yoga* provienen de la misma raíz indoeuropea, la cual significa 'unir', ya sea unir el animal con el arado o el alma con el Absoluto (*Ātman* con *Brahman*).

Civilización Harappan, quienes se extendieron por los fértiles valles del río Indo hace más de cinco mil años.[6]

⚚ Camino de la religión

EL TERCERO ES el camino de la religión, ruta por la cual seguimos los pasos de aquéllos que afirman saber hacia dónde van y de dónde vienen; de aquéllos que, habiendo alcanzado el destino final, vuelven para mostrarnos el trayecto. Simboliza el camino de Agua, camino que como un caudaloso río nos conduce inexorablemente al mar. Es la ruta seguida por cientos de ríos y arroyos. Es una travesía que desemboca en un océano descrito con múltiples nombres; un océano que contiene

---

[6] Según Malati J. Shendge, en su artículo "The inscribed calculi and the invention of writing: the Indus view" Journal of the Economic and Social History of the Orient, Vol. 28, No. 1 (1985), pp. 50-80: es muy probable que la escritura se originara en los fértiles valles del Indo, en vez de Mesopotamia. Su hipótesis se basa en:

1. Las excavaciones realizadas en Harappan (valle del Indo) aún no han alcanzado tierra virgen, por lo que queda mucho por descubrir.
2. En Uruk (Mesopotamia) la aparición de la escritura se dio de repente, sin mostrar un proceso de maduración a lo largo de distintas etapas evolutivas. Ello lleva a pensar que, en su caso, adaptaron el invento de otros, en vez de ser propio. Tal afirmación contradice la hipótesis actualmente aceptada, según la cual los Sumerios fueron los inventores. En cambio, según Malati Shendge, en Harappan se observa una línea evolutiva más clara, iniciada con el uso de sellos con signos para representar objetos.
3. En Harappan era común pintar los signos en vez de grabarlos. Por ello resulta comprensible que las tablas de madera, corteza de árbol o hojas de palma donde se pintó aquella escritura no hayan perdurado. La prueba lingüística de ello la tenemos en el idioma Sánscrito oral, en el cual la raíz *"likh"* posee dos significados: pintar y escribir. (M.J.Shendge comenta dicha anécdota como nota a pie de página, pues sabe que la hipótesis convencional es que el sáncrito lo trajeron las migraciones indo-arias, aunque estudios genéticos recientes parecen refutar tal teoría). En cambio, sí han perdurado las tablas de arcilla o piedra en las que los antiguos Sumerios grabaron la suya.
4. Otra prueba es que el signo para referirse a una tabla de madera en la que escribir es el mismo tanto en Harappan, como en Uruk o en la cultura proto-Elamita de Susa, en el actual Irán. Ni en Uruk ni en Susa se han encontrado tablas parecidas, mientras que los escolares de la India aún las utilizan.

todas las aguas, que acepta todas las corrientes, pero que muchos limitamos con el horizonte de nuestra ignorancia, con el curso doctrinal de un río o con la ortodoxia de su lecho.

Por el camino de la religión transitan las personas de naturaleza intuitivo- emocional. Por medio de la intuición, ellas aceptan la revelación divina como principal fuente de inspiración para, a partir de dicha revelación, crear un vínculo emocional que las una con la Divinidad.

En el Mastay, a aquéllos que proceden de dicha ruta les he llamado gente de Agua. Ellos están representados por una poeta Sufí. Venida del Trópico de Cáncer, nacida en un terreno seco y árido, ella había vivido en una región donde la vida se centraba principalmente en torno a los pocos ríos y pozos que suministraban el agua. Es una región donde se cree la humanidad se agrupó para erigir las primeras ciudades después del Diluvio Universal; donde los arroyos del nomadismo humano se convirtieron en los primeros estanques del nuevo ciclo.

La ruta seguida por las personas de naturaleza religiosa para alcanzar al Divino se centra en la devoción. En la tradición Lakota, la gente de Agua está vinculada al viento pacificador del Norte, al color blanco y al clan de la rana. De ellos digo que inventaron la rueda, por encontrarse los primeros restos arqueológicos mostrando el uso de una rueda en la Civilización Sumeria, antigua Mesopotamia y actual Irak. Éstos datan del 3500 a. C. No es casual que la mayoría de las reservas petrolíferas con las que la sociedad actual mueve sus ruedas también se encuentren en tierras habitadas por gente de Agua.

‚» *Camino de la ciencia*

FINALMENTE VENDRÍA EL camino de la ciencia, camino que no intenta crear forma, como haría el arte, sino únicamente interpretarla. Camino que no pretende comprender la realidad a partir de las grandes verdades, como haría la filosofía, sino que, partiendo de la observación de la realidad que nos rodea, intenta deducir su funcionamiento. Camino que no busca a quienes puedan transmitir estas grandes verdades, como haría la religión, sino que busca el anonimato de cientos de aportaciones individuales. La ciencia simboliza así el camino de Fuego pues, como el fuego, ella se inicia a partir de un hecho, para entonces expandirse. Como el fuego, necesita del combustible, al que llamamos realidad tangible, más allá del cual no puede indagar pero tampoco negar. Como el fuego, ilumina pero también quema, para transformar cuando comprende, pero con tendencia a despreciar cuando ignora.

Por el camino del científico transitan las personas de naturaleza sensitivo- pensante. Por medio de los sentidos, éstas perciben el entorno que las rodea para, una vez percibido sensorialmente, evaluar la información de una manera racional y lógica a partir de su pensamiento.

En el Mastay, a aquéllos que proceden de dicha ruta les he llamado gente de Fuego. Ellos están representados por un científico disidente. Venido de Occidente, él era de aquel tercio del planeta que, antes del gran deshielo, estaba cubierto de tundra y glaciares. Él es originario de una latitud donde aún se necesita el calor del fuego para sobrevivir; un terreno que hasta hacía poco había permanecido virgen, sin la imprenta vibratoria de haber sido habitado durante las Eras precedentes. Procede de una tierra despojada del peso del pasado, donde el futuro se construye en cada instante, a partir de la lucha constante de una gente inquieta pero nunca satisfecha.

La ruta del científico para alcanzar la Singularidad del Estado Original se basa en el trabajo. En la tradición Lakota, la gente de Fuego representa el viento visionario del Oeste, el color rojo, y el clan del pájaro del trueno. De ellos digo que inventaron el dinero, pues éste empiezan a utilizarlo los hebreos hacia el año 3000 a. C. como unidad de medida. Aquel primer dinero era determinado peso de cebada, llamado *siclo* o *shekel*. Del *siclo* de cebada, se pasó al *siclo* de oro o de plata con el que fenicios y hebreos acuñaron sus primeras monedas.

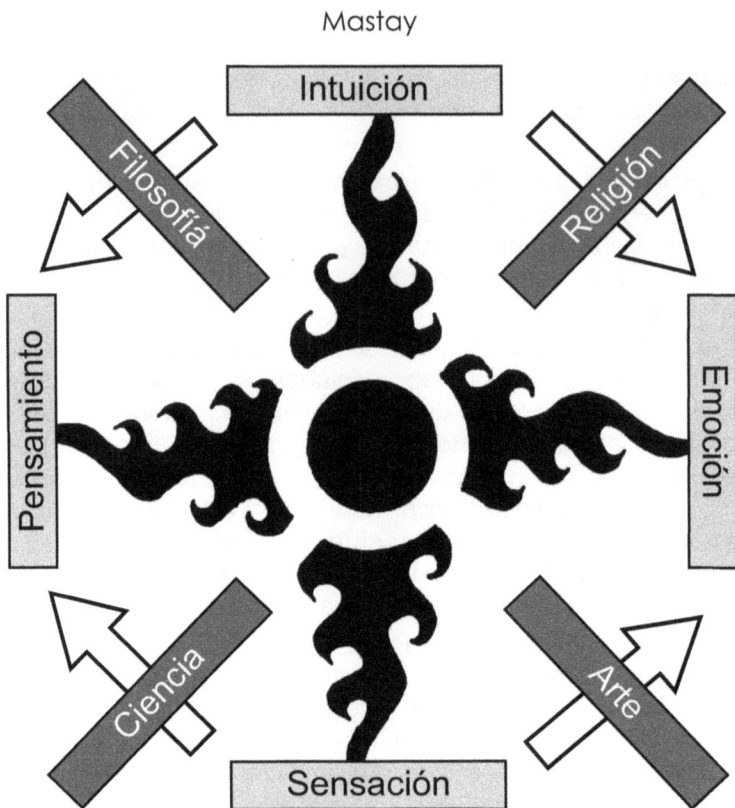

❧ *Los cuatro personajes*

POR LOS CUATRO caminos se escuchan historias de aquéllos que, después de transitarlos, desvelaron los profundos conocimientos que éstos nos deparan y prometen. Son historias y leyendas que narran las aventuras de héroes, guiados por un único objetivo, que pudieron alcanzar el punto de reencuentro. Esta gente somos tú, yo y todos los demás. Somos los habitantes del planeta Tierra en este momento crucial de transición y cambio. En el Mastay estamos representados por una serie de personajes, de manera que somos uno, el otro, o una mezcla de todos ellos, dependiendo de la cultura que nos vio nacer y crecer, y de la personalidad que como individuos hayamos ido definiendo.

Los cuatro personajes cardinales con camino, dirección y elemento relacionado, son:

	Aire	Agua	Fuego	Tierra
Personaje	filósofo Vedānta	poeta árabe	científico disidente	pintora aborigen
Nombre	Vivek	Fátima	David	Mama Tuk
Género	Masculino	Femenino	Masculino	Femenino
Dirección	Este	Norte	Oeste	Sur
Camino	Filosofía	Religión	Ciencia	Arte
Ruta	introspección	devoción	trabajo	ritual
rama del yoga	raja/gñāna	bhakti	karma	tántrico
Función Jungliana del ego	intuitivo-pensante	intuitivo-emocional	sensitivo-pensante	sensitivo emocional
Aportación tecnológica	escritura	rueda	dinero	
Clan	mariposa	rana	pájaro del trueno	tortuga
Viento	Sabiduría	Pacificador	Visionario	Sanador
Color	amarillo	blanco	rojo	negro
Civilización	Oriente	Islam	Occidente	pobladores originales
Realidad	el ahora	el ayer	el mañana	el aquí
Período del personaje	siglo VI	siglo XIII	1971–2012	+500 años

No por casualidad, cada uno de los cuatro procede de un lugar del planeta donde, justamente, el elemento que más falta en su entorno es el más predominante en la cultura que allí germinó; donde el elemento más escaso, en su dimensión física, es el más abundante en la dimensión mental y emocional de aquéllos que hasta allí se aventuraron. Así es como la Madre Naturaleza compensa una carencia, para hacer posible el equilibrio que contribuye al fenómeno de la vida. Así es como, del contraste entre dimensión física y mental, las sociedades buscan el equilibrio entre los cuatro elementos. De este equilibrio se deriva un quinto elemento al que tradicionalmente hemos llamado éter, espacio, ākāśa o quintaesencia, elemento que ocupa la posición central.

A los mencionados cuatro personajes, en cada consecutivo libro de la serie del Mastay, se les irán sumando otros cuatro. De dicha forma, iremos representando las distintas combinaciones de elementos y las culturas que las identifican. Así hasta alcanzar dieciséis, como las dieciséis direcciones de la rosa de los vientos. Mientras que el quinto libro nos hablará de aquélla que suma diecisiete, del potencial a alcanzar, del punto central en la cruz, del astro que podemos llegar a ser una vez rompamos con el espejismo del materialismo.

Ella es la portadora de agua, la mujer de Acuario, y viene desnuda por no tener ya nada que esconder. Es mujer para simbolizar que hemos dejado atrás la cultura del macho dominante. Tampoco posee nada, pues nada necesita, pero sí dispone de la habilidad de dirigir a voluntad las dos corrientes de la vida, la positiva y la negativa, *pingala* e *ida*. Una la vierte en el río, simbolizando la búsqueda de lo Divino; la otra la derrama sobre la tierra, representando su capacidad de echar raíces en el mundo de la materia para así fortalecer su vínculo con la Madre.

Jean Dodal

214

En la parte superior central observamos una estrella de dieciséis puntas, que simboliza Sirio, el astro más brillante de la noche. En el antiguo Egipto su orto heliaco[7] marcaba el inicio del año, momento en el que las aguas del río Nilo se desbordaban para fertilizar los campos y posibilitar así buenas cosechas. A la izquierda observamos el árbol de la vida, desde el que un pájaro ibis observa. Él es Tot, también conocido como Hermes. Es el escribano de los Dioses y el testimonio de la batalla que tuvo lugar entre el Bien y el Mal.

No fue ésta una batalla con muerte y violencia, sino que es la Gran Batalla entre nuestro pequeño yo (*Nafs*) y el Espíritu (*Ruh*), batalla que justo empieza. Es una confrontación que tiene lugar en cada uno de nuestros corazones (*Qalb*), por ser justamente el centro energético del corazón aquél que colectivamente necesitamos abrir. Tot regresa para recordarnos las enseñanzas originales, y por ello en el calendario del Antiguo Egipto, él daba nombre al primer mes del año, mes que se inicia con la salida de Sirio.

Es desde el despertar del corazón colectivo que necesitamos celebrar el *Mastay*, una promesa que colectivamente se da al amanecer de cada nuevo Sol. Dicho despertar colectivo nos abre un quinto camino, aquel que todos los agrupa y comprende. Un camino que es *arte*, por inspirar el espíritu creativo y el sentido de la armonía. Que es filosofía, por permitir la comprensión del origen a partir de la percepción intuitiva. Que es religión, por incitar a la devoción y hacer aflorar la naturaleza divina. Y que es ciencia, por expresarse en un lenguaje mensurable y matemático. Este quinto es el camino de la música, ruta que nos conduce a nuestro propio interior, para allí escuchar la melodía con que se manifiesta la Creación[8].

Dicen las profecías que este día está a punto de llegar, que la melodía está a punto de ser escuchada. Las que anteriormente os transcribí fueron las conversaciones entre aquéllos que desde dicho estado de la conciencia nos hablan. Ello lo hicieron para facilitar nuestro despertar. También lo hicieron para facilitar el *Mastay planetario*: el encuentro entre civilizaciones con el que podremos iniciar

---

[7] Día del año en el que la estrella es visible por un instante, por el este, justo antes de la salida del Sol. Con cada consecutivo día la estrella aparecerá en el horizonte un poco antes, hasta que setenta días antes del nuevo orto heliaco, ésta desaparezca por estar ubicada detrás del Sol.

[8] En sánscrito al chakra del corazón se le llama *anahata*, y que literalmente significa "sonido no pronunciado". Cuando abrimos el centro energético del corazón, empezamos a escuchar un sonido que sin principio ni fin siempre estuvo allí.

el *Taripay Pacha* o «*era de reencuentro con nosotros mismos*». Las profecías incas afirman que dicho encuentro tendrá lugar en su tierra[9]. A ésta ellos la llaman Tawantinsuyu y que literalmente significa cuatro (*Tawa*) regiones (*suyu*) del sol (*Inti*). Su antigua capital es un lugar aún conocido como *el ombligo del mundo*; una ciudad de piedras muy antiguas que durante más de cinco siglos ha estado esperando su nuevo instante de gloria.

---

[9] Una de las múltiples menciones a tal profecía la encontramos en: Drunvalo Melchizedek "*Serpent of Light: Beyond 2012*", Weiser Books, 2008 pg 227 y 229. En su libro, Drunvalo nos narra: «Un joven chamán me dijo que su gente tenía una profecía según la cual un grupo de personas —él las llamó "circulo mundial"— vendrían al Perú procedentes de todas partes del mundo para curarles a ellos de algo que hicieron en tiempos antiguos. (...) Según el sacerdote Inca, está profetizado que todo su antiguo conocimiento, memorias y sabiduría serían recordados en el momento en que tal círculo mundial pisara su tierra».

Trascendencia

7. Ayni

Los incas no utilizaron ni escritura, ni rueda, ni dinero,
y por ello constituyen una civilización de Tierra.
Su escritura era la memoria, las piedras y los *quipus*[1]
Sus ruedas eran las llamas, las alpacas, sus piernas
y los *chasquis*[2].
Y su dinero era *ayni*, un ejemplo de reciprocidad y
solidaridad.

---

[1] Sistema de computación basado en cuerdas y nudos, utilizado para registrar fechas y cantidades, entre otros.

[2] Mensajeros del inca. Éstos podían traer pescado fresco de la costa a Cusco en menos de un día.

✿ Más allá de las palabras

SIETE ES EL número de la trascendencia y en el caso que nos ocupa se trata de trascender las palabras. El libro empezó utilizando la narrativa, género que encontramos en los primeros cuatro capítulos y, de todos los posibles, el más ameno. Los capítulos de Aire y Fuego, por corresponder a elementos predominantemente masculinos, intenté escribirlos desde la mente. Los de Agua y Tierra, por ser predominantemente femeninos, los intenté comunicar desde el corazón.

En el quinto capítulo utilicé el diálogo socrático, para buscar aquel punto intermedio de encuentro. Una vez en él, hablé sobre los orígenes y fui ascendiendo por las siete notas de la octava. De los orígenes al tiempo; del tiempo al espacio; a continuación la causa; después la relatividad; seguidamente la resonancia; y finalmente la consciencia. En cada sucesiva nota, las cuatro grandes civilizaciones intentaron ponerse de acuerdo y vimos que sus puntos de vista no eran opuestos sino complementarios y que las diferencias estaban allí para enriquecer en vez de para separar.

Así buscaba alcanzar el ápex, el punto álgido de la pirámide, aquél desde donde se observa una vista panorámica de los cuatro caminos que nos acercan al Mastay y de la Era dorada que se acerca. Para describir tal punto utilicé el *ensayo poético*, con su simbolismo y sus arquetipos. Con ellos intenté ubicarme en los planos causales del lenguaje, planos que existen más allá de la forma y desde los que se perciben las cosas en su esencia.

Ahora, en este séptimo y último capítulo, se trata de seguir ascendiendo, de ir aún más lejos. No estoy hablando de la trascendencia del alma, pues tal estado no parece ser alcanzable ni por medio de la escritura ni de la lectura, pero sí aspiro a ir más allá de las palabras y éstas sólo pueden ser trascendidas de una forma: *mediante la acción solidaria.*

Un solo acto de solidaridad, por muy pequeño que sea, vale más que todas las palabras escritas en este libro, por muy bonitas y bien escritas que estén. Por ello, es el compromiso del autor que los beneficios obtenidos de la comercialización de Mastay, y todas las contribuciones recibidas, vayan destinados a un único objetivo: «*ayudar a restablecer el equilibrio y la armonía, tanto del medio ambiente como de la sociedad humana en su conjunto*»..

Se trata pues de empezar imaginando un futuro mejor. Imaginar para estimular. Estimular para expandir. Expandir para trascender la realidad actual y hacer que aquella imaginada se convierta en nuestra nueva realidad. Se trata de dejar de identificarnos con quienes fuimos, y hacerlo con aquéllos en quienes nos estamos convirtiendo.

Para mayor información visita chakanacreations.org

www.ingramcontent.com/pod-product-compliance
Lightning Source LLC
Chambersburg PA
CBHW020153090426
42734CB00008B/801